第二版

法学论文写作

规范与方法

刘继峰◎著

FAXUE LUNWEN XIEZUO:
GUIFAN YU FANGFA

中国政法大学出版社

2023·北京

图书在版编目（ＣＩＰ）数据

法学论文写作：规范与方法/刘继峰著. —2版. —北京：中国政法大学出版社，2023.6

ISBN 978-7-5764-0952-9

Ⅰ.①法… Ⅱ.①刘… Ⅲ.①法学－论文－写作 Ⅳ.①H152.2

中国版本图书馆CIP数据核字(2023)第103685号

出版者	中国政法大学出版社
地　址	北京市海淀区西土城路 25 号
邮　箱	fadapress@163.com
网　址	http://www.cuplpress.com (网络实名：中国政法大学出版社)
电　话	010-58908435(第一编辑部) 58908334(邮购部)
承　印	固安华明印业有限公司
开　本	880mm×1230mm　1/32
印　张	11.25
字　数	272 千字
版　次	2023 年 6 月第 2 版
印　次	2023 年 6 月第 1 次印刷
印　数	1~4000 册
定　价	56.00 元

第二版前言

本书第一版写作并成稿于疫情期间，出版时间是 2021 年 6 月。疫情的影响是全方位的，也包括写作本书的过程。疫情防控中每天的大部分时间都是自由自主的，但活动空间被限定在不大的房间里或熟悉的小区内，出门扫码、定时核酸等，脑子里始终阴云不散。渐渐地，也形成了压抑的情绪。文如其人，其实是文如其心。书稿出版后，发现有的内容不够通畅，有的文句表达不够准确，还有的内容显得简略……这些问题的出现，有心境不平的原因，更重要的是自身的眼界和心界不够，同时，还有"眼界疑心界"。

自本书第一版出版，期间系统性上过三轮论文课，做过几次专题讲座，加深了对有关问题的理解。深感此类著作的写作迥异于专业著作的创作。后者需要彰显个体性观念及其论证；前者则必须在个性中寻找共性。由此遭遇的困难会更多、更大，因为有的地方没有公共性认识，只能依据自己的理解和经验来补充；还有一些感受性认识没有直接地表达出来，只能从学者发表的文章中汲取……由此，本书的修订之路和写作之路一样：一半是经验，一半是理解。

此次再版修订，也是本人对论文写作认知的一次重塑。

在理解上，论文写作能力的提升与书法功夫的练就具有异曲同工之妙。唐朝书法家孙过庭的千古名文《书谱》既是练习草书的经典字帖，也是关于书法的系统性理论。其深刻揭示了书法艺术的本质及规律，精辟表达了自己的独到见解。他的草书"心、形、意"理论，不仅适用于其他类型的书体，也可贯通适用于论文写作。"夫心之所达，不易尽于名言""言之所通，尚难形于纸墨"，这是练习书法初期的两个障碍，也是论文写作中的两道门槛：即使心里能够理解，也不容易用语言表达出来；即使能够用语言表达出来，也不容易写成文字。可以将这种困境概括为"知行不一"。由此，"知""行"是初学论文写作的两大难题。相比较，"知"更为重要，它是"行"的前提和方向。本次修订的目标是"知而后行"。

能否"知"，一方面在文本上作者与读者的主体间性始终存在，希望能够与读者在内心有同感同觉。另一方面因书中相关内容的描述可能只是"粗可仿佛其状"，由此，修订本书不敢奢求与读者心有灵犀，也不排除在文本的某一点上与读者产生一定的心理冲突。

在求同存异的前提下，读者阅读中若能有一观念的微粒打破一池如何为文的无澜静水，有所醒悟、体会或感受，于我而言，便是许久的案牍劳形后伸展腰背时感受到的一丝清爽。

当一个人在意一件事情时，总会追求做得更好，并由此发现问题，在持续的关注中寻找解决问题的最佳方法和答案。尽管疫情已过，可以心平气和地写作，但这一修改版仍会存在很多问题。或许目标和态度才是更需要关注的，毕竟做对的事情比做对事情更重要。本次修订解决了一些发现的问题，增加了一些内容，对于修订和新增的内容是否合适，请读者雅鉴，也期待就相关问题不吝教示。

"阙而未逮，请俟将来"。

刘继峰

2023 年 4 月 15 日

自 序

  本书是一本关于法学论文写作技能的著作。在内容上，主要包括论文写作的基本原理、要求、技能、规范、方法等。

  论文是学术技能的主要表现形式。高校里职称评定一直以论文为主要依据。本科生或研究生毕业也以毕业论文（毕业设计）为最后的考核依据。形式上，论文写作似乎专项服务于科研人员或学生。事实上，学术能力应当是每个法律人的基本技能。法律（成文法）来自于集体智慧，形成于事实基础上。驾驭法律的能力也就是掌握、运用在事实与规范之间如何转换的技术。从事实的角度出发寻找映射的规范，需要理解能力、归纳能力、抽象能力等；从规范的角度出发确定涵摄的事实，需要分析能力、解释能力、表达能力等。不同的法律实践活动对上述技能的要求有所不同。一般法律实践活动，不要求过高的分析综合能力，但疑难案件的解析一定是建立在较高的学术能力的基础上。相比较，论文写作的能力要求更加多元、综合，既检验基本知识的掌握程度，也考查知识运用的效果。

  一些学术能力可以通过实践积累经验逐步提高并达到从容应对工作挑战的自如，另一些学术能力的培养则可能需要一生的努力且方法得当方可能有效，如抽象能力。

  经验证明，良好的学术源自能力和规范相得益彰。古人云：

"学力既到，体制亦不可不知"。又云："文章以体制为先，精工次之，失其体制，虽浮声切响，抽黄对白，极其精工，不可谓之文矣"。本书从论文写作的基本要求出发，并将论文以结构主义的方法（论）进行分解，归纳不同侧面的学术能力要求及规范要求。

在教育不断强化法学论文质量的政策背景下，提高论文质量是法学培养中的一项重要任务。本书可以作为法学学生（包括本科、硕士、博士）论文写作之用。也可作为单独开设法学论文课的院校的专用教材，还可以为法律实践工作者提供一定的指导，包括综述如何完成，有关研究方法的运用等。

和市场上的同类书籍相比较，本书一个特点之一是，几乎涵盖了论文的每一个角落，力争无遗漏；另一个特点是注重讲理，而不仅仅告诉读者技能是什么；第三，为了避免单纯展开的规范形式单调、僵化，文中穿插了哲学、古文、诗词等类比性的表述。

付梓之时，心里惴惴，会存在很多不够明确，甚至有个人的偏见之处。当然，在心理上，也做好了接受批评、建议并进一步完善相关内容的准备。敬请读者不吝批评指正。

刘继峰

2021 年 1 月 25 日

目　录

第一章 | 社会科学与法学研究

论文写作可以综合展现写作者的学术能力，包括思维能力、分析能力、表达能力等。这些能力是社会科学的基本素养，也是创造作品或完成工作的基本条件。

一、科学的分立与学科关系

社会科学是与人文科学、自然科学相对应的一个概念，在学科上同属于科学学的范畴。

我们常使用职业、专业与学科这三个词来表达业务性质和能力，它们的区别在哪里呢？"职业"一词属于社会学领域，"专业"属于教育学领域，而"学科"属于科学学领域。

知识的分类是用学科来表达的。按我国的学科分类，一级学科分有数十种，二级学科存在数百种。本科生不分专业，所学知识建立在学科基础上，研究生则进行专业细分。这意味着，研究生已进入学术研究阶段，要在掌握某个学科基本知识的基础上进一步在这个学科专有领域进行研究。

学科一词与科学一词存在区别与联系。学科的概念属于科学学。科学学的研究对象之一是科学的分类问题，而某一科学被分为若干个分支时，这些分支便被称为学科。不过，有时候基于习惯也将某个学科称为科学，尤其在自然科学领域。例如，物理学是自然科学中的一个学科，但物理学也可以被称为物理科学。

（一）社会科学与人文科学的分立

社会科学和人文科学常被合在一起称为人文社会科学。但实际上，人文科学和社会科学有严格的区分，其诞生的时间和过程也不一样。它们和自然科学也有紧密的关系。

1. 人文社会科学从自然科学中的分离

学科的分化是对自然、社会和人本身认识不断深化的结果，也是各自学科特点彰显的产物。人文学科的存在源于对人的精神关注。它与早期的数学、物理、化学等学科不同，后者能带来一些实际的、非常具体的好处。如物理学可以带来各种新的动力来源，数学可以计算土地的面积，等等。

如同法学的分化由"诸法合体、民刑合一"到"公法与私法"的大切块，再到法国"五法"这个历史过程一样，作为科学的系统知识的分化也经历了一个漫长的历史过程。

如果说中世纪的欧洲有人文科学，那么学科的代表当属占据统治地位的神学了。甚至当神学成为一切其他学科的唯一的知识来源——"天启真理"至高无上。领悟上帝的旨意是获得理性知识的源泉，也是认识社会的主导方式。这相当于上述法学启蒙之前的"诸法合体"阶段。神学的一统天下束缚了人类智慧与人的自主意识的发展。社会的发展呼唤着理性的觉醒。欧洲文艺复兴引发了思想解放运动，要求人们以理性对抗神性，以人权取代神权。启蒙运动在理性的基础上弘扬了批判精神，为资本主义和近代工业社会开辟了发展道路，也为学科的发展提供了思想基础。

学科的分化，大致从"诸法合体"的神学中分离出自然科学、社会科学和人文科学。

从神学中分化出来的首先是自然科学。自然科学得以从神学中分离出来是实证经验的伟大力量。爱迪生、牛顿、布鲁诺、哥白尼等科学家以观察、实验对自然规律有了新的发现。自然科学的发展创造了人类的文明。从钻燧取火到电灯的发明,再到互联网的出现,大大改变了人类的生活方式。

其次,实证方法的拓展适用使自然科学进一步分化,产生了人文社会科学。近代以来,自然科学的实证性方法扩展到社会问题研究。尤其是进入19世纪后,其他知识领域的思想家们被自然科学中的实证方法带来的巨大成就所震撼,相继开启了运用自然科学方法来研究社会现象的大门。其中,取得卓越成绩的是社会学的创始人孔德。他认为,人类已经成功地建立了各种物理学,如以力学为基础的天体物理学和以化学为基础的地球物理学以及动物与植物相结合的有机物理学等,人作为一种自然存在和社会存在,需要专门研究人类社会生活和社会现象的规律,这个学科被他界定为"社会物理学"。这便是"社会学"的前身。社会学被定位为与天文学、物理学、化学和生物学等同等并列的科学,是同样使用实证方法的科学。[1]

2. 社会科学和人文科学的分立

因实证而得出的结论具有科学性,所以自然科学具有工具理性的特征。持续的发明创造促进了工业化发展并大大推动了人类社会物质文明的发展进程。但工具理性对社会的控制日益增强的同时,社会的非理性也日益明显。狄更斯在《双城记》开篇那段著名的描述是两者矛盾关系的最好写照:"那是最昌明的时代,那是最衰微的时代;那是睿智开化的岁月,那是混沌蒙昧的岁月;那是信仰笃诚的年代,那是疑云重重的年代;那是阳光灿烂的季节,那是长夜晦暗的季节;那是欣欣向荣的春天,那是死气沉沉的冬天;我们眼

---

〔1〕 苑英科、张乃芳主编:《马克思主义与社会科学方法论》,河北大学出版社2014年版,第3页。

前无所不有，我们眼前一无所有，我们都径直奔向天堂，我们都径直奔向另一条路。"这是那个时代社会性危机的忠实记录，也反映了社会科学与人文科学分化前的社会性阵痛。

19 世纪开始，社会科学与人文科学的分化具有积极的意义，告别传统人文科学主要靠直觉、悟性来把握世界，靠形而上的思辨方式来认识世界的缺陷，形成了具体的、客观的、规范的社会科学的个性特征。这时的社会科学，无论是经济学、政治学还是法律学等都具有了独立的对象、方法和理论。

人文学科根源于人的本性。基于对人的情感、意志、欲望和个性等的关注，人文学科在 20 世纪初进入完形的新阶段。对于人文学者来说，精神的控制要比器物的发明重要得多。人文学科创造的不完全实用性的知识间接改变世界。因为精神观念会改变人们对世界的认识，对世界的认识的不同，改造世界的方法也就有所不同。

与自然世界不同，人文世界不是用形而上的逻辑建构起来的世界，而是以原始体验感受的世界，这也是"精神科学优于自然认识的地方"，"它们的对象不是在外部感觉中给予的纯粹现象，作为某个真实的东西的纯粹现象的反映，而是当下实在本身。此外，这个实在是在从内部经历的一个整体关系中被给予的"[1]。在过程上和分析对象上，区别于自然科学的求同，人文科学首先是求异。

上述学科的分类，狄尔泰经常用"外在"来指自然界，用"内在"来指社会世界。但是，哲学是一种整体观念，之于个体而言，"外在"包括自然和社会，即外在的自然和外在的社会，而真正的"内在"是自我。按照科学哲学家波普尔的观念，人有三个世界：物理世界、精神世界，在它们中间，还有一个客观知识世界。一定程度上，可以形成如下对应：外在的自然界——物理世界——自然

---

[1] 张汝伦：《现代西方哲学纲要》，上海人民出版社 2016 年版，第 114 页。

科学；外在的社会——客观知识——社会科学；内在的自我——精神世界——人文科学。

自然科学、人文社会科学的发展，是一种"文明"开始并与"文化"不断互动相生的过程。它们之间的关系存在类似"鸡生蛋""蛋生鸡"的难题，很难说谁是基础。在钻燧取火之前可能存在一种神圣的仪式，以祈祷成功。当然，文明达到一定程度后，文明和文化的关系渐渐开始分离。从生成主义和功能主义的视角看，自然科学的目的是创造"文明"，而人文科学的目的是确立文化，社会科学是在文明和文化融合基础上推动人类发展。

（二）社会科学与人文科学的关系

社会是由人组成的公共环境，其内涵极其丰富，对其观察有多元的视角，常见的如政治治理、法律行为、经济交往、道德生活、宗教仪式、文化与体育活动等。据此，社会科学就由政治学、法学、经济学、伦理学、文化学等诸多具体的学科组成。当然，上述学科中，也存在学科间的交叉。例如，哲学既有来自自然科学的部分，如逻辑，也有来自社会科学的部分，如伦理问题，甚至还有精神科学的内容，如弗洛伊德的潜意识。

1. 社会科学的任务与特点

社会科学是研究人类的社会生活、社会活动及其运行机制、活动规律和人们如何影响及控制社会（危险）的活动，并使其实现或符合预期目的的学科体系。[1]

第一，发现社会现象之间的关联关系和规律性。社会科学以社会现象为研究对象，力求揭示社会生活的本质和发展规律，对社会生活作出科学的说明与合理的评价。

─────────────

[1] 雷晓明：《创意：理论与实践》，云南大学出版社 2014 年版，第 92 页。

第二，提供有效的促进社会发展的措施。虽然各门社会学科的视角不同，研究的方法有所不同，提供的解决社会问题的方案也各有千秋，但它们都是通过控制对象以引导形成积极的社会效果或社会秩序。因而，社会科学共同的任务是通过控制社会活动影响来维护和促进良好的社会环境。

第三，提升实践能力并不断更新观念和深化认识。社会关系的改变会附随新的社会风险。出现的问题不同，应对社会问题的方法也不同，社会科学需要不断进行观念更新。尽管在不同的时代表现为不同形式的时代问题，但每门学科仍然有稳定的核心观念和基本架构。在这个意义上说，产生于特定历史时期的方法和观念并非只具有历史性而不具有现实性。

在上述任务之下，社会科学的总体特点如下：

第一，认识上的概括性。存在于主体之间的事实包含有足够的细节，但社会科学的认识是总体性或群体性认识，而非个体性认识，是故，事实问题的归纳需要高度抽象。这要求从最少的变量中获得最大化的解释，即总结事件发生、发展的一般模式。解释的范围越广，这种解释的效用越大。

第二，事件存在多元因果关系。科学家假定事件的发生总有原因，事情不会"随意发生"。社会学科中，重要思想的提出都是独立思考的结果。社会科学工作者运用归纳与推理得出社会关系的类型、发展模式，分析事件背后的原因。一个事件的发生往往有多种原因，如2020年西方报纸报道的一项统计显示，该年离婚率显著上升，可能的原因包括疫情的持续、居家隔离、失去工作、空间限制等。社会科学不可能找出全部原因，但需要找出主要原因，形成系统性的认识并提出创新性观念。这是社会科学的主要任务。

第三，观念的可质疑性。基于"一果多因"，社会科学中的问题没有唯一的标准答案。这意味着，社会科学对问题的观察有多个视角并且承认有多重要素的共同影响，另外在归纳、推理、分析过程中也不可能完全准确，因此，社会学科中的观念可质疑性是其基本特性。在很大意义上，社会科学思想的旨趣在于通过思想的检讨以求观念更为准确并被社会或同行接受。对思想的检验建立在多种思想并存的基础上，思想创新需要容忍对已有观念的评判。

第四，观念的得验证性。如果说自然科学是求同，人文科学是求异，则社会科学是在求异中求同。观念和理论需要在社会实践中得到验证。验证可能需要时间，也可能需要空间。具有修正空间的观念和理论，会随着时间推移，以新证据和解释改变原有的认识。其实，验证本身也存在符合论和融贯论之争，前者属于实用主义的代表观念，后者是逻辑实证主义的观念。在社会科学上，验证的意义应该是符合论。

2. 社会科学和人文科学的差异

心理学家乔纳森·海特在《象与骑象人》中将人视为两个精神世界的综合体。在我们内心的各种组成部分里，有一部分是我们内心的自动化系统，包括内心感觉、直觉、情绪、本能的反应等。海特将这一部分自动化系统比喻为大象。另一部分是带有理性的思考，提出理性要求的部分，被喻为骑象人。因为大象自身系统要素的作用，骑象人并不能够完全地控制大象。每个人都是大象和骑象人，都应当好好掌握自己内心中的"大象"，即学会理性思考。

历史学、社会学等是通过记录社会事件阐发社会发展的规律。心理学、文学等是通过人自身的行为、心理描述来反映社会。

人文科学和社会科学相比较，存在如下差异：

第一，基本对象不同。人文科学即关于人的科学，社会科学即关于社会的科学，人与社会是两个不同的概念。这源于人的主体性和独立性。就像小麦由淀粉、蛋白质、维生素等组成，但小麦与蛋白质、淀粉等并不是一个概念一样。对此，大百科全书有简洁的注解，社会科学即"研究社会现象及其发展规划的各门学科的总称"；人文科学或人文学科即"涉及人类文化的各学科的总称"。

第二，基本内容不同。社会科学主要研究社会的结构、社会成分的关联、社会的运转与演变等。这种研究也有交叉的情形，因为人文科学和社会科学同时又都是以人为中心展开研究。当然，不能因有交叉而混淆两者的基本差别。人文科学主要研究人的意识、精神、思维、情感、意志、信念等。每一个客体可以进一步划分，如中国古人有所谓七情六欲。人的情感之所以需要呵护，首先是因为人是社会性动物。社会中的人总会遇到情感上的不同刺激，或产生行为的激励，或承受更大的压力。被激发的志向、拥塞的情绪……需要用一种方式表达或释放，于是产生了音乐、舞蹈、语言等多种表达形式。各种形式都有情绪的疏解功能，且相互补充。正所谓"诗者，志之所之也。在心为志，发言为诗。情动于中而形于言，言之不足故嗟叹之，嗟叹之不足故永歌之，永歌之不足，不知手之舞之，足之蹈之也。"

第三，研究的形式不同。社会科学和人文科学都回答"是什么""怎么样"以及"为什么"的问题。社会科学通过生产力的发展过程、生产关系的变革过程、权力的演变过程等去研究社会。人文科学主要从心灵的活动过程、从思维的演绎过程、从情感的发展过程等去研究人。两者的差别不在问题形式（形式上恰相同），而在内容。内容上一个是对人的外部——"社会"发问，另一个是对人的内部——心灵发问。鲁迅先生在《孔乙己》中描写孔乙己的行为特性——"站着喝酒而穿长衫的唯一的人"和"满口之乎者也"，这反映的是社会心理问题。祥林嫂在生命走向终结之前曾执着地问一位读书人："一个人死后究竟，有没有灵魂？"到底什么是人的灵魂？这是人文的问题。

第四，作用不同。人文科学与社会科学对于人的作用明显不同。社会科学是教人认识社会，探讨人在社会中的地位、权利、责任等。人文科学是研究"人性、教养"，包括提高人的审美意识、审美能力，全面地发展人的思维。孟子提出人有四端之心，这是性善的基础：恻隐之心，仁之端也；羞恶之心，义之端也；辞让之心，礼之端也；是非之心，智之端也。

第五，方法不同。在处于学科发展转折期的哲学家狄尔泰看来，学科的不同并不在于研究的对象，而在于心灵对事物的态度，或者对经验的立场不同。这两种经验方式分别是内在的经历和外在的感觉经验。[1] 社会科学需要实证的方式。人文科学可以以夸张的方式表达其情感。数字在文学中大都作形容词用，如"白发三千丈""飞流直下三千尺"等。社会科学中数字是实词，并需要真实可靠。《易经》在二十二贲卦的《象》里说："刚柔交错，天文也；文明以止，人文也。观乎天文，以察时变；观乎人文，以化成天下。"这里的天文，是自然规律，时变是社会规律。可以看出，对于自然，以观得之；对于社会，以察得之，对于人文，以化得之。

3. 人文科学对社会科学的滋养

人文科学的核心是以人的内心活动、精神世界以及作为人的精神世界的客观表达的文化传统及其辩证关系为研究对象，以人的生存价值和生存意义为研究主题。这也是我们常常说的人类关怀、生命关怀。如果以人与世界的关系为中心，人文科学在如下方面提供知识和经验：人是什么？从哪里来？为什么在这儿？到哪里去？以怎样的方式存在着？

从社会发展的角度而言，人文精神能够激发创造的动力，增强

---

　〔1〕　当然，上述划分标准只建立在精神科学和自然科学划分意义上。内在的经历是精神科学的基础。

社会的和谐，尤其是促进形成文化自觉，从而有利于国家治理和社会治理。

从个体性角度而言，人文科学具有如下功能：

第一，增强人的本位性。这里的人本位并不是指人本主义。人的精神世界如此丰富、如此深奥，产生了心理学、美学等诸多学科，甚至将艺术作为人的最高品质和生存形式。文学、艺术等源自人性，在人还没有很理性地知道要干什么的时候，舞蹈、仪式等就开始满足人内心的本能需求。在人类文明史上，人的地位相对较高的社会，人文科学的地位也较高；反之亦然。

第二，提升个体的民族认同感。人文学科会强调"越是民族的，越是世界的"。在人文学科里面，所有世界性的伟大发明都是有很强民族性的。这一点只适用于人文学科，法学、政治学、经济学等社会科学的民族性并没有人文学科那么明显。人作为一种社会存在，精神和文化可以使个人的情感得到抒发，主动平衡精神世界。文化具有社会整合的功能，即通过某种决定性的方式，把各种相容的或异质的，甚至是背离的文化要素整合成一个相互适应、和谐共生的文化模式。它是社会秩序的基础，是社会团结稳定、有序的最重要的前提。[1]

第三，开阔人的视野。从社会人的角度，人文科学开辟了另一个世界，让人的心灵更广大、更丰富、更细致。人文科学之所以能够开阔心胸和视野，源于在人的内心存在超然于现实世界的另外一个或几个世界。在现实的存在之上形成意向客体或意向世界，"看到"一般人看不到的风光，"听到"一般人听不到的声响，"品尝"到一般人体会不到的苦辣。同时，运用人文手法可以充分地表达情

---

[1] 张培、刘娅茜主编：《社会学新编》，云南大学出版社 2018 年版，第 54 页。

感,更深刻地揭示人性的本质。电影《罗生门》[1] 被誉为"有史以来最有价值的 10 部影片"之一。影片以一宗案件为背景,描写了人性中丑恶的一面,揭示了人的不可信赖性和不可知性,然而其结尾的转折又一改原有的对整个世界的绝望,强调人的可信,赞扬人道主义的胜利和道德的复兴。

法律人同样需要人文精神。我国台湾地区学者在一篇文章——《为什么法律人要学习文史哲》中曾提到:"文学让你看见水里白杨树的倒影,哲学使你在思想的迷宫里认识星星,从而有了走出迷宫的可能;那么历史就是让你知道,沙漠玫瑰有它的特定起点,没有一个现象是孤立存在的。"[2]

从法学研究者的角度,人文科学可以有如下的间接功能:

第一,提升观察的敏锐性。如练习书法可以培养观察力。观察、分析各种笔画的不同以及字的结构,比照字帖学习运笔,长此以往,学习者更易领悟、领略书法的美妙之处。他还可以提高思考分析的能力。思考笔画行走与情绪表达之间的关系。学习书法甚至可以使人的意志品质得到磨炼、提升注意力等。

第二,增强文字的敏感性,提高表达的丰富性。社会科学以事言理,人文学科以物托言。人文科学有利于促进发散性能力的提升。人文科学的"言",首先来自于感觉、视觉、听觉、嗅觉、味

---

[1] 日本京都的正南门。云游和尚、砍柴人和乞丐在城门底下避雨,三人闲聊,话题开始,故事的序幕拉开:一个武士和他的妻子路过荒山,遭遇了不测。妻子被侮辱,而武士惨遭杀害。惨案如何酿成?凶手、妻子、借武士亡魂来作证的女巫,都各有说法。真相只有一个,但是每个人提供证词的目的却各有不同。为了美化自己的道德,减轻自己的罪恶,掩饰自己的过失,人人都开始叙述一个美化自己的故事版本。荒山上的惨案,成了一团拨不开、看不清的迷雾。谈论完毕,雨过天晴。砍柴人在罗生门旁发现一个哭泣的弃婴。他决定收养下来,抱着婴孩往夕阳深处走去。

[2] 林木阳、陈移瑜主编:《大学人文素养》,厦门大学出版社 2018 年版,第 130 页。

觉、触觉等，以何种意象来"代言"？需要假借外物。感觉和感觉的代言载体之间，情绪准确迁移是具体—抽象的反复融合的过程，最终形成人文中的描述、比喻、借喻等。有些时候，意象表达可以产生比抽象表达更鲜明的语意效果。例如，给远游的人以祝福，说"旅游快乐！"，中规中矩。如果换成"让我把满山的月光送给你当行囊"，则表达的情感明显不一样。在社会科学领域也可以适度加入人文的东西。例如，《反不正当竞争法》中商业标识混淆行为的认定需受地域性的约束，而注册商标具有跨地域的排他性，如果类比使用"月印万川"来表达其特性——"洒在江湖，则随处可见"，可以达到化繁为简的效果。此外，还可以增强观念表达的鲜明性，例如，1985 年纽约证券交易所规定，采取双层股权结构的公司在 10 年后终止双层股权结构，恢复一股一权结构。在学术研究中，这一条款被称为日落条款。这种表达比"作了明确的时间上的限制"这种抽象表达更有表达效果。

第三，提高抽象能力和提供分析问题的多元视角。关注精神世界的文学、艺术、心理等往往来自于物质世界或社会实践。科学哲学家波普尔认为除了物理世界、精神世界外，还有一个客观知识世界——人类精神产物的世界。如果认同存在三个世界，就应该认同不同空间的世界，功能不同、风景不同。一定意义上，所谓提升或扩展认识能力，就是如何贯通三个世界并在三个世界中自由行走。人文精神中的感受力让世界有温度，社会科学中的认知力让社会有尺度。这让我们不由得想起维特根斯坦的一句话："鉴赏力是感受力的精炼，但是感受力没有做任何事情，它纯粹是接受性的。"[1]人文科学的感性化使得人文科学人言人殊，社会科学在尊重"载

---

〔1〕 [奥地利] 维特根斯坦：《文化与价值：维特根斯坦随笔》，许志强译，浙江文艺出版社 2002 年版，第 106 页。

道""言志"等前提下建立公共性的标准。

当然，在处理社会和人文的关系时，需要处理好两者共融的界面和度。在航空服务规范上曾将"微笑"服务标准化——露八颗牙才符合规定，这显然忽略了审美和规范之间的可融合性。很大程度上，科学化会阻碍人们的审美。人文科学对法学的滋养可以在立法上体现人文精神，在司法或执法上体现人文关怀，但需要把握法的技术性、标尺性和人文的艺术性、情感性之间的界限。尤其不能以后者模糊前者的界限，以至于把说理逻辑变成情感叙事。

一篇关于死刑的辩护词——《一叶一沙一世界——张扣扣案第一审辩护词》引起了很大的反响。辩护词中关于精神病的论述，引用弗洛伊德的观点，将杀人的动机解释为复仇，由此引用《哈姆雷特》《基督山伯爵》《赵氏孤儿》等文学作品来论证复仇在文学作品中的重要地位，是人性和社会基础的最好印证。尽管弗洛伊德是公认的精神哲学大师，但如此引用的效果也只限于证明存在精神病或精神病的缘由（压抑）。再往下迈一步就跨出了法学专业领域，偏离了刑法的标准。如果是论文写作，当无问题，甚至鼓励如此发散开去，纵横捭阖。如是法庭辩护，则不能偏离法律的逻辑。因此，在不同的场景下，法律与人文之间的可融性及融合度是不同的。类似于《宋刑统》《明律》和《宋史》等，这些内容都可以是论文写作的资料，但在成文法运用中，它们都不是法庭辩论的资料。所以，在立法和司法中在文本之外搭建的设施无论如何堂皇富丽，都只是个景观。定分止争的法器只在法律中。

本质上，法律也是一种意向客体，（成文法）法律文本是立法者的集体创作，独立于具体的关系。法学论文写作中，可以适度融合人文科学。因为事实进行论证的视角需要思路宽广，同时还需要纵横有度，度就是法律。

（三）法学与其他社会科学学科的关系

法学研究事实关系与法律关系且后者是中心。法律关系是一种思想关系，它既受制于经济基础的约束，也受其他上层建筑要素的影响。所以，法学和研究经济基础关系的经济学、社会学等关联紧密，也需要积极地从政治学、伦理学等学科中吸收营养。

1. 基本关系

法学和经济学的关系尤为紧密。法学和经济学之间的区别有很多方面。马克思主义经典作家揭示了一个基本原理：经济基础对上层建筑具有决定作用，相对独立的上层建筑对经济基础具有反作用。这充分表达了两者之间本质上的差异。

法学和社会学的关系同样紧密。社会学是以社会现象为研究对象的学科，包括社会形式、社会组织、人类文化、社会进步、社会关系、社会过程、社会现象间的关系及社会行为。[1] 法律事件大部分是社会现象，法律是一种对社会行为的规约。法律所规范的社会行为是普遍存在的社会现象。所以，仅仅看法条是不够的。站在立法者的角度解读其背后的故事，掀开制度表层神秘的面纱，才能更深刻地把握法律文本上的问题。社会学研究的成果可以为法律所借用，如社会学中提出了风险社会理论，这种风险的特点是"低概率——严重后果"。在这样的背景下，法律控制风险的方式由救济性转向预防性，这样，违法行为的认定标准便会前移。

法学和政治学、伦理学等学科的关系紧密，区别亦明显。法律上的企业社会责任很大程度上就是企业伦理学的问题。法律是以权利义务、责任为基础框架构建的系统，政治是以权威和政策为基础的运行机制。"政治权威是否有法治精神，是其本身能否主导、推

---

〔1〕 尹保华编著：《社会学概论》，知识产权出版社2018年版，第1页。

进法治权威建立的前提。"[1] 权力的行使需要受法律的约束，否则构成权力滥用。

当然，学科关系和学术研究并不是一个概念。后者是思想上、方法上、原理上的联系，而不单单是研究对象、研究目标、研究方法等简单比较。所以，在法学研究中确定和有关学科之间的联系更为重要。

2. 在研究上的紧密联系

学科视角是标明专业身份的内在标尺。跨学科视角代表学术视野。学科融合意义上的跨学科，其前提是不打乱原有学科观念并能够扩展原有学科某方面的不足或增强说理的逼真性。由此，不论是自然科学还是社会科学，都可以为法学研究所用。

具体而言，这种"为法学研究所用"可以体现在如下方面：

首先，自然科学原理的适用。原理是反映规律性的东西，不以人的意志为转移。自然科学中的原理和其他社会科学中的原理都可以为"法学"所用。只是由于我们对其他学科中的概念、方法、原理等不甚了解，限制了法学研究中对其他学科原理性知识的拓展运用，尤其是自然科学，和法学的跨度更大，以至于少有人用自然科学的知识服务于法学论述。这不是学科上的障碍所致，而是我们知识结构的局限性导致了驾驭能力不足。例如，对于游戏软件外挂问题的分析，形式上，游戏软件外挂具有依附于原软件而生存的特点，这类似于生物学上的寄生。在生物学上，寄生是异种生物交互作用的一种形式。交互作用的一方得益（寄生物），另一方受害（寄主或称宿主）。通常，受益者又不置受害者于死地。寄生现象的进化趋势是：交互作用双方的关系，先是相互适应，最后温和共

---

〔1〕　彭先兵：《中国特色社会主义法治建设合规律性研究》，中山大学出版社 2018 年版，第 78 页。

处。"寄生现象可根据寄生物的特化程度进行分类。特化到脱离宿主便不能存活的称专性寄生物，仍有独立生活能力的称兼性寄生物。另外，寄生关系可以是持久的，也可以是暂时的，或只在某个发育阶段才营寄生生活。"[1] 借用生物学上寄生的概念及其划分，外挂软件应当属于专性寄生，且非暂时的寄生。在反垄断法理论上，借鉴医学上的"假阳性"——形式上具有而实际上不具有反竞争性的现象，或"假阴性"——实际上具有反竞争性但被误认为不具有反竞争性，来表达某种涉嫌垄断行为的复杂性。跨学科知识的运用可以提升表达的效果。

其次，其他学科理论的适用。理论是由学者或思想家创造的系统性观念。法学学科与其他社会学科之间的联系更多地表现为可以借用其他社会学科的理论来进行法学论证，包括经济学上的、社会学上的，当然也包括邻近的其他法学学科上的理论。国家正在推行的"新文科"计划，基于现有传统文科进行学科中各专业课程的重组，形成文理交叉。这是以全球新科技革命、新经济发展、中国特色社会主义进入新时代为背景，突破传统文科的思维模式，以继承与创新、交叉与融合、协同与共享为主要途径，目的是促进多学科交叉与深度融合，推动传统文科的更新升级[2]，为学生提供综合性的跨学科学习，实现知识扩展和创新思维的培养。

从法学研究的角度看，其他社会科学都具有方法论的性质。以经济学为例，经济学原理、方法、概念等可以用来解决法律问题。例如，商业标识的混淆问题，在原理上是同业竞争者"搭便车"导致的。再如，博弈论可以为分析卡特尔的组织特性提供理论基础或

---

〔1〕 中国大百科全书总编辑委员会编：《中国大百科全书：生物学Ⅰ》，中国大百科全书出版社 2002 年版，第 688 页。

〔2〕 王铭玉、张涛："高校'新文科'建设：概念与行动"，载《中国社会科学报》2019 年 3 月 21 日，第 4 版：教育学。

者为治理卡特尔提供理论依据。以社会学为例，"社会失范"[1] 是
涂尔干对社会转型期问题的病理诊断，用于分析社会分化带来的结
构性问题。在社会结构转型过程中，工业化社会所产生的"反常的
乃至病态社会分化"[2]，被社会学称为社会失范。现代工业社会所
及的领域，因社会结构失衡产生的共同性问题已经超越了日常生活
人与人之间"一对一"的线性交往方式。这种因社会结构失衡所产
生的现代性问题，具有金钱价值导向、"大规模侵权"的市场结构
特征。因社会分工的深化和技术的高度发展，使得社会依赖程度提
高，个体的单个行为对社会的侵害辐射力增强，从而形成"分散损
害"的现象。"在现代社会里，我们已经很难找到类似于大交感神
经系统的神经节这一类支配中心了。"[3] 在"分散损害"的单个
损害额较小时，受侵害一方很容易放弃对违法行为的追诉。这种理
论对公益诉讼具有重要启示：大规模侵害——侵权救济的概率——
社会性拯救。由此，从这一视角进行解读，法律上的惩罚性赔偿的
目的不是个别拯救，而在于激励民众行使社会性监督。

　　诸多年来，很多法律实施中广泛运用约谈制度、行政建议权
等，从政治哲学的视角看，这些制度的理论基础有两个：交往理论
和商谈理论。近代以来的政治哲学崇尚人文主义，发掘并高扬人的
主体性，构建起"主体—客体"的分析框架，认为人类具有超强

---

　　[1]　"失范"概念源于法国学者涂尔干，在其《社会分工论》一书中，涂尔干认
为"在任何情况下，如果分工不能产生团结，那是因为各个机构间的关系还没有得到规
定，它们已经陷入了失范状态。"美国学者默顿进一步发展了"失范"概念，认为"失
范概念指一个社会或群体相对缺乏规范的状态。"参见 [法] 埃米尔·涂尔干：《社会分
工论》，渠东译，生活·读书·新知三联书店 2000 年版，第 328 页；[美] 罗伯特·K.
默顿：《社会理论和社会结构》，唐少杰、齐心等译，译林出版社 2006 年版，第 301 页。

　　[2]　[法] 埃米尔·涂尔干：《社会分工论》，渠东译，生活·读书·新知三联书店
2000 年版，第 25 页。

　　[3]　[法] 埃米尔·涂尔干：《社会分工论》，渠东译，生活·读书·新知三联书店
2000 年版，第 176 页。

的、几乎无所不能的认识与改造世界的能力，真理被当然地理解为客观世界对主体的满足程度。在这种工具色彩极强的哲学观念导引下，科技取得了前所未有的成就，但也形成了阻碍社会进一步发展的"物化"现象，人和人之间的社会交往带有明显的"目的—工具"的功利关系色彩。人类正面临着日益严重的交往问题。哈贝马斯坚信人类的奋斗目标是建立"交往合理性"的社会：交往者在承认、重视并遵守共同社会规范的基础上，选择恰当的媒介（哈贝马斯认为是语言）以相互理解为目的进行对话，从而实现交往行为合理化。

法学研究中，自然科学的方法同样可以适用。马克思是运用数学研究社会科学的典范。保尔·拉法格在《忆马克思》一文中提到马克思对数学分析的评价时，说马克思认为"一种科学，只有在成功地运用数学时，才算达到真正完善的地步"。[1] 马克思非常重视使用数学方法。在《资本论》研究剩余价值率时，马克思认为"这里要运用数学上的一条定律，就是数学上运算变量和常量的定律，即运算常量同变量相加减的定律"。[2] 在马克思的手稿中，对剩余价值率的推导使用的是微分学的方法，当时微分学是最先进的数学方法。马克思写道："从严谨的数学的角度来看，这里阐述的观点也是正确的。因而，用微分计算，假设 $y = f(x) + C$，其中 C 是不变量。X 变为 $x + \triangle X$，不会改变 C 的值。因为不变量不发生变化，所以 $\triangle C = 0$。可见，不变量的微分是 0。"[3] 马克思在数学方法的应用上，除代数之外，还有比例关系、函数关系、不等式和统

〔1〕 苏共中央马克思列宁主义研究院编：《回忆马克思恩格斯》，胡尧之等译，人民出版社 1957 年版，第 76 页。

〔2〕《马克思恩格斯全集》（第二十三卷），中共中央马克思恩格斯列宁斯大林著作编译局译，人民出版社 1972 年版，第 240 页。

〔3〕《马克思恩格斯全集》（第四十七卷），中共中央马克思恩格斯列宁斯大林著作编译局译，人民出版社 1979 年版，第 195 页。

计图表，等等。

对其他学科原理、理论的运用，既可以基于原意证成观念使用，也可以批判地使用。

对所有的法学研究同样具有指导意义的学科，应当是语言学和哲学。

在成文法中，法律的文本是由语言表达呈现出来的。文本作为语言科学研究的对象首先需要释义。尽管法学的文本努力用不同的限制来精确其所针对的对象和意义，但由于概念在法学中的意义不同于一般语言中的意义，其在保留已有的知识和文化信息外，还作为法律的标准，发挥着划定权利和义务界限的功能。所以，成文法语言和言语表达的准确性尤为重要。

哲学中，逻辑学可以为分析法律问题提供可靠的工具。逻辑学上的定义方法具有广泛的运用价值。概念乃是解决问题所必不可少的工具，没有限定的专门的概念，我们便不能清楚地和理智地思考法律问题。[1] 如经济法一进入我国法学研究领域，便引起了人们极大的兴趣。在经济法学研究中，经济法的概念率先成为各家争鸣的焦点。处于发展早期的经济法学科史，主要是适当概念的形成史。想和写、说和写存在高度的不统一。利科认为，在说的语言中，说话者总是要说他要说的东西；而在写的言词和文本中，说话者的当下性不存在了，只剩文本和它的意义——文本成了独立的东西。"文本表明的东西不再与作者意谓的东西一致；因此，文本的意志和心理的意义具有不同的命运。"[2] 法律文本会出现歧义，也需要不断澄清。

---

〔1〕 ［美］E. 博登海默：《法理学——法哲学及其方法》，华夏出版社 1987 年版，第 465 页。

〔2〕 Paul Ricoeur, *Hermeneutics and the Human Sciences*, Cambridge University Press, 1981, p. 139.

二、社会科学或法学研究能力的核心

论文能力的核心是观点和论证。贯穿其中的是思维与表达。一切认识问题都是通过思维与存在发生关系的，观点的创新也是思维的结果。思维决定一个人的成长和发展。斯坦福大学著名心理学教授卡罗尔·德韦克在《终身成长》一书中提出了"成长型思维"的概念：能激发快速成长的是一种特有的思维形式，此概念对应于"固定型思维"。

（一）思维的重要性

思维的结果是思想。分析哲学的创始人弗雷格曾有一个与思想相关的划分：对思想的把握——思维；对思想的真的把握——判断；对思想的真的把握的表达（对判断的表达）——断定。[1] 在这里，思维、判断和断定是围绕思想作出的区分，思维是前提。

1. 什么是思维

我们的认识如同一室一厅的两个房间构成的建筑，其中"厅"这个空间非常重要，它的一扇门同外部世界实时进行信息交流，另一扇门连通着"内室"。被我们认同了的有关观念通过这扇门并储存到"室"里。信息作为记忆的储备符号，受外部信息冲击进行信息替换的过程是加工、制作的过程。不断存储的新信息包括三种：自己加工的产品、别人加工的产品、简单的原材料。存储没有总量的限制，但存储中三者的比例由思维能力决定。

什么是思维呢？广义上，它包括有目的的心理活动和无意识的心理活动。前者是有意识控制的心理活动，还存在偶尔无意识地加

---

[1] ［德］弗雷格：《弗雷格哲学论著选辑》，王路译，商务印书馆2006年版，第8页。

人有目的的心理活动并达到了期望的结果这种神奇状态，但这只是一种特殊形态。狭义上，思维是能够帮助我们阐述或解决问题、作出决定、获取意义的所有有目的的心理活动。

2. 思维的重要性

网络上流传说：铜牌是学位，银牌是能力，金牌是思维。将思维作为最高的奖赏，言之有理。

香港地区学者牟宗三在《中国哲学的特质》中，将动物的性质确定为"结构之性、类不同之性"，人的特性确定为"创造真几"之性。"创造真几"即思维的创造性。

大量的实验证明，动物具有一定的联想能力、观察能力，甚至推理能力。但是，动物认识的客观内容只是现象的客观存在的反映，认识不到由事物之间的因果关系表现出来的事物的本质。故动物的思维都只不过是一些比较简单的、低级的思维活动，属于直观的、感性动作思维的范畴。[1]

瑞士儿童教育心理学家皮亚杰一生致力于儿童智力发展规律的创造性研究，认为影响儿童智力发展的四大因素是：神经系统的成熟、物质环境的经验、社会环境的影响及活动中通过自我调节而获得的主客观平衡。他提出了教育不仅仅是让儿童掌握知识、简单重复，而是促进儿童智力思维的能力。思维能力体现为在原有信息的基础上加工并产生新思想的能力。有学者将这种思维的质变概括为同化和顺应两个过程。[2] 当有机体面对一个新的刺激情境时，若主体能够利用已有的图式或认知结构把刺激整合到自己的认知结构中，就是同化。当有机体不能利用图式接受和解释它时，其认知结构由于刺激的影响而发生改变，就是顺应。同化或顺应的过程基础

---

〔1〕 张浩："略论动物思维"，载《甘肃社会科学》1992 年第 2 期。

〔2〕 易益典主编：《社会学教程》，上海人民出版社 2013 年版，第 78 页。

是运算，即人对客体的作用或相互作用。有组织的且可重复的运算形成了运算模式。新的运算模式的形成意味着顺应。经验的增加是新信息被不断同化和顺应的过程。

归纳而言，人思维的独特性在于抽象思维，包括综合、分析和复杂的推理。猴子看到行人拎着塑料袋会上去抢，拿到后再翻，看看有没有饮料，这是以往经验发挥作用的结果。如果行人背的是挎包，则可能不去抢，因为没有此类经验。所以，猴子无法抽象出装饮料的工具这一概念，也无法扩展其丰富的外延形式。同样，理据平移这种复杂的运算也是人所特有的。苏东坡观察到井水较外面的河水或江水平静，由此联想到真正的练达应当是水深而无波。于是在《临江仙·送钱穆父》中借用此意："无波真古井，有节是秋筠。"进一步解析，文中的秋筠，指秋天的竹子，其特点是虽有部分竹叶枯黄，但竹节仍然碧绿且粗壮结实。将物的特点赋之于人——人的品格，如此借喻，自然贴切，意向鲜明。很大程度上，文学艺术的技术性建立在特征基础上的语义类化，包括手法上的比喻、借喻和隐喻。这是人特有的表达技艺。

于法律人而言，法律本身是抽象的，理解法律条文，把握法律规范中的标准等都建立在抽象基础上。从研究的角度，法律的抽象性对法律人提出了更高的要求，需要将抽象语言背后的机理揭示出来，它需要"抽象—具体"的多次反复。换言之，法律文本在结构上语词间的对立差异更加明显，对立语词关系融合的技能要求更高。如"引人误认为是他人的商品"，这里，"引""人""误""认"分别是四个词汇。它们之间隐含着明显的矛盾关系，"误"是错误；"认"是认识，一般表达的是理解。法律人的抽象，需要将法律文本中的特征扬弃，即由文本的抽象到案件的具体，再到文本的抽象。这个过程有三个特性：一是有深层结构，即由文本到案例，再到案例背后的社会经济原因，探底后回溯到法条，再继续逆流上行到原则、到立法目的等；二是这个过程没有严格的逐阶行进的程式，大起大落的思维波动是常态过程；三是这个过程不是一次就可以完成，可能需要多次重复。法律人的抽象思维之难在于向上阶段，而不是向下的过程。

（二）思维的类型

思维本身包含维度，维度即不同的视角。

论文写作有助于提升科学思维的能力。在社会治理中，"如果缺乏科学理论思维的有力支撑，是难以战胜各种风险和困难的，也是难以不断前进的。"[1] 论文写作能够提升历史思维能力、辩证思维能力、创新思维能力、法治思维能力。这是法律研究者和实践者均需要具备的基本能力。这些能力是增强工作的可行性、预见性、主动性和创造性的基本保障。

1. 思考过程和层次性

在我们解决问题或者做出决定时，思维中的若干活动共同起作用，如理解、解释、质疑、分析，前提是面对一个被认为是问题的问题。

思考的过程是符号性的。常见是语言符号。如当我们思考时，会在心中遣词造句或默默地自言自语。另一种是非语言符号。如爱因斯坦的思考里更多地包含了图像或数字符号。

思维是有阶段性和层次性的。大致可以将思维分为两个层阶。

初阶的思维包括观察、调查、记忆、想象。

这几种简单的思维活动，只是"大象"的几步随意的奔跑。观

---

[1]　中共中央宣传部编：《习近平新时代中国特色社会主义思想学习纲要》，学习出版社、人民出版社 2019 年版，第 244 页。

察是人的感官在脑的指导下进行的有意识、有组织的感知活动。[1]
在发生学上，观察是儿童自我学习的开始。同样，对新事物的接受
也是以观察开始。调查是一种信息收集方法，用来描述、比较或解
释个性观点或共性的知识、感受、价值、偏好和行为。[2] 这里的
记忆是有目的的记忆，以知识获取为主要对象。想象是艺术人格的
主要特征，源于不受约束的遐想。实际上，想象不仅是艺术形式，
也是一种思考方式，因为想象的构成包括粘合、夸张和典型化。粘
合是基础——把客观事物中从未结合过的属性、特征、部分在头脑
中结合在一起而形成新的形象的最简单的一种思维方式。[3]

高阶的思维包括怀疑、解释、评价和判断。

之所以将这些过程视为思维的高阶，是因为这几个过程都是在
"骑象人"的指挥下确定大象如何行走。

思维的阶段性提升非常重要。只能进行初级思考难以适应复杂
工作的需要。另外，在不同时期存在的认知焦虑和思维层次性紧密
相关。一方面来自于外在的社会价值多元，使处于不确定规则中的
人感到茫然；另一方面来自自身的认知结构：碎片化的知识难以形
成稳定的控制力量。

有人说，化解认知焦虑的方法是"购买"知识。其实不全然，
真正的方法是提升思维层阶。知识和智慧是两个概念。经验和知识
及智慧也不一样。中国古人发明（实际是发现）了指南针，但这只
是技艺，古人并不知道指南针的原理，也无法利用此原理进行技术
创新。知识是鱼，智慧是渔。教育需要尽快从获得知识转向拥有智

---

〔1〕 刘立民主编：《幼儿园科学教育》，北京理工大学出版社 2016 年版，第 29 页。

〔2〕 ［美］阿琳·芬克：《调查研究实操指导：细节与示例》，齐心译，重庆大学出
版社 2016 年版，第 2 页。

〔3〕 李宁、李屏编著：《心理学》，华中科技大学出版社 2014 年版，第 90 页。

慧。应当相信：走出茫然的唯一可信的力量是知识整合后形成的智慧。[1]掌握知识不等于拥有智慧。当然，获得智慧没有知识基础，注定不行。高阶思维产生智慧。

2. 思维的类型

思维是连接研究对象和研究结论的中间环节，或者说，是从研究对象开始走向研究结果的思想过程。思维活动的基本方式有三种：形象性思维、批判性思维和灵感性思维。

这三种方式在论证中都不可或缺。比较而言，批判性思维发挥的基础性作用更强。

（1）形象性思维

形象性思维可以产生画面感，叙事的情节性。如王维的《鹿柴》："空山不见人，但闻人语响。返景入深林，复照青苔上。"宋代苏轼《东坡题跋·书摩诘（蓝田烟雨图）》评价王维的诗曰：味摩诘之诗，诗中有画；观摩诘之画，画中有诗。

论文在表达上是否需要有画面感？是否需要叙事？

对于抽象的理论分析、观点评论，可以在表述上使用鲜活的语言，但要恰当。例如，马克思在《共产党宣言》中批评贵族阶级的摇摆性的时候，用了这样形象的语言："为了拉拢人民，贵族们把无产阶级的乞食袋当作旗帜来挥舞。但是，每当人民跟着他们走的时候，都发现他们的臀部带有旧的封建纹章，于是就哈哈大笑，一哄而散。"笔者在一篇涉及价格法中垄断价格认定主体的论文中（因反垄断的执法属于省级或国家级反垄断执法机构，但价格执法权属于各级价格监管机构，没有层级的限制），用了这样的表达：

---

〔1〕［美］拉吉罗：《思考的艺术》，金盛华等译，机械工业出版社2013年版，第4页。

若在两法竞合时进行自由选择执法，意味着一般价格执法部门也将享有价格垄断行为的管辖权。若如此，相当于基于专业执法要求而为反垄断法设置的封闭的"高墙大院"被价格执法开了个"洞"。

读小说和诗词有利于提升表达的多样性和文字的敏感性。

一般情况下，法学论文不需要叙事。但特殊情况下也需要，如综述性文章。后文详述。

（2）批判性思维

在"批判性思维"概念中，"批判"一词源自希腊语，是识别、区分、讨论、判断、标准、准则的意思。作为一种哲学观念和教育观念，美国哲学家杜威将其转化为反省性思维。20世纪40年代，批判性思维与教育学紧密结合，成为美国教育改革的一个主题。20世纪70年代，美国开始倡导批判性思维运动，成为教育改革运动的热点。1991年，批判性思维被写进了美国《国家教育目标报告》，把培养具有较高批判性思维能力的国民作为高等教育的目标。自20世纪70年代以来，作为一种健康的思维方式、品质和能力，批判性思维受到欧洲发达国家、许多发展中国家以及联合国的高度重视，也先后被确立为教育特别是高等教育的目标之一。[1]

哲学思维是一种批判性思维。凡产生新思想的思维形式都具有批判性。当然，批判不等于反对，它还包括接受并改进，也包括合理地不接受。批判性思维和形象思维的一大本质区别是批判的基点和理由的论证性。

就法学论文而言，批判性思维需要贯穿始终，包括批判性阅读、思考和论证。没有批判性阅读的能力，搜集到的资料是毫无意义的。批判性论证，意味着破—立关系的融合，或边破边立，或先

---

〔1〕《逻辑与思维》编委会主编：《逻辑与思维》，中国商业出版社2017年版，第204页。

破后立。但不能不破不立。

（3）灵感性思维

灵感性思维大多是灵机一动想出主意或想出解决问题的方法。通常，灵感性思维发生在遇到难题，苦思不得其解的时候，突然某种意思、思路未经敲门独自闯了进来，使人豁然开朗。灵感性思维主要来自于两个方面：

第一，来自于觉和悟。思维者自身与事物整体大局相互联系的认知过程或方法是事物整体与局部的相互运动变化的表现形式。通过灵感、行为感知、知识运用来把握事物，内视反听，可以培养发展人的想象能力，从而达到某种精神上的理想境界，这是充分发挥人的想象力的抽象思维，更是一种修养功夫。[1]"内视反听"源自司马迁《史记·商君列传》："反听之谓聪，内视之谓明，自胜之谓强。"它揭示了"聪明"的后天原因及结果。真正的聪明是"自胜"。自胜来自于自省。

觉醒包括自醒和点醒，不论如何，觉是初始条件。鲁迅先生于1923年发表一篇演讲《娜拉出走后》，借《玩偶之家》中贵族社会的女性娜拉在自我意识觉醒——决定反抗丈夫和家庭的束缚而出走——的背景，讨论当时的社会环境下缺乏经济独立性的女性要获得真正自由的希望只是一种不切实际的幻想。之于鲁迅，是那个时代最早觉醒的人之一。能够觉醒才能产生最具时代意义的思想价值。

论文观念的觉醒首先需要发现境界线出现了符号异常，其次需要进一步增加一连串的关联性信息符号，最后形成符号合力解释异常。例如，在探讨消费欺诈问题时，发现欺诈有多种行为类型：民

---

〔1〕　王中易：《精神论——宇宙精灵的真实精神》，中国商务出版社2013年版，第54页。

事欺诈、价格欺诈、消费欺诈。从论文的题目的角度来看，似乎每种行为类型都可以写。但每种行为的突破点是什么呢？似乎也很难找。联想到最高法院的指导性案例 23 号——不考察消费者的主观状态。这意味着，这些不同语境下的欺诈内涵可能并不一样。那么，价格欺诈是否遵循民事欺诈的概念呢？经找资料发现：从民事欺诈到消费欺诈，到价格欺诈，概念内涵偏离得越来越远。这种偏离是否合理必要？由此，论点和思路就形成了。

第二，来自于灵机一动。觉醒的确是一个痛苦又孤独的过程，因为可能得质疑或否定已经成型的认识。在此基础上，再逐渐形成和建立一个新的认识，相当于自己给自己的思想做一个手术。《二程遗书》（卷十八）中谓："道须是今日格一件，明日又格一件。积习既多，然后脱然，自有贯通处。涵养须用敬，进学则在致知。"这种"脱然"不仅要不断学习、积累前人的成果，还需把"知"的内涵加深或扩大，达到知悉原理程度。《论语·学而》中也有"君子务本，本立而道生"，"本"有很多解释，包括仁义礼智信等，就学术研究或社会实践而言，解释为"原理"亦说得通。如此，其基本含义是：首先弄通事物的原理，如果一件事物的原理懂得了，方法（道）也就有了。

禅语讲："终日吃饭，未曾咬着一粒米；终日着衣，未曾挂着一缕丝。"用在学习上的话，就是读书不要"船过水无痕"。俗语中，有"书虫"一说，其含义的核心是因缺少必要的觉和悟。看过很多书，但只是"清水照浮云"，没有"水过地皮湿"。同样，"读死书，死读书"，指的是没有把所学所读过的主要内容转化为一些新观念。或许苏轼的一首《观潮》可以表达其背后的原因："庐山烟雨浙江潮，未至千般恨不消。到得还来别无事，庐山烟雨浙江潮。""来—去"大失所望，不是无物，而是无心。无心的原因是没有思考或思考得太表面。

悟，本来是指佛教中的一种修行方式。在东晋时期有一个叫竺道生的高僧，他根据外来佛教中的经典教义，并结合当时流行的般若学和涅槃学的综合要义而创立了一种修行方式。实际上，竺道生用了这个悟，是想教人们快速理解教义的方法和步骤。后来，禅宗在此基础上发展了这种修行的方法，要求人们在修行时要注重内在的自省，从而激发本心的体验，进入到"我心即佛"的境界。

悟不限于佛教中体悟，已经扩展到诸多方面，成为一种心有灵犀的高超玄妙的境界和方法。

东晋时期，很多人都在这种观念的影响下，在研习书法中也得到了检验，进而成为艺术创造的不竭源泉。北宋苏东坡、黄庭坚、米芾都在感受悟性上大有收获。苏轼在乌台诗案后，到黄州百感交集，苦厄愤懑，但本性难改，以至于"拣尽寒枝不肯栖""空庖煮寒菜，破灶烧湿苇"（寒食帖）。但在《定风波》后，突然醒悟，从此形成了豁达的人生观。

民间常说，有的人悟性高，有的人悟性低。对此，不予置评。但源于灵感思维的悟性确有先天和后天之分。悟性就是感知力、思考力、想象力、抽象力等的综合。后天的悟性是靠学习得来的。同时，还需要承认的是，不同的专业在上述要素的组合上有所不同。艺术上的领悟更多的是感知力和想象力；社会科学中的领悟，更多的应该是思考力和抽象力。

在完成论文的环节上，不论是阅读资料，或写作过程产生批判性观念、形成论证性思路、初步构建结论等，都需要"悟"出新东西。不论之前耗费的时间多久，都存在激发出新观念之前的一刹那——醒，之后才有"恍然大悟"。所以，悟的前提是"醒"（点醒和自醒）。能否被唤醒取决于但又非唯一来源于对象的激发（反给予）。阅读材料的性质和质量很重要，但更为重要的是每一个人都有一个唤醒结构（后文详述）。据说一位僧人讲经时说："一切诸经，皆不过是敲门砖，是要敲开门，唤出其中的人来，此人即是你自己。"意味着，与其说人与人的悟性不同，毋宁是人与人之间的唤醒结构不同。

（三）学术思维的向度与核心

思维本身包含维度，但并没有确定维度。之于学术思维而言，只有向度还不够，还需要论证环节和细节。在很大程度上，观念的合理性是由思维维度和论证环节和细节决定的。

1. 思维的向度

向度，即维度，简而言之，是看待事物的视觉结构。它是思维的空间关系。按照经验，思维的向度可以分为如下三种。

（1）单向度

"单向度"一词源于马尔库塞《单向度的人》，该书的翻译者在"导言"中特别说明没有把"dimension"一词翻译为"方面"和"维度"，而把它译作"向度"的原因，是想传达原文中的价值取向和评判尺度的意思。所谓"单向度的人"，实际是"单向度的思想"和"单向度的抉择"。马尔库塞通过对工业化国家政治、生活、思想、文化、语言等领域的分析，指出发达工业社会如何技术性地压制了人们思想上的批判性和超越性的向度，使人丧失了自由和创造力，由此成了单向度的人。

单向度的人没有思考力，也产生不了思想。以单向度思维看待世界，不能看到复杂社会关系中的不同侧面。严格来说，这种认识状态已经超出了思维的范畴，因为没有维度，只有向度。

（2）二元思维

父母会给孩子讲很多有趣的故事，"有趣"常常是二元思维的故事演绎。基于儿童的认知能力，二元化的思维会初步形成对事物的基本认知，于是，诸多儿童故事都带有比较明显的二元思维的痕迹，如《狼外婆》《喜羊羊和灰太狼》等。这些故事中存在"好人—坏人"的对立结构，在抽象意义上，是正义对邪恶的关系结构。通常，主人公（好人）在经历一系列考验后，最终战胜了邪恶，正义得到了伸张。

以儿童的心智没有能力分辨更多东西，没有办法认识世界的复杂。为了保护自己和获得对这个世界复杂关系的基本判断，需要在特定场景下简单设定好人和坏人。当然，也有一些童话或神话已经摆脱了二元思维模式。例如，《女娲补天》的故事里，没有对立的两个主体，而是天地关系："四极废，九州裂，天不兼覆，地不周载，火爁焱而不灭，水浩洋而不息，猛兽食颛民，鸷鸟攫老弱。"于是，"女娲炼五色石以补苍天，断鳌足以立四极，杀黑龙以济冀州，积芦灰以止淫水"。最终"苍天补，四极正；淫水涸，冀州平；狡虫死，颛民生；背方州，抱圆天"。这里的危险来自自然。面对来自自然的危险，除了"炼五色石"外，还涉及牺牲动物——断鳌足、杀黑龙，以及毁掉植物——积芦灰。仅仅从人的角度得出勇敢面对风险、勇于奉献自我等，只是这个故事含义的一个方面。再如，伊索寓言中酸葡萄的故事，也不是好和坏两个对立的判断。童话和神话反映的是一种理性，而不是感性和简单的侧面。

二元维度思维的人，把世界简单化为不是黑就是白。但实际上，黑和白只是世界的两种极端状态，从白到黑有一片非常广阔的地带，白慢慢变成灰，灰再慢慢变成黑，在这个过程当中有无数的节点。在用二元化思维来看世界的人的眼中，中间这片广阔地带是不存在的。

（3）多元思维

成长就是不断摆脱二元化思维，关注这个世界的复杂性。司马迁曾说：“人固有一死，或重于泰山，或轻于鸿毛。”单从政治的角度，将人进行二元分类，并树立追求贤达、减少庸碌的人生目标本无可厚非。所有的二元论都存在一定的不周延性。再以爱情为例，也不只有“爱—恨”，或者“爱还是不爱”这样的二元选项。情感，包含了真自我情感、假自我情感、角色情感等，它们混合成为一种“情感”，比例随时在变化，不是“爱与不爱”这个二元选项能够描述清楚的。

我们必须学会与一个复杂的世界相处。法律也是如此。一种社会关系不限于民商事和行政法律关系，会有多元的视角。一个姓名的问题，既有民法的基础保护，也有著作权法的署名权，在反不正当竞争法中还保护作为商业符号的姓名。

用二元思维来认识法律关系，难以准确揭示社会关系的复杂性。例如，在《消费者权益保护法》第 2 条中规定了“为生活消费需要购买、使用商品或者接受服务，其权益受本法保护”。但什么是“生活需要”？这是问题的核心。人们习惯于把“需要”简单地进行二元划分：生产需要和生活需要。如此，非生产需要即为生活需要。事实上，会存在既不同于传统生产需要，也不属于一般生活需要的中间模糊状态。职业打假便是如此。

学术思维是多元思维，或者称之为灰度思维。因为真实的世界不是棱角分明的，不是非黑即白的，而是圆润的。黑中可能有白，白中可能有黑。黑有时可以变成白，白有时可以变成黑。哲学上的辩证法强调的是相互转化过程中的多元共在。中国古人讲的否极泰来、乐极生悲等都是辩证的哲学。灰度思维是一种辩证思维，其强调动态中的静态，强调多元前提之下的结论。

基于前提和结论在思维启动上功能的不同，将思维分为科学家思维和律师思维。前者是通过材料的价值得出相关结论；后者是从结论出发，寻找更有利于结论的材料。学术思维是科学家思维。

论文写作依赖材料，是检验材料中反映的价值并由此得出区别于已有材料价值的新观念的思维活动。

2. 学术思维的核心

质疑是学术思维的开始，学术研究的本质是观念更新，核心是论证。

马克思在对他女儿的自白中说他的座右铭是：怀疑一切。爱因斯坦说：提出一个问题，比解决一个问题更重要。没有怀疑，何来问题；没有问题，谈不上问题的解决。密尔说：即使是一个千真万确的道理，经怀疑后接受，和当作教条来接受，是大不一样的。

苏轼在《石钟山记》中云："然是说也，余尤疑之。石之铿然有声者，所在皆是也，而此独以钟名，何哉？"宋人喜欢质疑。"事不目见耳闻，而臆断其有无，可乎？"

很大程度上，论文的质疑和批判过程与哲学思维具有异曲同工之妙。只是在目标上存在本质的分歧。哲学也被称为爱智慧。在古希腊人那里，之所以爱智慧，是因为透过一些感性的、多样的、变化的现象可以抓住在它背后的更加真实的实在。如此，智慧就和实在相互对应，抓住了实在，就更能真正地、一劳永逸地理解客观现象。早期希腊人认为，人的理性是可以达到上述理想境界的。到了近现代以后，人们对这样一种形而上学的虔诚减少了很多，甚至对是否有能力达到这个境界也产生了诸多怀疑。于是，有了"世界就是人的意志""语言的界限就是世界的界限"等不同的世界观和方法论。对学术研究而言，哲学思维至少在如下方面具有启示意义：

第一，研究是观念的更新。不同时期不同哲学家认识的方法不同、结论不同，但不会因为观念不同而降低每种结论的价值。维特根斯坦认识的世界和亚里士多德认识的世界是同一个世界，但是，是不同的关于世界的认识。在威廉·詹姆斯的观念中，哲学就是要去发现替代方案。法学研究针对的是社会关系，因为社会的发展性，法律的涵摄性会出现偏差或不足，如何矫正或补足，需要理论观念的不断更新。

第二，视角和方法的转换。大概在 20 世纪 40 年代之后，哲学家认为，人不可能像神一样越过我们的经验世界，达到在其背后那么一个永恒的、普遍的存在，世界的实在是什么似乎没有那么重要，我们需要怎样认识世界更重要。于是，哲学家调整了已经根深蒂固的看问题的方向。维特根斯坦曾做过一个形象的比喻，闻到瓶子里的蜂蜜的甜味，苍蝇飞了进去，但如何从瓶子里面飞出来，以往的哲学好像苍蝇在这个瓶子里面到处打转，其实，开着的瓶口就在它身后。[1] 之于学术研究而言，这个比喻的意义在于，习惯了朝着一个方向思考，转换方向是一件很难的事情。同样，限于思维习惯，思想的转身实际上是一件很困难的事情。一个有智慧的人，能够意识到有多种不同的方法应对同一个问题，其前提是认识视野的宽阔和自由。不同方法解决问题的效率是不同的。如果只从一个方向去看这个世界，而且把这当作天经地义，很难得到全面的认识，甚至深刻的思想也难以获得。

第三，论文写作的本质不是学知识，而是运用知识。如同哲学也不是教人获得知识，而是追问已经固定下来的思想观念何以如此。例如，一块黑板，其实它的颜色是深绿色的，但为什么我们说这是一块黑板？当我们说出这是一块黑板的时候，它的条件是什么？换言之，就是不满足于一般的认识，有时甚至需要动摇原来已经获得的观念。

第四，结论得出的过程性。当提出问题，并寻找答案的时候，

---

[1] 杨小说编著：《哲学家们都在想什么》，北京联合出版公司 2017 年版，第 237 页。

需要给出清晰的理由。理由是什么？是一种哲学思考，它要求必须是清晰的。哲学不满足于仅仅提出不同的观点，而要求所提出的观点必须经过充分的论证使之成为一个观点。就是一些系统性的观念、概念、思想必须是经过充分论证的。只提出一个说法而不讲如何得出的，即没有结论的论证过程尚不能称之为学说。随着认识的广泛和深入，会发现，在一个学科内很多自己想到的观念都已经有人提出过了，但是为什么今天还要进一步研究呢？这是因为论证的方式可能与前人不同。所以，研究过程需要接受的不是别人说了什么，更重要的是别人说出一个结论的根据，即何以得出这样一个结论。这往往比说出来的论点更重要。

当然，最后需要指明的是，知识是可以教授的，但思想是没办法教的。创造思想需要每一个人的参与。相关知识或其他人的认识只起到梯子的作用，最后能否产生新思想需要研究者攀登，亲自去摘那个果子。

第二章 | 学术论文的特性和能力

一、学术论文的特性

古人云："文无定法。"确实，不同的文规则不一样。任何文体都有自己的特性，否则就不能成为一种独立的文体。如我国近体诗需要从三个层面把握：格律、用字、意境。如同诗词有格律规则和文字表达等要求一样，论文也有形式上的规范和实体上观点表达的要求，这些规范和要求形成了学术论文的特性。一些特性要求，如准确表达，也需要能力的培养。

（一）论文的理论性

如同意境是近体诗的最高境界一样，论文也有境界，理论性是论文的灵魂。近代哲学中有经验论和唯理论之对抗。经验论的局限性在于它无法说明知识的客观有效性，也无法证明知识的必然性，所以会导致认识的不稳定性。而唯理论走向了另一端，认为只有共同接受的经验才是稳定的认识，才构成知识。论文需要理论和经验的有机结合。

1. 理论的要素和特点

所谓理论，就是有目的、有条理、有系统地反映某种立场、观点和方法，即观念的系统化或系统化的观念。

（1）理论的要素

任何科学的理论都应当是一个整体系统，在这个整体系统中应当包含四项基本要素：

第一，作为出发点的经验对象或研究的范畴。范畴是对客观事物的普遍本质的概括。范畴不同于概念，范畴是跨越概念的大概念。如火车、汽车、轮船等是概念，不是范畴，它们都属于交通工具的范畴，虽然交通工具本身也是概念。范畴是人们认识过程的更高阶段，通过范畴可以认识各种复杂事物的本质，找出事物发展变化的规律性。

第二，为研究对象或范畴而使用的概念。语言作为一种符号，是传递人类认识、进行理论构建的工具，它并不回答某一关于现实事物、现象的表述正确与否的问题，因此，其算不上是理论的构成要素。理论的基本构成单位是命题，命题的构成单位是概念。一个理论需要系统的逻辑阐述，可以以概念形式呈现，故概念可以是理论的标签。例如，马克思的资本论建立在商品这个概念的基础上；哈贝马斯的商谈理论是以理论理性和实践理性这两个概念为中心构建起来的。

第三，从具体可感的现实经验转向新观念的手段（方法）。理论来源于实践，也来源于一定的经验，但二者并不相同。经验不具有稳定性，理论作为对经验背后规律、原理的揭示，具有稳定性，需要以一定的视角、方法和工具建立对经验的系统性认识。例如，索绪尔语言分析理论就建立在结构主义语言分析方法的基础上。

第四，运用其他理论或定理或原理。理论不同于定理或原理，定理或原理是被人认识的客观规律性。前者是生产出来的，后者是发现的。创建一个新的理论往往都需要站在已有的理论、定理或原理的基础上。在这个过程中，已有的理论、原理或定理是作为资料存在的。通常，原理是用来解释问题的，理论是用来解决问题的。

任何科学理论都包含范畴、原理（定理）、理论，也是这些要素的有机组合系统。有机组合体现为发挥内部链接功能的论证。

（2）理论的特点

科学理论作为以一定精确度反映客观现实的系统，有着区别于其他认识系统的特点。

第一，科学理论具有整体性。对现实存在的系统认识本身也是一个系统整体，如一张桌子，由四条腿、一个平面、两个抽屉构成，但这只是观念，还不是理论。多个观念的简单集合也不是理论。每种理论都是由有机联系的各个部分要素构成的，都具有其自身的全部逻辑形式和内部联系，即整体上具有相对独立性，既与其他理论相区别，又与这些理论以及外部环境相联系。因此，总的来说，任何科学理论都是拥有整体系统固有的多个部分要素的"集合"。

第二，科学理论具有功能性。理论的构建有基本前提，包括条件、预设、目标等。凡是理论都有诸多的功能，包括信息功能、说明功能、启发功能、实践功能和预测功能等。因此，即使是那些不以实践为目的的理论，也有其存在的价值和功能——服务于新的理论的创生。

第三，科学理论具有历史性。任何科学理论的诞生都有其特有的社会现实环境，政治、经济、文化等因素多方面作用于理论的产生和发展。没有一个新的理论是凭空产生的，它要从之前已经积累起来的关于该理论研究对象的知识和有关研究工作中汲取自己得以形成的资料。因此，新理论是对既有理论体系的批判和发展，在新、旧理论之间，存在着相互联系和继承性。由此每一种理论都有历史性。理论的历史性决定了理论的历史局限性。相较于其他科学理论，社会科学理论具有更为明显的历史局限性，甚至不同条件环境下的理论认识会产生完全相反的结论。理论的科学性在于生命力的长久，对理论的正确认识和运用必须结合特定的历史语境。

2. 理论的功能与机理

理论是和实践相对应的概念。从事实践活动或进行理论研究，离不开一定的知识。有意识地运用理论指导实践，可以起到事半功倍的效果。这样的效果源于理论的功能。

（1）理论的功能

科学理论及科学的整个系统和系统的各个要素都具有一定的功能。

第一，科学理论具有信息功能。理论是对现实存在的系统的系统化描述，"理论不是财产登记簿，也不是……清单"，它不是简单描述系统中各要素、特征和方面，而是描述这些要素、特征、方面的总和，描述它们之间的相互联系和作用，描述它们作为一个整体在另一更高级系统中的位置和功能。

第二，科学理论具有说明功能。说明功能是辅助解释功能而发挥作用的。科学理论不仅要描述，而且要说明它所反映的现实系统，揭示出使系统得以产生和存在的原因，以及为什么系统固有的过程是这样，而不是那样；是朝这个方向，而不是朝那个方向运动。简而言之，理论需要通过论证使人相信其科学性，相信其结论可靠。

第三，科学理论具有启发功能。由于理论具有历史性，基于社会环境的变化，会生成新的理论。科学理论不仅包括对已知事物的描述，而且包含暂时尚不为人类和科学所知的新的知识和信息。理论在起源、研究方法、结果、表述和使用方法上都可能具有启发性。

第四，科学理论具有指导实践功能。理论来源于实践，也服务于实践。理论在实践的基础上产生之后，要通过实践证明自己的真理性并去解决实际的任务。当然，并不是一切理论都直接为实践服务，有些理论也服务于新理论的创生。

第五，科学理论具有预测功能。理论不仅能说明系统在当时的现实过程和活动规律，也能够阐明系统的生存状况，以及系统的发展方向、前景和未来。理论的预见功能对于事前管理特别重要，因为预测到风险，就可以采取相应的措施。

要了解一种理论，需要了解它的时代，同时，也需要考察理论是否随着时代的变革而失去指导能力。

（2）理论的机理

实践能够把握事物的现象或过程，获得的是感性认识。事物的稳定性是由事物的本质及其内在规律决定的。人类有规避风险的本能。克服不确定性、追求确定性始终是人类生存和发展的基本内容。因此，只有进行原理的认知才能准确地把握事物，并正确地指导实践。

第一，理论包含着事物的机理，因而可以把握事物的稳定性。在纷繁芜杂的现实世界中，想要从内部构造和关系上以简洁的语言揭示时代问题曲折变形的根源，只有理论才能完成。例如，认识到"当今世界正面临着百年未有之大变局"，意味着，在经济、政治上中国与世界互动中面临着新机遇、新挑战。简洁抽象的文字可能晦涩难懂，却是对现实深沉的思索。每一个长存的事物背后，都蕴含着对事物表象深切的了解。理论既是社会关系的产儿，又是揭示社会关系的显微镜。

卢曼的社会系统论认为，现代社会的发展趋势是向功能高度分化的复杂型社会演进，政治、市场、法律等各大社会子系统将逐渐发展为独立、完善的自我运行体系。即在高度功能分化的复杂性社会中，各大社会子系统的独立发展已失去了中心化管理的社会基础。为此，多主体的社会环境必然强调独立、平等、协商对话的管理模式，去中心化的规制理念将成为社会主流思想。反身法理论的提出者德国法社会学家贡塔·托依布纳则强调，反身法是在应对法律演化危机问题中产生的，其核心在于法律对社会子系统自我反思的引导。[1] 各系统独立运作的增强，使得系统的分化调整要求增加。

第二，运用原理得出的结论才能让人信服。中国古代治疗疾病的非医药传统方法，如针灸、刮痧、按摩，之所以能够广泛的传播，是因为其内在包含着经络腧穴理论和全息理论。

经络理论认为，人体有十二条经络，连接了人体内的五脏六腑之正气，并使之按十二时辰的变化，顺天运转。每一个正常的人体内这十二经络都是连通的。经络不通，则痛。所以，解痛可以通过舒筋活络的方法，针对的要点是穴位。"穴位泛指人体脏腑经络气血输注出入的部位，是针灸治疗的刺激点，又是某些病痛的反应点。腧穴是通过经络与脏腑密切相关，能反映各脏腑的生理或病理变化，通过针灸、按摩等刺激，能够调动人体内在的抗病能力，调节机体的虚实状态，以防治疾病。"[2]

全息理论的理论基础是胚胎印迹理论。该理论是研究全息胚生命现象的科学，是生物学的一个重要分支。胚胎学的主要观点是：由于在受精卵通过有丝分裂分化为体细胞的过程中，DNA 经历了半保留复制过程，所以体细胞也获得了与受精卵相同的一套基因，它也有发育成一个新机体的潜能。每一个机体包括成体都是由若干

---

〔1〕 谭冰霖："论第三代环境规制"，载《现代法学》2018 年第 1 期。

〔2〕 高希言等主编：《中医大辞典》，山西科学技术出版社 2017 年版，第 332 页。

全息胚组成的。任何一个全息胚都是机体的一个独立的功能和结构
单位。在每个全息胚内部镶嵌着机体各种器官或部位的对应点，或
者全息胚上可以勾画出机体各器官或部位的定位图谱。[1] 在发病
状况下，全身或局部的病源信息，相应地会出现在全息胚或其对应
点内。

3. 论文理论性的展开

广义上，论文的理论性，既包括理论观点，也包括观点论述的
逻辑结构、理论环节和理论细节，即从提出问题到分析问题到解决
问题，符合论证的逻辑，有论证中心（观点），也有论证环节的
综合。

狭义上，论文的理论性体现在观点的创新和论证环节上。创新
观点是论文品质的最重要评价标准，因为在内容的揭示深度上，创
新观点力图揭示事物的内在原因、原理和规律，是论文价值的主要
体现。但是，这并不意味着只有观点创新才叫创新，方法创新等也
是创新的内容。创新的具体含义和体现将在第七章"本论正文"中
详述。

理论性体现为文本与意义之间的距离感。文本由命题组成，命
题由语句组成，语句由语词组成。因此，论文理论性的基本构成要
素是语词。语词的组合关系和聚合关系构成命题。语言分为日常语
言和专业语言。专业语言来自于专业知识。论文适用专业语言。这
里的"专业"不限于作者研究所居的"本专业"。由此，文本与意
义之间的距离感来自于专业语词。

学术是一个由质疑开始的异质过程，其中包含着许多彼此冲突
的立场、观点和问题。差异比相同更为重要。之所以能够产生异质

---

〔1〕 袁肇凯、王天芳主编：《中医诊断学》，中国中医药出版社2007年版，第6
页。

的结果，是因为有理论基础和论理形式。在一些科研评奖或论文发表时，通常会在表格中要求说明"理论基础"或"理论意义"，没有理论性也会被推定为学术性不够，进而难以获得评审主体的认可。

韩愈门生李汉《昌黎先生集序》言："文者，贯道之器也，不深于斯道，有至焉者，不也？"论文的理论要求，反映论文写作的一般规律和要求。但是，对其过分强调也容易让人产生误解甚至使人机械地迎合的效果，认为应用理论不是出于自身的研究需要，而是来自于某些外加的要求和标准，把理论应用当作一种负担或装饰，则进入了另一个认识误区。

理论工作者非常重视实践，但往往实践者并没有同等地重视理论。如果存在这一现象，也不能归因于理论本身。

4. 理论性是论文和其他文章的主要区别

按照《中华人民共和国学位法》规定，高等学校和科学研究机构的研究生，或具有研究生毕业同等学力的人员，通过硕士学位的课程考试和论文答辩，成绩合格，达到下述学术水平者，授予硕士学位：①在本门学科或者专业领域掌握坚实的基础理论和系统的专门知识；②学术学位获得者须具有从事科学研究工作的能力，专业学位获得者须具有承担专业工作的能力。这里，"基础理论"和"系统的专门知识"是"从事科学研究"的基础，而能力的体现是研究成果的质量。其中考核的核心是学位论文的理论性。当然，有些应用型学位论文以调查报告形式完成，并施以特殊的考核标准。相比较，学术论文对理论性要求更高。

和其他类型的文章相比，论文的体裁与有关文体存在形式上的和实质上的区别。如形式上，与诗歌、散文有明显的区别；在材料的使用上与小说、史学著作截然不同。在实质上，论文与其他文体的主要区别是论证性和理论性。

（1）论文和社论

1978 年 5 月 11 日，《光明日报》以"特约评论员"的名义发表了题为《实践是检验真理的唯一标准》的文章，这篇文章被视为当时中国一个重要的"政治宣言"，在全党引起了强烈反响，同时也遭到一些人的非议和指责，从而引发了一场关于真理标准问题的全国性大讨论，继而拉开了中国改革开放的序幕。

一般而言，社论是代表报刊、通讯社、广播电台、电视台等媒体发布的权威性态度和观点。党报社论，直接表达国家或中央政府的政治立场与思想观点。社论具有时效性、政策性、针对性等特点，表明态度，解释政策，提出任务，指引方向。

实践中，社论多是代表政党或政府发表的带有指导性的政治文件。在技术上，不同于学术论文，社论通常不进行充分的分析和推理。在主题上，社论是针对当时重大事件、重大问题发表意见，阐明立场的。在主体上，社论也不同于一般的评论文章，它是集体智慧的结晶，是带有权威性的坚守党性原则的评论文章，不发表个人观点和认识。在内容上，社论也不同于一般的政策文件和指令，它是从思想认识上阐明问题，把社会生活现象和重大时政问题提升到一定的高度加以阐明，高屋建瓴地表明态度。在功能上，社论具有鲜明的政策性、导向性和指导性，可以发出号召，提出任务，辨明是非，指导实践等，以期把受众的认识水平提升到政策的高度。

（2）论文和随笔文章

随笔文章可能有理论，也可以不以理论为基础。总体上，从文体特点上看，随笔更接近于杂文或散文的范畴。一般带有更多的文学色彩，不要求以理服人，也不排除以理服人，更在于以情动人。不少随笔或针砭时弊，或赞美现实，或评议一针见血，或描述真切感人，因而也广受读者欢迎。

有一类论文，形式上看似乎没什么理论，历来受许多读者的偏爱。这些文章可能既不引经据典，也不故作高深，而是能够用大家熟悉的日常语言来揭示问题、阐述道理、启发思考。在这类文章中，作者可能没有援引学术理论，只以通俗的语言表达立场、观点和方法。这样的文章当然是好文章，也不能以"没理论"来评价。一般来说，一篇文章有较强的吸引力，它一定是理论思维的结果。

概括而言，科研论文与随笔的主要区别是：前者强调对问题的深入系统研究，追求立论严谨和理论创新；而后者则注重有感而发，不拘形式，更看重与读者的思想或情感共鸣。思想的呈现上，前者重在逻辑论证，后者兼及描述与抒情。或许从作者的角度而言，区别更为明显：一个跋涉在"泥泞的路上"，一个在看"路边花草香"。

（3）论文和调研报告

调研报告或经验总结类文章不是论文。

调研报告是对社会生活的有关情况或问题进行实地调研或问卷调查，获取调查数据或问卷结论，并对其进行分析、总结而写成的书面报告。调研报告主要内容有两个部分（不算报告的大纲或报告的结构），一是通过一定方法获得的第一手资料。其中数据资料尤为重要，它是发现问题、找出问题的原因，或提出解决问题的方案等后续工作的基础。二是对上述资料进行加工、分析，给出有意义的结论。

也有观点认为调研报告包括三部分：主要问题、原因分析和对策建议。甚至还有观点认为包括四部分：调研目的（基本情况）、主要问题、原因分析和对策建议。不论几个部分，调研报告的核心内容都是第一手资料基础上的分析和结论。

　　调研报告有很多种，研究类的调研报告更接近学术论文，甚至就是从事科研项目过程中的一个环节，构成项目成果的一部分。这类报告在内容上同样要求新颖，包括针对新情况、新形势、新实践来作出新判断、提出新观点。在撰写过程中同样要求运用相关理论进行深入分析，运用比较方法突出问题、强化结论等。

　　研究类调研报告类似于综述性论文，即在资料这个部分要充分展现资料的全貌，同时突出资料的重点。细微的不同之处在于，其后半部分比综述类论文的论证性更强，可以扩展引用理论资料得出深化的结论。即无论研究针对的是老问题，还是解决新问题，都要求在研究的结论上有深度、有新意，这一点类似一般学术论文。和一般学术论文后半部分的细微区别在于，调研报告的分析和结论只能建立在已有的资料基础上，不能再广征博引、大开大合。如果说一般学术论文要求快速提出问题，开篇装备的是精巧的"小脑袋"，结论需要扎实和稳固，形似一个三角形的话，那么，研究类调研报告则需要安装一个厚重的"大头"，论证过程和结论只能在"大头"的约束和指导下完成，其最终结果则是倒三角形或直立着的长方形。

　　总体上，研究类调研报告所具有的资料的真实性，资料运用的论证性，观点的创新性等特点，决定了其具备学术性的基本要求，在属性上，应归入学术论文的范畴。研究类调研报告相当于综述类论文的前半部分和一般学术论文的后半部分的结合。

　　(4) 论文和读书札记
　　读书札记或读书笔记是阅读过程中的启示或感想。读书笔记中有作者的观点，但往往论证不像论文那么充分，可能存在欲言又止、不展开的情形。举一个简单的例子：钱钟书先生的《管锥编》是由上千则读书札记构成的，其中有大量的观点没有展开论述，比较深奥难懂。因此曾有人说，书中每一个观点都可以展开，言下之意是这样做学问有点浪费材料了。据说钱先生的回答是：我的书是写给写两万字论文的人看的。由此看来，深奥的文字表达自有其意义和价值。如果钱钟书先生把精力放在多发论文上，那我们今天可能就看不到享誉海内外的五大册皇皇巨著，中国学术界的损失就不是一点点了。可以这样理解，读书笔记的贡献在于，提出一些新问题，给读者进一步研究提供参考。

（二）论文的创新性

在自然科学和社会科学两大类别上，学术论文作为一种通用于一切科学领域的文体，按照写作对象和应用范围不同，也就相应地被划分为两大类，应用于自然科学领域的学术论文被称为自然科学论文；应用于社会科学领域的学术论文被称为社会科学论文。两类科学的论文的共性是具有批判性和创新性。

1. 批判性

日本的动画故事——《千与千寻》讲了一个成长中的小女孩被父母带到一个全新的世界，接触新人、新事，最后形成了新的爱、恨的故事。人的成长需要不断摆脱已有的观念之网的束缚，或质疑观念之网的合理性。莫让开放的心灵成为他人观念的跑马场。近代国学大师王国维曾辑《鹧鸪天》，词云："阁道风飘五丈旗，层楼突兀与云齐。空余明月连钱列，不照红葩倒井披。频摸索，且攀跻。千门万户是耶非。人间总是堪疑处，惟有兹疑不可疑。"[1]

梁任公的《清代学术概论》中也有"学问须于不疑处有疑"。之于学术而言，不需要怀疑的只有怀疑本身。该书里面讲到戴震的一则故事。戴震在私塾念《大学章句》时问他的老师："此何以知

---

〔1〕 （清）王国维：《人间词话》，安徽人民出版社 2013 年版，第 159 页。

为孔子之言而曾子述之？又何以知为曾子之意而门人记之？"老师说，这是朱文公说的啊！戴震又问："朱文公何时人？"曰："宋朝人。"又问："孔子、曾子何时人？"曰："周朝人。"又问："周朝、宋朝相去几何时矣？"曰："几二千年矣。"又问："然则朱文公何以知然？"师无以应。

梁任公解释说，这个故事"非惟可以说明戴氏学术之出发点，实可以代表清学派时代精神之全部"。接着，梁任公总结道："盖无论何人之言，决不肯漫然置信，必求其所以然之故；常从众人所不注意处觅得间隙，既得间，则层层逼拶（zā），直到尽头处；苟终无足以起其信者，虽圣哲父师之言不信也。"

为什么观念需要质疑？因为社会科学中观念的提出都带有明显的观念历史的痕迹。限于当时的认识能力，观念的适应性可能会随着时间的延展而耗散。培根将源于每个人独特的身心、教育、习惯和偶发事件等影响人的理解力的现象称之为洞穴假象。此类假象，林林总总，五花八门。有些人固守某种特定科学和思考方式，也许是因为他们产生错觉，以为自己能因此成为相关的著作家和发明者，也许由于他们曾花大力气研究那些东西，因而对这些东西已经习惯成瘾。[1] 每个人都有他"自己的洞穴"。在培根看来，产生洞穴假象的原因是"人的思想各不相同，甚至有的完全不同"："有的心智比较善于观察事物的相异之处，有的心智则比较善于窥见事物的相似之处。一般而言，心智沉稳而敏感的人能够全神贯注于一些最精微的差别。而心智高傲和散漫的人善于体察到最精细和最一般的类同之处，并把两者合为一体。然而两者往往会过于极端。前者错在过度求异，以致分得太细，后者错在过度求似，以致捕风捉

---

〔1〕 ［英］弗朗西斯·培根：《培根论人生》，张和声译，长江文艺出版社 2018 年版，第 33 页。

影。"这些差异的产生不单是因为认识的敏感性和关注点不同，培根还进一步揭示了时限偏好问题："有些人非常崇拜古已有之的东西，有些人则极其追求新奇的事物。很少有人能够固守中庸之道，做到既不对古已有之的东西吹毛求疵，也不轻视当代的新奇之物。这对科学和哲学有害而无益……为了一时之利去寻求真理，那是靠不住的。"[1] 除了洞穴假象外，在培根的观念里对个人观念的形成产生不利影响的还有市场假象和剧场假象。哲学思想有自己的语境和认识视角。在哲学史上，经验主义和怀疑主义一脉相承。不宜在世界观和人生观上抱持经验主义和怀疑主义。但在学术上，如果认识到他人的观念具有狭隘性，有利于培养质疑精神，质疑是学术创新的前提和基础。"贯注于一些最精微的差别""体察到最精细和最一般的类同""人的思想各不相同，甚至有的完全不同"恰恰是从事学术研究和创新的基本特征。

2. 创新性的前提

创造性是学术论文最突出的特征。一篇论文，几千字、上万字，洋洋洒洒，如果没有观念统领，那只是一堆资料；如果观念没有创新性，则论文的价值将大打折扣，甚至偏离了论文的文体。

首先，学术创新建立在已有的知识、经验、理论基础上。唐代大书法家颜真卿的书法初学褚遂良，后又得笔法于张旭，还与怀素一起探讨书法。他对二王、褚遂良等书法都进行深入研究，吸取其长处，彻底摆脱了初唐的风范，创造了新的时代书风。颜真卿的书体被称为"颜体"。

创新的基础是对已有观念有充分的认识和了解，在于现有学术研究存在不足。创新需要建立在前人观念的基础上，即每一个人的

---

〔1〕 ［英］弗朗西斯·培根：《培根论人生》，张和声译，长江文艺出版社 2018 年版，第 34 页。

观念都包含自己的理解和见解，但也包含着前理解和前见解。海德格尔将这种理解和见解细化为三个历史结构：即在解释之前，已经对待解释之物有所领会了。这种解释前对事物的有所领会，称之为"前有"。解释前我们总要有一个先行的解释角度或取向，海德格尔把这种先行的解释取向叫"前见"。解释光有前有和前见还不行，还需要对事物预先有一种概念上的把握。他把这种先行的概念把握叫做"前把握"。[1] 前有、前见和前把握构成所谓的领会的前结构，它是解释的基础和条件。由于每个人的境遇不同，由其决定的界域不同，每个人的观点可能具有历史性和局限性。这为他人开辟了新的认识界域。历史产生的种种成见不但不是消极的东西，反而是一切领会必要的组成部分，它们属于海德格尔讲的领会的前结构。"如果我们想正确对待人类有限的历史的存在方式，那么我们就必须为成见概念（在）根本（上）恢复名誉，并承认有合理的成见存在。"

其次，积极借鉴前人的成果。虽然创新是观念或方法的扬弃，但离不开对已有材料的积极运用。马克思主义思想有三大来源：德国古典哲学、英国古典政治经济学、法国空想社会主义。现代西方最有影响的哲学流派之一——逻辑实证主义（也称逻辑经验主义），是从多个方面积极吸收他人的成果而建立起来的。在经验主义和实证主义方面，主要接受休谟和马赫的影响；在方法方面，主要接受马赫、彭加勒和杜恒的影响；在符号逻辑及其应用方面，主要接受弗雷格、罗素和维特根斯坦的影响。此外，皮尔士的指号理论和意义理论也对某些逻辑实证主义者产生过影响。

再次，学术创新是思想的自我突破。美国心理学家马兹罗认

---

〔1〕 〔德〕海德格尔：《存在与时间》，陈嘉映、王庆节译，生活·读书·新知三联书店 2006 年版，第 175~176 页。

为，创造性有两种，一种是"特殊才能的创造性"，另一种是"自我实现的创造性"。前者指的是科学家、发明家、作家、艺术家等杰出人物的创造；后者是指在开发人的可能性、自我潜在能力意义上的创造性，是从事对他人可能并不新、而对自己来说是初次进行的活动的创造性。[1] 在自我突破的思考中是有一些规律的。例如，对熟悉的事物有意识地把它看作是陌生的，再按照新的理论来加以研究；又如，对陌生的事物要持熟悉它的态度，采用已熟悉事物的尺度来衡量、比较。可以设想，这两条规律运用得好，就会使人们找到一条很好的自我突破的途径，就能获得出乎意想的创造性成果。

　　总结而言，论文创新的前提和路径大致有两条，一是从自己研究的事物中努力发现别人没有发现或没有涉及过的问题，勇于开拓新领域，探索新方法，提出新观点；二是在综合与分析别人认识的基础上进行观念的改造。

3. 学术创新的标准

　　论文的创新包括多方面。狭义上，有选题创新、观点创新、方法创新和视角创新。广义上，也有资料创新的说法。

（1）提出新的理论或观念

　　这种创新具有原创性，其价值最大。一般来说，补白性选题可能产生补白性创新。"客从谢事归时散，诗到无人爱处工。"有太多人写的东西，资料丰富，但难以创新；没有人写的问题，可能创作出好文章，但因没有资料写作难度高。

　　学术理论的创新是最高级别的创新，也是最难的创新。创新往往是以结论新为判定标准。创新可能在过程结论（分论点）或局部

---

〔1〕　饶明华：《自我突破思考法》，上海文化出版社1987年版，第7页。

观念上都存在创新。具体体现为：从理论角度提出了前人没有提出的新理论、新观点、新概念。

相比较，提出一个理论其创新性更高。因为理论是系统性观念的有机组合，例如，马克思的剩余价值理论、哈贝马斯的商谈理论。语言哲学家维特根斯坦在传统的范畴理论的基础上指出，有一类概念范畴无法用经典范畴的模式去概括，而是存在一些内涵相似，但又不同的特殊性。其中类别的概念成员就如同一家族的成员，每个成员都和其他一个或数个成员共有一项或数项特征相同，但几乎没有一项特征是所有成员都共有的，这样以环环相扣的方式通过相似性而联系起来成为相关联的一组概念。这被称为"家族相似性"理论。观念创新可以是经过论证得出一个命题或结论，如企业数据权是一种商业秘密权。

观念创新还可以体现为经过论证得出一个概念。1962年钱钟书先生在《文学评论》（第一期）上发表了一篇《通感》论文，概括了"通感"辞格。其核心内容是：视觉、听觉、触觉、嗅觉等在信息的接受和情绪的抒发时可以彼此打通或交融。由此他提出了"通感"这种修辞手法。对一个理论或观念的提出如果能够以一个新的语词概括出来，应该是双重创新，而且创新性的语词更易于观念的传播。

概念的形成始于并决定于资料的分类。社会经济关系日益复杂，基础信息和辅助信息交叉的现象普遍，交叉学科、边缘学科相继出现，这增加了进行定义的难度。理论上，一个新出现的概念能否得到承认和应用，取决于它能否通过专门的语言圈（专家集体），而创造的概念需处理好三层关系：同理论的联系、同其他概念的关系、同具体经验的联系。很大程度上，概念创新取决于概念的"旅行能力"，即能走多远。

(2) 系统化前人的结论

前人已有一些观点，但零乱，不够体系化，如果能以实践经验和理论基础进行观念的系统化，也是一种创新。在弗洛伊德之前，德国哲学家叔本华和爱德华·冯·哈特曼都已发现了无意识的存在。但是，弗洛伊德指出了它对于人类生活的基础性地位——它不仅制约存在，也制约意识。由此，弗洛伊德对于人类思想的贡献是他第一个指出了无意识概念，特别是性冲动在人类生活中的重大作用，粉碎了近代以来，尤其是启蒙运动以来流行西方的理性的世界图景。[1]

(3) 补充性论证

针对既有研究的不足，运用新材料从新视角或以新方法展开研究，使既有论题的研究结论更加充分、可靠，亦具有创新性。中国思想历史上，格物致知，是使人能达到诚意、正心、修身、齐家、治国的水平，从而追求儒家的最高理想——平天下。从宋代理学家程颐开始，"格物致知"便作为认识论的重要问题讨论。他认为"格犹穷也，物犹理也，犹曰穷其理而已也"，格物，即物而穷其理。王阳明的心学同样建立在"格物致知"的基础上，但解释的内容发生了本质性的变化："意所在之事谓之物；格者，正也。"（《王文成公全书》卷二六）又说，"致吾心之良知者，致知也。"（同上）"物" = "事"。在他看来，格物就是在事中正己意；致知就是致良知，皆纯属内省的功夫。再如，最初有人将"人不为己，天诛地灭"中的"为"解释为"为了"，后有人解释为"回归"，"为己"就是"回归原本"。再如，毛泽东对《后汉书》中的"实事求是"的创造性阐述，使实事求是成为中国共产党人世界观、方

---

〔1〕 张汝伦：《现代西方哲学十五讲》，北京大学出版社 2003 年版，第 20 页。

法论的基石，也是贯穿我们党的全部实践、全部理论的一条基本线索。

（4）矫正性论证

前人的观点被曲解，对其加以澄清，以正其观念、确立其地位。或者对前人的观念进行修正，包括适用前提的确定，结论的细化等。例如，《反垄断法》颁布之前，曾经有学者认为，国有企业属于反垄断法的适用除外。《反垄断法》颁布后，又有学者认为，处于自然垄断的国有企业属于反垄断法的适用除外；再后来，进一步认为国有企业之间的经营者集中属于反垄断法的适用除外。可见，观念的自我修正或被修正是社会科学发展的表现形式。在一个特定历史环境下，人们的认识会有局限性。不同的历史环境，人们的境遇和界域不同，认识也就不同。观念的矫正是不断从对象性实在向科学实在转化的过程，也是观念不断逼真的过程。

广义上，矫正性论证也包括对错误观点的批判，或指出其论证中的问题，对已有观点的部分修正等。这种创新在驳论性文章中较为常见。即以"先破后立"的方法进行创新。恩格斯的《反杜林论》，对蒲鲁东的《贫困的哲学》进行批判而写的《哲学的贫困》等都属此类。

（5）运用新方法强化了论证

法律学科的发展史及思想史表明，科学的方法论本身是学科成熟的一项重要指标。运用正确的研究方法可能得出新的研究成果。方法创新包括两层含义：一是创新了一种新方法。在研究中运用并取得了良好的效果；二是运用已有的研究方法取得创新成果。在学科划分越来越细致的情况下，每个学科都有自己的主要研究方法，创新一种新方法是一件极具挑战的事。学术研究鼓励方法创新，也鼓励运用已有的方法展开论证。

运用已知方法的学术创新又包括两个方面：一是在"旧"题目上运用已知的方法得出了新结论。二是"旧"题目与"旧"结论之间运用已有的方法实现了论证过程的新颖和结论的更令人信服。

在我国，数字法以个人信息保护法和数据安全法为载体形式，对数字法的研究主要集中在个人信息权利及其性质上，这种微观的研究对认识数字的法律属性具有基础意义。但是，数据价值的生成性及产生的法益多元性决定了这是一个数据系统关系。由此运用系统论的方法来研究数字关系可能得出更为宏观的结论。

关于资料新是否属于创新？限于资料的对象性或工具性，很难将运用新资料说成是创新。

（三）论文的规范性

在科学哲学中，研究者基于科学研究效率的追求，需要共同的科学范式。科学范式是学科共同体认可的该领域最基本的、约定俗成的规范。在研究社会现象时，限于研究者的界域不同必然带有个体主义的色彩，如果放任这种个体主义，便不可能与他人进行交流。因此，建立公共的价值、方法、原则等，是解释的基本要求。如此，资料的选择、问题的提出、理论框架的设计、分析推理和结论的得出都需要有一定的范式。

格律是近体诗的范式，规范是论文的范式。论文的写作在很多方面如同近体诗的格律和韵律一样都有相应的规范性。[1] 论文的规范是学术研究的规范，不是哲学意义上的规范（方法）。"学术规范是对学术研究参与者的活动的约束和引导"，[2] 是主观见之于客

---

〔1〕 近体诗，是一种讲究平仄、对仗和押韵的汉族诗歌体裁。以沈佺期、宋之问为代表，将前人和初唐应用格律创作中已经成熟的形式肯定下来，完成了格律诗规范化的任务，使以后作诗的人有明确的规则可循。最基本的规则是"一三五不论、二四六分明"。

〔2〕 杨玉圣、张保生主编：《学术规范导论》，高等教育出版社2004年版，第74页。

观的标准，是基于标准化和理论界的共识形成的统一的做法和
要求。

1. 论文规范的含义

论文写作是纯私人的事情，但也要遵守大家公认的思维展开模
式。学术论文和学位论文都需要规范，基于模式化可以减少花样繁
多而造成的阅读或理解过程中的不必要干扰，提升阅读和信息传导
的效率。因此，论文中的思想创新是纯私人的，而思想的表达形式
和过程都蕴含着公共规则。

论文的规范可以分为三个部分，一部分是国家就某些文字或文
字表达形式方面制定的规则；另一部分是有关单位或组织确定的特
殊规范；第三部分是学界约定俗成的做法。

就国家标准而言，涉及学位论文的有"科学论文编写格式
（GB7713-87）"，其中设置了从标题到参考文献等诸多的规范。一
些内容规定明确，如标题 20 字以内；一些内容只有大致的规定，
如摘要 200 字左右。还有一些没有明确的规定，如"如何署名"。
可以认为，这是学位论文的基本格式。在其他方面，还有更为具体
的标准，如"标点符号用法（GB/T 15834-2011）"。

由于"科学论文编写格式（GB7713-87）"标准只具有推荐
性，很多单位或学术团体在此基础上制定了"自己"的标准，例
如，为规范参考文献及注释格式，有关杂志社根据《中国学术期刊
（光盘版）检索与评价数据规范（试行）》《中国高等学校社会科
学学报编排规范（修订版）》等要求，制定自己的规定。

上述规范都是显性的，还有学术共同体的隐性规范，即上述第
三类做法。如同交流中使用的语言，它既是言语机能的社会产物，
又是个人使用语言所包含的一整套必不可少的规约。在语言哲学家
索绪尔看来，语言和言语最大的不同在于前者包含着社会性规则。

不遵守这个规则，则会影响语言的社会性功能的发挥。

论文写作中的范式就是学术共同体共同遵守的研究思路、架构、方法及观念等组合模型。例如，表述上的层次性，如何分段，多少字够得上分段？遵守规范，写作者会顾及阅读者的习惯。少有一页纸完全不分段、铁板一块式的表达。约定俗成部分一般是由导师口授传达的，有心人也可以从已发表的文章中偷艺学来。

2. 论文规范的类型

论文规范包括多个方面：选题的规范、综述的规范、写作的规范、大纲的规范、资料的规范、表达的规范、注释的规范、结论的规范、参考文献的规范，等等，切不可把规范理解为只是有关写作中的形式化的要求，如注释的规范、参考文献的规范等。

首先，关于选题规范。从问题出发是选题规范的内容基础。关于问题，古典释义学认为存在三个不可分割的因素：理解、解释和应用。这是一个逐级升高的闭环，也是由理论到实践的过程。法学本科重点在前半程：规范的理解和解释；研究生学习的重点在后半程：应用并进入高层次的文本理解。这个过程的基础是作为理解对象的法律文本是开放的。法律文本开放的前提是语言的开放性。此外，还包括形式规范：如字数要求、表达规范、动宾结构等。后文详解。

其次，关于结构规范。结构是简化群体认识形式和过程的要求。结构主义者认为，结构是决定事物本质的基础。结构规范包括论文的总体结构，也包括摘要、关键词、注释、参考文献等每个部分的结构。后文详解。

再次，关于论证规范。论证的核心是准确地表达思想。所谓准确地表达，实质是严密地、充分地说理，而这又需要作者准确地使用概念、下判断、逻辑推理等。论证规范中的显性规范即是形式逻辑。"修辞学自古以来就一直是一种真理主张的唯一倡导者，这种主张保卫似乎真的、可能的、能说服日常理性的东西，反对科学的可证明性和明确性的要求。"〔1〕 逻辑要求是论文说理性的内在规范。

最后，关于其他规范，如辅助性规范等，后文详解。

二、论文能力分解

中国古代自宋代"制科"有"贤良进卷"的取士制度，就是要作五十篇文章，内容涉及政治、经济、军事、社会、礼仪等各方面。这是对思想及其表达的综合考查。制科考试制度造就一大批如司马光、苏轼等闪烁文坛的官员。

中国香港地区学者何美欢在《论当代中国的普通法教育》中建议，法科课程的基本核心应该包括以下：①判例阅读技能；②制定法阅读技能；③研究与写作技能；④批判性地阅读判例的技能；⑤批判性地阅读制定法的技能；⑥批判性地阅读其他材料的技能。这里既包括本科应当具备的学习技能，也包括研究生应当具备的基础研究技能。学习能力是研究能力的基础。

概括而言，以写作为基础的研究能力包括三种能力：资料能力、抽象能力和表达能力。

（一）资料能力

资料之所以被称之为能力，而不是简单如翻书或点击鼠标这样的"找东西"，是因为翻书或点击鼠标之前、过程中、之后都需要鉴别、分析、判断，这些初始观念定位和认识过程本身是技能。资料能力的核心是查阅者对资料的捕捉力和加工力。不论是阅读哪种

---

〔1〕 彭启福、陆广品主编：《理解之路——诠释学论文选粹》，安徽师范大学出版社 2015 年版，第 137 页。

资料，都需要研究者对资料有敏感性和感悟力。前者是后者的基础。

1. 资料与主题

主题包括中心主题和分主题。有了主题后涉及布局谋篇。资料可以在确定主题过程中发挥重要作用，也需要在主题已经确定展开论述时以不同的方式发挥作用。资料随处可见，种类繁多。当我们看专著、看论文的时候，那些文字所包含观点的，甚至不包含观点——仅仅是事实的呈现，都可以是资料。重要的是，对于写作者确定的某个主题而言，哪些资料有用、哪些可以舍弃？这需要一个统领的观念，可以称之为"纲"。在成语里有"纲举目张"的说法。在资料中，"纲"就是论文写作中的中心，"目"就是围绕主题展开需要辅助在相关部分之下的材料。当然，不同的主题论证的要求不同，资料的选择也不同，就如同进入菜市场，周边货架上满是蔬菜：茄子、辣椒、西红柿、白菜……种类繁多，但我们要选哪一个、选多少，这取决于在心目中是否有一个统领的做什么菜的观念。如果做地三鲜，就必须要有茄子、土豆、青椒。如果只做一盘，那相应地也应该知道选择几个土豆、几个辣椒。

常常，确定主题后，就写不下去了。之所以如此，很大程度上是因为资料不充分，以至于想不出如何进一步展开。写着、写着写乱了（跑题了），这常常是因为被较为丰富的资料给带偏了。

2. 资料能力

资料能力包括资料查找能力、加工能力、鉴别能力、价值挖掘能力。后文详解，此不赘述。

文学缘起于情感被文字触动。作为论文写作过程的资料是否有价值，同样在于观念是否被触动，即基于资料中的观点形成一种新的观念。

不同的人对同一资料阅读后获取的价值是不同的。陈寅恪能够做出诸多的学术贡献在于其惊人的资料加工能力。对资料的处理，理想化的目标是不落痕迹。做到不落痕迹是特别难的，需要在已有的资料的基础上进行再生产，而不是再销售。冯友兰先生在他的《中国哲学史》完成以后，对哲学资料和哲学创作的关系颇为感慨。哲学方面的创作总是凭借过去的思想资料，研究哲学史和哲学创作是不能截然分开的。不过，哲学研究不等于哲学史的研究。哲学史的重点是要说明以前的人对于某一哲学问题是怎样说的；哲学研究说明自己对于某一哲学问题是怎样想的。"自己怎么想，总要以前人怎么说为思想资料，但也总要有所不同。这个不同，就是我在《新理学》中所说的'照着讲'和'接着讲'的不同。"[1] "接着讲"是一种资料加工和价值挖掘的能力。

（二）抽象能力

抽象能力来自于抽象思维。所谓抽象思维，就是在认识过程中借助于概念、判断、推理反映现实的过程。抽象能力是论证观点、得出观点的核心能力。具体事物都是以丰富多彩的现象显现着自身的形态。若深入事物的本质，只有层层剥开事物的表面，借助抽象思维，才能揭露隐藏在事物背后的、深处的本质东西。

1. 抽象的对象

抽象对应的是直观。抽象的对象可以是直观，但不限于直观。如哲学不同于其他学科，其没有具体的研究对象。哲学的对象是思想。因此，抽象的对象还包括思想。康德把认识分为感性杂多、知性和理性。各种客观存在的物体，桌子、树是感性杂多，知性便是

---

〔1〕 冯友兰：《三松堂全集》（第一卷），河南人民出版社 2001 年版，第 209~210页。

特点的概括，已经略去了部分感性因素。

哲学训练的一个重要目标，是增强人们的抽象思维能力。因为哲学研究的对象是一般事物的普遍性问题，它运用抽象的概念思维，以求达到对事物的最深刻的本质的认识。

什么是"抽象"和"抽象思维"呢？如何正确认识和运用"抽象的概念思维"呢？概括地说，它是人对具体事物认识的一种升华和结晶，即通过从感性认识到理性认识形成概念来反映事物的本质，并揭示事物的发展规律。这里的关键，是人们如何在其认识过程中把感性认识阶段所观察到的事物的具体现象，即事物丰富多彩的多样性，在理性认识的层次上作概括并形成反映事物本质的概念。在哲学认识中这是个抽象的过程。

感性思维本质上不是思维，它只是现象的被给予并印在头脑中的图像而已。知性和理性才能体现抽象思维及其过程。学习和培养抽象思维的基础是以一个学科的知识为中心熟练掌握和运用本学科中的专业概念、原理和理论，并进一步扩展将其他学科的概念恰当引入以解决本领域中的问题。

感性杂多带有很多细枝末节。如个人姓名、性别、年龄、职业等具体的信息，在数字化后变成了数据，数据对于平台企业而言是一种资产，也是一种权利，但这种资产累积到一定程度，可能变成权力（具有支配性），进而产生权力的滥用。具体化的人，变成了可识别性符号，再往后得出的结论都是抽象的结果。

法律是对社会关系抽象的表述。学习法律需要将抽象的表述还原为具体的事实。司法考试则是检验具体到抽象的认识过程。

2. 类别

思维过程是一个逻辑清晰的思考过程，也是不断地从一个环节过渡到另一个环节、由低到高、由浅入深的认识过程。在类别上，思维过程可以分为如下方面：

第一，初级的抽象——特征的描述。任何事物都具有特殊性。这种特殊性是与其他邻近的事物比较后得出来的。特征的描述是为了揭示事物的本质。虽然在使用上有表面特征和本质特征之说，但即使是本质特征因其表现性特征仍不同于本质（性质）。

特征可以从不同角度进行归纳。《红楼梦》里的咏雪联句，第一句是非常感性的描述："一夜北风紧，开门雪尚飘"，之后的对句便都是在知性基础上描述其特性，已经进入了抽象的层面。如"入泥怜洁白，匝地惜琼瑶"描写的是白色；"有意荣枯草，无心饰萎苕"描写的是雪的成分（水）；"价高村酿熟，年稔府粱饶"描写的是时节（冬天）；而"葭动灰飞管，阳回斗转杓"描写的是具体的时令（冬至）；"寒山已失翠，冻浦不闻潮"描写的是"冷"；后面"鳌愁坤轴陷，龙斗阵云销"描写雪下得大。如此等等。

比喻、借喻或隐喻之所以是知性的认识，是因为首先需对两个事物（感性）的特征进行归纳，并对某特征以另一个物的形态夸张地展现。一般以具体—抽象—具体的方式表达。

归纳特征的表达已经脱离了就事论事。主持人白岩松在耶鲁大学讲演时，需要串联的信息是：中国、美国、耶鲁，最后发现有三任美国总统都是耶鲁毕业的。于是讲演中白岩松作了如下表达："过去的二十年，中国一直在跟美国的三任总统打交道，但是，今天到了耶鲁我才知道，其实他只跟一所学校打交道。"同时，为了表达中美关系的风风雨雨，借用总统和耶鲁的关系进一步表达了"透过这三位总统我也明白了，耶鲁大学的毕业生的水准也并不很平均"。

阐述特点或进行分类都属于抽象，特点是从具体中剥离出来的，属于分析的范畴。如金融消费者的特征、医药行业商业贿赂的特征等。分类属于综合，需要建立在一定的标准上。

　　第二，中度的抽象——概念的使用或性质的判断。抽象思维不是纯语言问题，也不是纯表达问题，而是相对于日常生活语言和场景的一种专业用语和概念表达。一首歌的歌词是"你大舅你二舅都是你舅，高桌子低板凳都是木头"，在这里，前句不是抽象，后句是抽象，因为使用了概念、判定了性质。

　　概念是抽象思维主要形式。我们在旅行中，对某地那种如画的风景，在观察的过程中进行思考，概括为一个字——"美"，这就是抽象思维过程。人类抽象思维过程的最伟大成果，就是概念（范畴）。人脑是物质发展的最高产物，而概念是人脑的最高产物。当我们打开马克思的伟大著作《资本论》的时候，最先看到的是第一卷、第一篇、第一章的标题——"商品"。《资本论》难读，原因在于一开始就遇到了商品这个抽象概念。如果我们硬着头皮认真读下去，就会越来越深刻地体会到，正是在"商品"这个抽象概念中，集中揭示了资本主义生产的本质特征，或者可以说，在"商品"中隐藏着资本与劳动之间关系的全部秘密。再进一步还可以说，透过"商品"可以发现一个包含着历史与变革的资本主义社会。"商品"这个范畴，是马克思（当然包括他以前的一些经济学家）对资本主义生产、经营、流通过程进行抽象的认识结果。但是，马克思对"商品"的抽象，是对整个资本主义社会关系的一种抽象。

　　第三，高度的抽象——对已经抽象的关系再度进行抽象。思维求得认识的本质性。人类的认识史说明，抽象思维形成的概念，比如物质、时间、空间、规律、价值、自由、必然、经济基础、上层建筑等抽象概念，是人类伟大的认识工具。亚里士多德在《范畴篇》里提出的十个哲学基本范畴：实体、性质、地点、时间、数量、关系、姿态、状况、主动、被动。这是他理解的世界的图像。思维中这种"抽象的东西"，是通过抽象思维所形成的概念，能够更深刻地反映事物的本质，而在事物本质的理论层次上，人们便可以认识到事物发展的规律。

俗语道："世间事，难耐初心；万般景，无非四季。"前一句是世间万事万物中的人的抽象；后一句是春夏秋冬景色的高度抽象。

法律条文一般分为"总则"和"分则"（规范性法律条文）。总则涉及目的、价值、原则等内容。总则为分则提供指导。分则的内容是对社会关系的抽象，总则的内容是在分则的基础上进一步抽象。因此，对分则的法律条文进行价值、目的、原则上的论述，属于对抽象的抽象。在学科上，经济法学科因为没有直接对应的法律文本，是建立在经济关系和制度总体基础上的高度抽象上形成的理论体系。

3. 抽象能力的培养

科学的抽象具有非常重要的认识论意义，因而也具有非常重要的实践价值。通过抽象思维认识事物的本质，把握事物发展的基本规律，才能正确指导实践。如何培养抽象思维能力？由于思维的层次性，思维能力培养也是渐进的过程，很难说三五年或读完博士学位后即到得了顶峰。可以尝试从如下方面有意识地训练：

第一，把握好基础学科知识体系。每个学科之所以称为独立的学科，是因为有独立的概念和概念体系、理论和理论体系、方法和方法论体系，这些知识奠定了抽象思维的基础。具体学科领域的范畴（概念），如经济学中的商品、货币、资本、市场等，政治学中的权力等，法学中的法律关系、权利能力等，物理学中的力、能量等，这些概念在本学科的研究领域中具有普遍意义。

第二，培养一定的哲学思维。哲学思维就是人们把自己所掌握的原始材料进行清理，剔除那些无关紧要的、庞杂的东西，对那些主要的材料进行归纳、概括，凝结出相应的概念。运用概念，进行推理，得出一些根本性的观点，从而使人透过现象认识其本质。无论是在什么样的研究领域，从事什么样的工作，都应该对事物的普遍性有所认识，都应该能够运用普遍性的概念。之于法学研究而言，哲学研究中的结论并不重要，重要的是研究过程。海德格尔评判笛卡尔、康德等缺少探索存在的自然本性而提出了"此在"的概念，从关系上，将研究对象从"存在者"转向了"存在"本身，由此得出存在的本质是时间的存在。

第三，从哲学思维中借鉴批判性思维。对以往思想的评判是哲学的基本命题，这也是法学研究的题中应有之义，因为法律关系本身是思想关系。哲学思维的一个本质要求，就是从问题出发，要求在反思和质疑的过程中，对已有的观念、结论进行创新审视，获得更深层次的真理性认识。这就是哲学的批判思维能力。能不能进行批判性的思维，是检验一个人是不是具有哲学头脑的一个重要标志。当然，"批判性的思维"，并不单是对事物进行形而上学的否定，而是自主地、深化分析、解剖，独立地得出相关结论。

第四，抽象思维的自我训练和提升。可从以下几个方面进行自我训练：

一是通过概括文章或一段文字的大意。对于各类文章（包括法学各学科的教材）经常进行概括大意的训练，有利于提高抽象思维能力。具体可采取逐步概括法：先把一篇概括成一段文字，再把一段概括为一两句话，再把一两句话概括为几个字。

二是总结知识结构训练抽象思维。在读完教材的一章内容或一本书后，积极地总结本章或本书知识的结构，并在此基础上进行概括。如本章知识的内部联系，本章知识与前后各章知识的关系，最后进行纵横联系，总结成一个合理的知识网络结构。需要注意的是，这种训练不是画思维导图。思维导图是文章的脉络。抽象思维还需要在把握脉络基础上进一步提升，如对象关系、结构关系等。

三是学会分析和综合。事物都有各种属性，既有一般属性又有特殊属性。经常对事物从各个方面总结其属性或特性是训练抽象思维的好办法。最常用的抽象方法就是主语和谓语分离，或主体与客体分离，将客体或宾语当主语。如人是一种动物，从动物的角度描述人：动物具有多样性、类别性，形态和生活的空间也不完全一样。动物再往上是物，从物的角度描述人：物有结构之性和创造真几之性，物的结构之性是相对稳定的，创造真几之性则处于不断变动之中。再往上是存在，存在是一种状态，也是一种过程。如此等等。

四是学会使用其他学科的概念，尤其是哲学中的基本概念。在哲学的理论体系中，所运用的范畴（概念）是最高层次的，如物质、意识、存在、思维、时间、空间等。它们在人类的认识领域中，具有普遍意义。哲学范畴在人类的思想活动中具有普遍的方法论价值。

4. 在法学上的应用

如果说哲学是一些基本问题的深层次的一般思考。那么，法学则是一些基本问题的深层次的特殊思考。所谓的"基本问题"涉及选题。选题一般不是一个地方的个别问题，例如，××省经济发展的产业法律保障。所谓"深层次"，就是抽象其问题的本质，分析问题产生原因的基础上提出法律观念的建构（立法、司法、执法）。至于思考的层次可以是一般思考，如法理学或部门法学理论的思考，也可以是特殊思考，就某项制度提出问题和解决问题。

在具体的法律实践中也需要抽象。例如，在《反不正当竞争法》修订过程中，有立法参与者建议："司法实践中，有经营者通过购买竞争对手特定的关键词获得靠前排名被法院认定为不正当竞争，但对不特定关键词的竞价排名更应是一种商业模式。"还有委员认为，"刷单、刷屏也应被列举为不正当竞争"。事实上，竞价排名和刷单等行为的本质属性是虚假或者引人误解的商业宣传。如果认识到这一点，则无需单独列举此类行为。

就法学论文而言，从选题，到引言，到正文的论证，再到结论都需要抽象。包括概念的抽象、观念的抽象、类型的归纳、结论的抽象，等等。

与抽象对应的是具体。"具体"可能表现为叙事、说明（不是解释）、描述等。以一篇学位论文的开头（引言部分）为例，体会一下抽象和非抽象的差异及其效果：

"网络旅游起源于 20 世纪，到了 21 世纪近几十年，才是其真正的发展的黄金时期。网络旅游经营者在互联网上建设用于网络旅游及相关服务的经营网站，当消费者进行旅游及相关需求时，便登录网络旅游经营的网站。通过网络旅游网站，预订旅游的行程，制定旅行的计划。网络旅游经营网站主要提供给消费者交通服务、住宿服务、景区服务、餐饮服务等，消费者通过网络旅游网站便可一站式满足自己所有的旅行需求，大大节省了消费者的旅游资源。网络旅游业务方式的兴起与发展离不开互联网的壮大和相关技术的发展，是社会科技发展的产物，方便了我们的旅游出行。近些年来，在我国具备较高知名度的网络旅游服务网站有'携程旅行网站''途牛旅游网''去哪儿旅游网'等。"

文章的引言需要高度抽象，至少是中度抽象，但该开头基本上属于表象性陈述，没有抽象。

以上述文章的内容为基础，现尝试对其进行分层抽象表述。

初级抽象：①对旅游流的形成特点进行概括。大致成文如下：旅游流的形成具有客观性，即流向和流量取决于旅游目的、旅行成本、距离等综合因素的作用和影响；旅游流的扩散具有距离衰减性，即随着旅游者出游距离的延长，旅游者流向分布逐步缩小且流量也相对减少；旅游流对旅游空间结构具有决定性，尤其对远距离度假旅游更为明显；旅游流制约着旅游地的开发特点及空间发展模式。②以下定义或作定义性说明的方法来表达，大致可以得出如下内容：网络旅游是将旅游目的地、旅游成本、出行距离、出行时间、品质等紧密结合起来的一种新型出游方式。

再次抽象：从功能的视角进行分析，大致可以得出如下内容：网络旅游解决了时间和空间的自我控制问题，使得主观和客观更加符合，提升了旅游的可感性。

再举例一例，一个段落的领起——首先、其次等——之后需要有一句概括语。常常出现的状况是不概括、直接论证。如一篇文章中的一个段落开始部分是这样：

> "其次，我国惩罚性赔偿在不同单行法中采用了不同的计算方法，在法律竞合的情况下就存在重新选择计算方法的问题，而不同的计算方法之间可能存在较大的差异。……"

显然，这里没有概括。中度抽象意义上的概括可以为"其次，在法律竞合的情况下在重新选择计算方法且不同的计算方法之间可能存在较大的差异。……"这里需要一句简洁的表达，以统领全段或这个标题下的文字。如果这里的"其次"是个较大的段落标题，需要包含更多的内容，则需要高度的抽象。例如，可以改为："其次，法律竞合情况下方法适用上的难题。……"

"夫昔之为文者，非能为之为工，乃不能不为之为工也。山川之有云雾，草木之有华实，充满勃郁，而见于外，夫虽欲无有，其可得耶？"[1] 论文不能强写，当有感而发。这个感，可能是中心思想，也可能是初步的认识。但都需抽象得来。

（三）表达能力

思考比读书重要，表达思考比单纯思考重要。当然，会思考是

---

〔1〕 （宋）苏轼："南行前集序"，载徐中玉主编：《中国古典文学精品普及读本——小品笔记类选》，广东人民出版社2019年版，第473页。

前提，能思考不等于会表达。因为语言常常会背叛思想。尽管语言哲学家维特根斯坦说：我的语言的界限意味着我的世界的界限，但在研究上，语言和思想是两个不同的客体，很难共融和同构。从研究的实践价值上看，表达思想是目的。

1. 论文表达的语境

论文的语境是高语境系统。高语境是传媒学概念。美国学者爱德华·霍尔曾提出高语境传播与低语境传播的概念。高语境传播指的是，在传播时绝大部分信息或存于物质语境中，或内化在个人身上，极少存在于编码清晰的被传递的讯息中；低语境正好相反。有学者认为，中国文化属于高语境交流，而美国文化属于低语境交流。在中国，人们追求沟通的最高境界是"意会"，而不是"言传"。[1]

论文之所以是高语境，是因为论文写作使用专门的语言，运用基本概念和基础知识，进入原理、观念、方法等构建的思想的堂奥。从文体上，论文属于议论文，不是说明文。一般，它是为专门的学术群体服务的。

学术论文是高语境系统，一些文学形式如诗词也是高语境系统，但两者有着语言结构上的差异。

结构主义语言学理论认为，在语言状态中，一切都是以关系为基础的，语言各要素间的关系和差别是在如下两个不同范围内展开的，每个范围都会产生出一类价值：一是以长度为支柱的句段关系，二是属于每个人语言内部"宝藏"的联想关系。句段关系是在场的；联想关系是不在场的。[2] 按照结构主义语言哲学家索绪尔

---

〔1〕 张秋筠主编：《商务沟通技巧》，对外经济贸易大学出版社 2018 年版，第 230 页。

〔2〕 ［瑞士］费尔迪南·德·索绪尔：《普通语言学教程》，高名凯译，商务印书馆 1980 年版，第 170~171 页。

的观念，语言结构上，有两种揭示意义的言语结合形态——组合关系和聚合关系。前者为句段关系，后者为联想关系。组合关系中的语词的意义具有的多元性在组合中受前后语词语意的约束，在语词间的相互约束中形成一个意义的横轴。聚合关系中的语词的单一性或多元性，其他语词对之不但不形成约束，还可能进一步扩大语词的意义，于是，语词聚合后整体意义变得更加多元，形成意义的纵轴。换言之，组合关系摊薄了特定语境下的语意，使表达的指向性更为明确；聚合关系加厚了表达的含义，使表达指向更加模糊。

组合关系对于所有的作品具有同等的重要性，而聚合关系则更适合文学作品。聚合关系所暗含的多种语词选择、联想、替换、扩展关系，更适合文学符号多义性、模糊性、暗示性、联想性等特征。据说，唐代杜牧的一首《叹花》[1]，描写的是他和一个心仪女子曾有约定但因其失约而产生的懊悔，而不是文字表面的风景。同样，宋代理学家朱熹的《春日》——胜日寻芳泗水滨，无边光景一时新。等闲识得东风面，万紫千红总是春——描写的也不是景色，而是思想繁荣的学术活跃状态。李商隐的很多《无题》诗，运用的就是语言的聚合关系进行非直观的表达，加上善于用典，由此，"世人难懂李商隐"。

从组合关系和聚合关系的联系看文学，组合关系通过语词符号的相互连接，使得每句作品语言意义确定；聚合关系则在组合关系基础上进一步深化文学语言的表现功能，使文学语言的意义世界变得活跃、流动，为读者在不同历史条件下的解释和理解创造了潜在的基础。[2] 读者阅读文学作品意味着作品的二次创作，使文学作品成为一个意义丰富多彩的意义聚集地。

---

〔1〕 自是寻春去校迟，不须惆怅怨芳时。狂风落尽深红色，绿叶成阴子满枝。

〔2〕 龚见明：《文学本体论——从文学审美语言论文学》，广西师范大学出版社1998年版，第96页。

来自于专业概念、理论等学术研究的高语境是对一般语言的组合关系的更高要求。学术著作要求直达作者的本意，不允许断章取义对原文本进行二次创作。当然，表达上的苛求并不意味着在严谨的论文中完全排斥人文色彩。只是需要处理好一个内在的矛盾，即追求表达生动可能会牺牲精确性。

2. 增强表达能力

古语有言：文不尽言，言不尽意。文字表达所负担的任务很重，包括言和意，也意味着，文字表达能否"尽言""尽意"是具有选择性的。选择范围的大小取决于占有的文字量和反哺能力。另外，还存在口头语言和专业语言之分。论文语言属于专业语言。

语言本身存在技术性语言、生活语言和个性化语言等分类。每个语言类型之间存在一定的间隔。技术性语言有特定的含义：技术群体的公共理解。技术群体因技术专业不同有各自不同的群体。每个群体的通用语言都是其他群体或日常生活的差别语言。专业术语的精确定义是专业人士提出并经专业的语言圈的共同交流而形成的思想成果。专业术语限制了日常用语的多义、内容含糊等聚合性功能，准确和简洁了专业问题，但同时专业术语的单义性会在适用范围上受到限制。显然，逻辑语言所防止的概念含糊化和在方法论上的"纯化"唯有在专门的学科领域才体现得更为充分。

个体化语言是基于个体的理解、个性化表达的活语言形式。在诗歌创作中这种语言的倾向最明显。诗语言的意义不可直译，诗意隐藏在文字的背后，通常是具体—抽象的表达模式，从何处抽象、被抽象出来的内容是否准确等会言人人殊。如语言的表面意义即是诗的全部意义，则排列的语言或语言的排列都不是诗。

每一专业语言都有自己鲜明的特点和技术要求，这也是从一类专业语言形式跨越到另一类专业语言形式的篱笆。不能用一种语言代替另一种语言。如用抒情语言来表达论文观点是不可想象的。但不同学科的语言可以适度融合。

3. 论文的语言

基于准确性的需要，法学论文语言的表达逻辑，常常以"条件+客体+结论"为主要形式，句式相对较长。这明显区别于日常语言表达和个性化语言表达。法学论文语言以抽象语言表达抽象的思想，但并不绝对排拒具体的、可感化的用语。甚至为了使思想表达更加灵动，鼓励在主导观念或核心思想表达上以形象化的语言来刻画。如上文提到的马克思在《共产党宣言》中批评新贵族阶级时使用了"拿无产阶级的乞食袋当旗帜摇摆"。法学论文在具体和抽象两个界域中适用。前者涉及的是有关事实或证据。在一个判决书中事实是第一位的，在论文中事实需要概括的描述，更重要的是引出问题及展开问题。所以，论文语言是理论界共用的公共性的语言系统。它强调专业术语的组合性、逻辑性。以抽象为基础，为了增强鲜活性或加强理解，在个别地方可以适度引入其他学科的概念。

论文表达能力的体现在如下方面：

第一，准确使用专业术语。每一个学科都有自己的专门用语，这样才能准确地、简练地表述本学科特有的问题，并形成独特的范畴和学科的理论体系。由于理论可以概念化，另在研究方法已基本能够满足各学科研究需要的前提下，可以说，学科体系主要是由专门的概念构建的。可以说，没有专有名词术语，就没有理论和研究。在特定的研究领域内，专用术语实际上是一种通用语言。由此形成了专业研究者准确交流思想的语境。在这种情况下，专业意味着表达简洁和准确，也意味着揭示内涵的丰富和深刻。

第二，准确地揭示观念和观念形成的过程。每一个观念都有观念形成的基础，观念构成的要素，观念要素之间的关联关系。只有系统性展现这些结构，才能达到系统性认识。之于论文而言，展现的方式是语言和语言的运用。论文语言对表达效果上的要求包括两项：逻辑严密；观念澄明。逻辑严密的表现是每一句判断逻辑周延，句与句之间的观念相互融贯。观念澄明表现为作者的观念贯穿全文；文字能清晰呈现观念。

　　第三，恰当地使用灵动的语言，增强可读性。在效果的追求上，论文语言有"二阶"：一阶是说清楚（能表达出想表达的内容）；二阶是表达具有灵动性。论文以抽象的观念为基础，表达抽象观念需要专业语言，但可以适当加入灵动性的表达。灵动性的表达是文学语言的主要特色，主要工具是具象语言或生活化语言表。这意味着，偶尔恰当加入文学语言可以构建意境或化繁为简，增强表达的效果。美国学者在论述竞争法的模糊性及变动性时说，"在一个全球化和竞争方式迅速变化的世界里，这是一片让人放心不下的领地"。[1]"放心不下"是一句日常用语，表达的是因不确定性而产生的担心、顾虑。用在这里可以将问题的严肃性化简为可感性。语言的灵动性可表现为：能够在跨学科界域进行语言相互转化，借他山之石以攻玉；准确恰当地以一般修辞的手法，如借喻或暗喻达到出其不意的效果。如反垄断法中纵向垄断协议既有合同、滥用支配地位的表象，也包含卡特尔的本相，在解释其特殊性及其影响时，可以说"其处于合同、卡特尔、滥用支配地位所构造的复杂环境中，这种'三面环山'的处境也影响其自身标准的构建"。如此表达，可能比抽象表达其特殊性更具有意境，效果更好。

---

　　〔1〕　〔美〕戴维·J.格伯尔：《二十世纪欧洲的法律与竞争——捍卫普罗米修斯》，冯克利、魏志梅译，中国社会科学出版社 2004 年版，第 17 页。

第三章 | 法学论文写作与资料收集

古语讲，"读书破万卷，下笔如有神"。事实上，读书和下笔之间的距离很长，也不是充分条件关系。一些不愿意动笔或一直没有动笔习惯的人，即使读了很多书，也不见得"下笔"。"读书—下笔—有神"之间存在着两条巨大的沟壑。读书是对他人思想的理解、吸收和发散，有的人能够在读书吸收并运用他人思想的基础上架设一座通达自己思想彼岸的彩虹桥，有人只是直直地站在此岸，思想发散不出来。读者和作者之间的彩虹桥是思想的贯通。它包括很复杂的心理结构和认知结构。

一、为论文写作而阅读

《农庄男孩》里讲了一个故事：初次下田的男孩想了一个提高种地效率的方法，将自己篮子里的所有种子都放到一个坑里。幼苗出来之后，问题便来了：有限的空间只能容下一棵幼苗，否则全部无法长大……研究性读书不可能毕其功于一役。

时下盛行列"正面书单"，偶然的机会看到有人列出了读书的"负面清单"。其实，几千年的本土文化，加上中西文化的融合，图书，实在是浩如烟海，排除几本书，在总量上无任何影响。很大程度上，负面清单是不相信阅读者的辨别力。

所有的书都可以读，只是以什么目的读，学习知识、研究、消遣还是人生感悟？当然，还有什么叫"读"？它有多重含义和不同方法。

英国著名作家柯勒律治曾把读者分为四个类型：第一类读者好比计时的沙漏，阅读作品像沙注进去、又漏出来，到头来一点痕迹也没留下；第二类读者好像海绵，什么都吸收，挤一挤，流出来的东西原封不变，甚至还脏了些；第三类读者好像是滤豆浆的布袋，豆浆都流走了，留下来的只有豆渣；第四类读者好像是宝石矿床里的苦工，把矿渣甩在一旁，只要纯净的闪光的宝石。这种分类不见得完全恰当，但从中可以看出，阅读不仅是一门学问，更是一门艺术，只有具备了一定的提取和转化能力，才能深入到作品的内部发掘矿藏，去粗取精获得有纯度的思想。

（一）四种不同目的的读书

读书可以了解世界，探索他人的内心，安静自己的情绪。读书是一种高品质的精神活动。

有人说，最高的境界是读无用的书，似乎有目的的读书境界不高。也许对吧，如果能达到神清气爽、了却凡心的功效。但有目的的读书自古有之，并在科举制度一千三百年的历史中绵绵不尽。"学而优则仕"成了中下层民众半生的功力，并且是改变一生命运的不二选择。清代龚自珍的《咏史》中有："著书都为稻粱谋。"为此，读书的目的性也常被贬义为功利性。事实上，有目的的阅读往往是有效获取知识和能力的保障。人生的不同阶段，读书的目的性不同；目的不同，精神感受不同。清代文学家张潮在《幽梦影》一书中写道："少年读书，如隙中窥月；中年读书，如庭中望月；老年读书，如台上玩月。皆以阅历之深浅，为所得之深浅耳。"不同时期面临的人生境遇不同，读书的类型也不同。没有必要贬视目的性读书，尽管它有很强的被动性的一面。现代信息的通达，事务的繁杂，时间的逼仄等因素，使得读书的目的性有过之而无不及。

概括而言，有四种不同形态的读书：为获取知识而读书、为研究而读书、为提升生命的体验而读书和为提高表达能力而读书。为表述方便，分别叫作知识性读书、研究性读书、体验性读书、表意性读书。

四种不同目的的读书有着不同的本质。在对象、方法上均有所差异。

1. 知识性读书

为获取知识而阅读，获取的知识是公共信息，即掌握这个领域的基本话语和技能。为了升学、学分而读教科书，为了获得各种资格证书而读考试指定用书，为了某种知识竞赛、技能比武而读参考书，为了职称论文的写作而博览群书，等等，都属于此类。这里，也进一步分为被动式阅读和主动式阅读。被动式阅读获取的是基础知识，这是职业读书人的本业。所以，"学校教育只是为未来获取实用知识铺垫了道路而已"。[1] 待"书到用时方恨少"时，主动式阅读便开始了。

知识性读书注重的是记忆，通过理解和记忆以便形成一个基本知识框架，包括基本概念、原理、理论等。思想产生于已知的知识基础上，是对知识的经验跨越。有了基础知识，才有运用知识创新观念的潜力，知识的运用不等于思想跃进。很大程度上，古人所谓的"黑发不知勤学早，白首方悔读书迟"中所"读"的"书"是基础性知识的书。当然，将圣贤之书作为基础性读物，这与现代的教科书不可同日而语。在现代，知识性读书的主要对象是教材和工具书——词典、案例、练习题等。知识性作品如同展览会上的标签，只告诉别人这是什么、那是什么。古今获取知识而阅读的方法

---

[1] [美]拿破仑·希尔：《思考致富：走向成功重要的13步》，曹子宏译，黑龙江科学技术出版社2012年版，第74页。

是相同的：理解、解释和记忆，甚至阅读时有意识地划重点、猜题。检验的方法也基本是相同的——考试并以成绩为标准。

2. 研究性读书

研究性阅读不是为了探寻标准答案，而是把握他人认识问题的思路和方法。研究不能脱离他人已有的思想，研究是在已有知识和思想的基础上实现思想的超越。如同草书与楷书有本质上的差异，草书可能个别的间架结构有一点楷书的影子，但它几乎是另一种文字符号了。

研究性读书的基本特点如下：

第一，发现问题是研究性读书（以下简称"问题式阅读"）的核心。问题式阅读已经进入思想交流的过程，是一种效果阅读。叔本华曾就读书效果问题讲道："被记录于纸上的思想无异于行人在沙滩上留下的足迹，我们只能看到他所走过的路径，若要知道他在途中看见了什么，则必须用我们自己的眼睛。"[1] 找到问题是进入研究过程的初阶，需要进一步解析问题、寻找答案、探微知著才能深入研究思想的堂奥。学者曾有言："正确地提出问题往往比回答问题更加困难。一个正确表达的问题常常就是对问题本身的回答。"[2] 当然，问题有真问题和假问题之分（后文再述）。可研究的问题是真问题。

第二，研究性阅读是思想的生产过程而不是知识的销售过程。法学研究阅读过程是从事到关系，并由此上升到观念，到对观念的批判或修正，再到新观念的产生，这一过程的核心是物质关系更是

---

[1] ［德］叔本华等：《叔本华：怎样读书才有效》，杨春时译，中国画报出版社2012年版，第12页。

[2] ［美］艾尔·巴比：《社会研究方法》，李银河编译，四川人民出版社1987年版，第59页。

思想关系。语言哲学家德里达以人不能永恒参与为理由，认为写作和阅读中的偏差永远存在。他把解除"在场"作为理论的思维起点，以符号同一性的破裂，能指与所指的永难弥合，结构中心的颠覆始于"差异性"的意义链的产生来理解、创建新观点。这意味着，新的所指也便是新思想的创建。因此，研究性阅读需要在与（阅读文本）作者沟通的基础上，坚定地说"再见"，并勇敢地开启自己的路。

这个"思想的生产过程"包括如下三个方面：

一是用已有的知识来分析、判断阅读内容的正确性或准确性。阅读材料过程中能清晰地找到论者的观点和论证思路，广义上还包括运用的资料、方法等。文章是一棵"多枝树"（具体详见第七章）。"多枝树"指文章有以思路为中心的主干，有以分论点为支撑的枝干，还有作为资料的叶片等。阅读中能够理清主干、枝干、细干的关系，辨明方向，有利于从中发现问题。

二是在某方面"由此及彼"。刘勰在《文心雕龙·神思》中曾言由此及彼之道："文之思也，其神远矣。故寂然凝虑，思接千载；悄焉动容，视通万里；吟咏之间，吐纳珠玉之声；眉睫之前，卷舒风云之色，其思理之致乎！故思理为妙，神与物游。"古人作文的思路主要是由物及人，作文中最常用"借水生波"手法，即从众多景象中选择一个主要物象，再通过巧妙剪裁、关联和限制，形成层次深化的思想。常常起于物而终于理。法学类社会科学的研究性读书之研究过程同样如此，只是起点通常不是物，而是事（关系）或思想。

三是从文本中得到超文本的内容，即所谓"于无字处见文章"。这是更高的要求，其功夫在于能否不断地追问。例如：合同是平等主体之间的交易，商业贿赂是合同中出现的现象，为什么出现？因为不平等。法律上的平等和经济关系上的平等是什么关系？优势地位源于不平等关系。不平等关系的形成源于经济基础的不同，包括外部经济环境，如产能，也包括内在的企业规模或技术能力。在市场地位上，产能过剩时买方具有优势地位，大企业相对于中小企业具有优势地位，拥有核心专利的企业相对于专利使用企业具有优势地位。这构成了行贿的前提。由此几个不同的法律关系的联系就建立起来了。

第三，研究性读书的对象主要是研究类的专著而不包括教材。读专著是在观念上既敬畏又居高临下，需理解作者的思想并构建自己的观念。追踪思想是理解原作者的观念，追踪思想的高级状态是唤醒阅读者某种意识或激发其产生新的观念（可能不是思想，因为思想是体系化的观念）。

本科教学中，一般要求同学使用教材，同时辅助一些教学方法。因为课时有限，课堂内无法将一个学科的全部知识传授给同学。本科教材区别于专著。按照苏联教育家凯洛夫的教学原则，本科教学需要遵守"三基四性"，即基本理论、基本知识、基本概念；科学性、系统性、逻辑性、严密性。

一本著作是否属于教材，主要看知识展开方式和内容。如果内容不是共识性的，而是个人的观点，且个人观点是以论证的方式展开的，则带有专著的性质。

第四，研究性读书需要多种资料"左顾右盼"。在画画中，白色最难画，如画一粒小水滴是非常考验技术的，但汇聚成溪或成河后，反倒容易了。可以说，论文起于资料，学会收集资料，论文的能力也会提升。常常思考不下去的主要原因是研究资料的占有不够，由此难以展开分析、综合或判断。资料占有不够的主要原因是资料查找上可能出了问题。

第五，研究性阅读的方法是"叩问"，即带着问题去求解答。问题包括阅读者先在于前的问题和阅读中产生的问题。从阅读中得到的解答包括自己的预设可能性、并不满意的解答和可接受的解答。这里，如果得到的是不满意的解答，相当于又产生了新的问题。如果就自己的预设找到了可证实的资料或进行论证的理由则可能由此产生创新性观点。

3. 体验性读书

为提高生命的体验而读书之所以被称为最高境界，是因为动机上全凭兴趣，不依指令，不求功名，不为学问，也不跟风从众，目的上通过阅读陶冶性情，激发善良情感。孔子所推崇的"为己"而读的"古之学者"大概就是如此。"枕上诗书闲处好，门前风景雨来佳"。为寻找生命之意而读书境界最高，读书的感受也最妙。只是这种境界不是每个人在任何时候都能体会得到，这种境界的精神基础是安静下来与作者进行灵魂的交流。忘却世事营营（源自苏东坡词："何时忘却营营"），"闲读"生雅趣。

大体上，这种读书的体验包括如下方面：

第一，唤醒自己的感受。正如周国平先生所描述的那样："读完一本书之后，我常常觉得作者在书里讲的东西，其实我也想过，但这种类似的想法是沉睡着的，没有醒来。通过对这本书的阅读把它唤醒了，这是我最快乐的时候。"可见，读书的过程是一个发现自己的过程。《权力的游戏》中有句话，"读书可以经历一千种人生，不读书的人只能活一次"。

第二，提高精神享受。英国作家毛姆在谈到英国文学时说："阅读应该是一种享受……那些书，既不能帮助你获得学位，也不能指导你如何谋生，不去教你驾驶船舶的技巧，也不告诉你如何维修一辆出了故障的机车。然而，只要你们能真正享受这些书，它们将使你的生活更丰富、更充实而圆满，使你更加感到快乐。"为了人生的乐趣、生命的需求来看书的人越多，社会才越温暖，人与人之间的心灵认同程度也越高。梁实秋先生说："人生到了一个境界，读书不是为了应付外界需求，不是为人，是为己，是为了充实自己，使自己成为一个明白事理的人，使自己的生活充实而有意义。吾故曰：读书乐。"

第三，获得生命的体验。读书能够获得精神的启迪是因为书中信息产生的一种单向度的映射。获得生命的体验是双向度的情感交互。林语堂先生曾经说过，读书，就是一颗灵魂寻找另一颗灵魂。但是，并不是每个人读同一本书都能得出同样的体验，相同的经验是获得更深刻体验的基础。所以，"活到老，学到老"，很大程度上，也是"活到老，读到老"。

上述三种读书形式除了阅读目的、对象、方法等不同外，它们之间最本质的不同在于意识的向度的差异。

为获取知识而阅读是单向度的，很大程度上非源于读者兴趣，具有被动的一面。读者与作者没有思想的隔空交流，只有信赖、解释、理解、记忆。为提供生命体验而读书是双向度的，即文本发出的信息和读者阅读后的质疑形成交互反应。换言之，阅读的文本不是一般的材料，而是包括一种能够唤起的潜在因素，也可以称之为"召唤结构"。

4. 表意性读书

表达是个相对独立的能力，需要有良好的训练，包括词汇记忆、文法规则、表达用语等。古人有：读书破万卷，下笔如有神；熟读唐诗三百首，不会作诗也会吟。这都是讲表达问题的。陶渊明在《五柳先生传》中描述了两种文人的最高境界。一是读书的最高境界——"每有会意，便欣然忘食"，这是体验性阅读。读者进入作者的精神世界不是一件容易的事情，被吸引到废寝忘食的地步更难，毕竟是纯粹的文字，需要读者有丰富的经历，还需要有较高的理解力、想象力。二是写作的最高境界——"常著文章自娱，颇示己志"。不受外部的压力，写作从其内心，发其内在的感慨。这种难，难在有感慨、能用文字充分表达出来。这需要良好的认识能力和表达能力。表达能力的提升不是自然就能达到的，甚至也不一定是写得多了表达自然就顺畅了。表达的方式有多种，诗歌、散文、论文等，每种表达形式对文字的要求是不一样的。

论文属于文字表达。一种观念认为，思维是文字表达的内容，思维和文字表达是内容与形式的关系。事实上，并非如此简单。阅读文字时既可以看出文字指向的事物，也需要把握作者的思想、逻辑脉络等。所以，文字表达是撷取思维中最深邃的、体系化的内容予以展示。其本身既是形式，也是内容。

小结

研究性读书是多向度的，可以有不同的视角来观察和思考。接受或不接受——唤醒你的认识——形成思想——超越文本。这一点，与体验性读书更接近，需要以阅读的材料来唤醒自己，打开思路的大门。当然，两者区别之处在于唤醒内容的属性和程度。内容上，体验性阅读唤醒的是情感、审美，研究性阅读唤醒的是思想、观念。程度上包括活跃基础不同和唤醒难度的不同。体验性阅读是通过事件传达精神价值的。作为精神价值核心的美丑、善恶，这些在世界各国是通感。如果有了体验，不论是感性的还是理性的，能够表达出来，则进入到另一个境界。相比较，研究性阅读中被唤醒的认知基础是相关知识、发散性思维，这些认知是后天附加于人的额外的功夫。并不是所有的人都有这些认知基础。所以，体验性阅读因感受基础充实而普通，更容易被唤醒；研究性阅读的感知差异性较大，阅读者思想被唤醒的程度差异也十分明显。有了感知并准确地将其表达出来，相对而言更难。

（二）互联网时代资料的获取与积累

大数据时代，法学教育面临新的挑战：法律规范的纵横交叉特性需要更为宏观的综合能力；资料的浩如烟海需要拨云见日的解析能力。几乎每一个主题都能搜到大量资料，甚至一些所谓深思熟虑的想法在资料的检索中突然发现已然"英雄所见略同"。我们需要把握数据时代的特点并学会有效利用之。

1. 大数据时代的特点

第一，知识开放形成"信息过载"。"信息过载"由托夫勒于1970 年在《未来的冲击》中提到，是指当信息量超过了脑力的上限则会导致信息处理的低效甚至无效。长期的信息超载会使人产生头痛、记忆力下降和注意力不集中等不良反应，甚至导致严重的心理和生理疾病。如何在"信息爆炸"下梳理繁杂的信息，并充分利用有效的信息来服务于政治、经济、社会发展，服务于学术创新，就变得越来越重要。

信息过载体现为：社交网络逐步超越了电视的信息传播能力，时时捕获或干扰我们的注意力。从脸书到 Instagram 网站，媒介将我们的注意力聚集到视频和图片上，欲求的奖励是情感上的吸引力，如点赞、阅读量，而不是理性的思考。社交网络传播信息的直接目的是获得读者的形式上的认可，而非实质上的认同。以增强好奇心为功能的网络信息主宰着人们的注意力，由此分散出去的注意力不是在提升思想、追求知识。

法国哲学家居伊·德博尔曾说道，如果说前资本主义关注的是"存在"、资本主义关注的是"拥有"，那么，后资本主义中重要的只有"显现"——显现富有、显现幸福、显现有思想、显现酷炫、显现世界性。打开 Instagram 网站很难不惊叹于他的结论的准确性。

基于信息的高度聚集，靠已有的知识来辨别方向十分困难，人们转而靠搜索来获得方向感。百度、维基百科等使几乎所有的人类知识呈现出一种充分自由和高度开放的荟萃局面，于是，"有问题找百度"成了习惯。

启蒙运动的口号是"敢于求知"，"求知"的问题可以轻易解决。网络时代大量的时间在无意间耗散，有必要提升时间的把控能力，并唤起思考的意识。

第二，出现了"阅读的不安全感（reading insecurity）"。注意力太容易被图片和声音分散，太少有整段的、不受干扰的时间用于读书，阅读者突然发现，自己从阅读中得到的东西没有那么系统了。时间的碎片化会导致信息碎片化，由此阅读者很难再享受到弗吉尼亚·伍尔夫所谓的"持续的、不倦的阅读"。读图时代的阅读使得更多人拥挤在知与不知的夹缝中。

这种阅读的不安全感，在处于认知成长阶段的人的身上尤为明显。对于这些读者来说，读书不如读图方便，于是，明明想读书，也选了喜欢的、应该读起来很享受的书籍，却很难长时间沉浸其中，似乎某种积累已久的珍贵决心在逐渐流失。

障碍的产生既有客观原因，也有主观原因。首先，互联网时代的读书，抛弃了文本，即阅读对象的电子化。抛弃了文本便不能（或不便）勾画，也就不能突出重点和温习。其次，互联网时代会以炫目的方式呈现信息，使得人们进入读图时代。最后，没有那么充足的时间读书，只能进行碎片式的浅阅读。结果是淹没在信息的海洋里，不需要细致的阅读。互联网时代滋生了无时间读书、不需要读书、无耐性读书等情绪。21世纪有很多有意义的图，但绝不是所有东西都能通过图来反映。有些事以图的方式展示比文字更有力量，有些事以画图来表达不但看不懂，还可能会引起误解。

第三，专注力的弱化。数字化像一场气势磅礴的大潮席卷而来，每个人都身处其中不可回避，也不能不适应。数字化影响了社会生活的方方面面，也潜移默化地改变着我们生活方式和学习方式。不管你愿意还是不愿意，几乎每时每刻我们头脑都受到来自四面八方的各种信息的冲击。于是，在我们的生活和工作中便有了一项新的任务，就是每天都要腾出一定的时间来关注各种复杂的信息。它成了每天生活的一部分。

然而，信息化也在不断地、缓慢地、不知不觉地侵蚀我们头脑中最坚实的硬核——专注（力）。一方面我们所看到的世界在变大，另一方面我们对于世界的思考却在变窄。

信息化的载体——手机或电脑，是我们接收信息的主渠道。信息传播的一些新特点可能降低我们的专注力。读图、电子阅读无法做到全神贯注。

首先，信息的跳跃性。不论是手机还是电脑，针对我们意欲阅读的信息，总会有多重信息同时呈现在我们面前。这样，在阅读的时候就会不知不觉地将还没有读完的一个文本放弃，跳转到另外一个或几个文本中。从而，我们的阅读过程变成了一个找文字、寻事件、数据比对过程，这种跳跃性使我们难以集中精力阅读完一篇完整的专业文献。

其次，信息的碎片化。信息时代的人们似乎变得用功了：不论在地铁上还是在公交站等车时，人们都在阅读。阅读的内容大致可以分为三类，第一类就是有关事实的信息；第二类是有关照片和感慨；第三类是有关小说或事件的评论（当然还有第四类——视频材料或节目，不过对此应当叫作欣赏，而不是阅读）。第一类和第二类信息的阅读方式，只需浏览就够了。受限于时间地点和手机屏幕，对第三类信息的阅读也只能以略高于浏览的泛读方式进行。如此，所能获取到的信息大都是碎片化的信息。

最后，信息的描述性。描述是对客观事实情况的叙述，没有或少有分析，没有证明，也少有细致的论证过程和可信的结论。由此，在没有理性思考习惯和能力的情况下，所得到的只是表象化的认识。

鉴于上述特点，网络媒体阅读大抵是浅阅读。大多数情况下，它冲击的不是大脑皮层，而是左右两侧的伏隔核（伏隔核被认为是大脑的快乐中枢，对诸如食物、性、毒品等刺激有反应）。浅阅读带给我们的最大伤害，是构成我们思维财富中心的注意力变得越来越稀缺。

成长中的人们需要对一个问题或一个事件给予足够的专注。只有这样大脑才能对眼睛所看到的加以理解、整理、批判、疑问、分析，由此才能变得更加理性。

2. 信息传播中的资料收集

大数据时代是技术创新的时代，利用好信息传播的特点，也应是观念创新的时代。信息的宽泛性和便捷性有利于快速、全面地获取研究资料，但前提是有更强的专业能力和问题敏感性。

第一，专业能力基础。在知识爆炸的时代，专业是保持头脑清醒和辨别前进方向的内在定力。它包括两个方面：一是专业知识的应用，包括基本概念、原理及其运用。这是观察社会、认识问题的视角，即使视野不够开阔、认识不够准确，但仍然能够给自己提供一定的认识结果，不至于人云亦云。二是搭建认识能力的"框架"，基于框架把看到的有启发的信息纳入到框架的指定位置。需要形成一个框架的认识（或许应该叫模式），这样，有关事件、他人的观点都可以为自己所用。成长的过程就是不断完善框架的过程。

第二，问题敏感性，即捕捉问题的能力。电子阅读中的信息具有碎片化、发散性等特点，由于不能形成整体、系统的观念，由此导致相对主义，追求价值的多元化、标准的模糊性等。只看眼前白云飘飘为已足，不必在意哪片云带雨。或许这正是哲学家所说的后现代主义：获取的大量知识都是以描述性的形式产生的，即思想和信息之间的沟壑加深。不能否定有关信息的价值，甚至多元价值。思想的形成不可以脱离"元叙述"，更不可以将碎片化的知识简单地拼凑，而是需要在泥沙俱下的流变中剥离出思想的微粒。

总之，信息流速可能超过人的处理能力，新知识的增长速度远远超过人们学习掌握知识的速度，甚至相互矛盾的知识使人无所适从时，就会形成"知识过载"。互联网时代信息高度扩散，提供了随时获取信息的便利性，但有关信息能否变成自己的资料则需要有对问题的敏感性。读者应当培养从海量信息中找到信息背后的联系以及内在规律的本领，在不断综合分析纷繁复杂信息的过程中，锻造一双火眼金睛，成为信息时代可以理性思考的人。

(三) 研究性阅读中的资料积累

研究性阅读不同于其他形式的阅读，在阅读过程中不是记忆，而是理解和反思。在头脑中，需要系统性的专业知识的储备，这是构建思想大厦的基础。同时，对新观念进行质疑和反思，进而得出属于自己的认识和结论。这个过程中，关键在于阅读的对象能否激发已有的知识和认识，让资料有厚度，让自己觉醒。

资料阅读和积累在如下两种场合展开：其一是在无具体目的的阅读中进行资料的收集、存储，即平常的阅读；其二是为了完成一个具体任务的阅读和资料查找。

1. 方式

生活中常常出现，从师长或学长那里得知某专业作品是一本好书，但自己却读不下去，即存在有心无力的现象。通常，这源于阅读能力不够。而阅读能力不够，与阅读时的理解力和理解速度有关。较高的理解能力可以让阅读变轻松。同时，理解文字的速度也会影响阅读能力。一本拗口的古典文献，需要一个字一个字地理解，这会影响阅读的持久性。书读的多了，理解能力会随之提高。

了解并运用一些阅读方式，可以取得更好的学习效果。在没有特定研究目的的情况下，可以进行泛读。在有目的的情况下，需要进行精读，特殊情况下还需要侧读。

（1）泛读

古语有"好读书，不求甚解"[1]。"求甚解"是精读，"不求甚解"是泛读。"泛读"是一种单向度的信息获取，了解一本书的主要观念、思路、方法等，不强调在阅读中获得反射性观念——进行二次创作。阅读对象不限于文学作品，专业文献阅读也需要此法，它可以以点带面、快速把握文献中的精华。

在没有明确的目标时，阅读不需要或暂时不需要掌握全部内容（至少不需要第一遍阅读就全面掌握内容）。如读一本书，只是想了解一下作者的基本思想，包括研究对象、研究思路、研究方法、大致的结论等，此时即可泛读。

具体而言，泛读有两个含义。一是范围的宽泛。部门法学和政治学、经济学、伦理学等知识紧密相关，有些概念、原理均可直接适用在学术论证中，此外哲学（尤其是逻辑学）、文学等涉及思维方式和文字表达的知识均需要不断学习，同样属于为写作而阅读的对象。二是方式的宽泛。针对报纸、文摘、刊物大可泛读，找到自己感兴趣的点即可，把"没用"的略过。这样不仅能节省时间，还能更有针对性地发现自己的需求点。阅读专著亦可如此，根据兴趣点找到一定的范围，进行菜单式阅读，了解作品的大致结构和内容。对浏览过的材料有了大致印象，等以后需要时，再根据印象查

---

[1] 参见（晋）陶渊明：《五柳先生传》。

阅具体的内容，使以后的学习活动更有目的性。通过浏览还可以网罗知识，待以后——整理，建立广泛的知识联系，为以后的学习活动和解决问题打下基础。

此外，也可以进行投石问路式的阅读。培养自己的理解力，可以进行间断式阅读。当阅读一本著作且进展不错时，便继续读下去。若读不下去了，可以先跳过、中断。也可以进行导入式阅读，即先阅读绪论或译者的导言，之后再集中个别部分进行阅读。这样投石问路带来的良性循环是，随着阅读量的积累，阅读能力也会逐步提升。人的理解能力是不同的，但又是不断提升的。"人不读书枉少年"指向的是增进理解；"腹有诗书气自华"说的是理解并掌握到一定程度。

除了方法外，对于如何获得更愉快的阅读体验，还要在观念上转变，重塑自己的阅读观念。打破过去给自己的种种限制，放下"必须要读懂每个细节""阅读必须要有用"等包袱，在观念上把阅读当作一种闲暇时光里的出游方式，看看作者描绘了哪些风景，了解作者表达观点或想象力的途径，评判作品中的不足。等等。

（2）精读

沃伦·巴菲特说他把大量时间都用来阅读和写作。他把自身成功的极大一部分归功于一本书：他的导师本杰明·格雷厄姆撰写的《聪明的投资者》。如果确实如此，那他的成功是源于精读。

这里存在一个问题，即什么书或哪些内容应当精读。古人读书范围有限，所读的书主要是经典著作，而这些经典著作是以名言隽语写出的，常常用暗喻、借喻等方法表达思想。同时，读书的目的性明确："天子重英豪，文章教尔曹。"为了应对科举，仅仅读懂了表面的故事而不明就里，则难以"中科"（科举考试中选）。宋代科举考试内容有两个方面：策略和诗赋。前者是论证能力，后者考想象能力。苏轼的父亲苏洵策论能力强，但考不过两个儿子，诗赋能力不够；柳永诗赋能力强，但策论能力弱，故四次科考三次落地（一说五次科考四次落地），只得自嘲"黄金榜上，偶失龙头望""忍把浮名，换了浅斟低唱"。精读的目的不是究其原意，而是找到弦外之音。可以看出，读书不在于读多少，而在于读书中悟出了多少。悟的直白含义就是"由此及彼""由物及人"。从论文写作的角度，看到的资料能够产生一种新的观念或支撑已有的观念，这便是为我所用。陶渊明《五柳先生传》中"每有会意，便欣然忘食"，表达的是产生特别的感受或新思想后的样子。

对法律文本的解读如四书五经等古代典籍和现代经典文献解读一样，需要精读。精读的方法大略是从整体中把握个体，从个体中体现整体。换言之，既要把握单个意义单位（如一个词）在整个命题中的意义，也要把握由诸多语汇构成的整体的意义。每个法律条文相当于是一个命题，命题中的语汇的意义需要在命题中把握。

（3）侧读

所谓侧读，是以一个较为具体的目标为切入点，在阅读文献过程中吸收或引发思考的阅读方法。侧读可能有如下两种情况：

一是阅读对象内容丰富，视角多元，需要找到一个自己的视角或立足点。每一本经典著作都是多个不同侧向研究的综合，为我所用的阅读，需要从一个侧面解构其中的内容，把握问题点，吸收特定视角下的可用信息。苏轼在《又答王庠书》中总结自己的读书经验时说："但卑意欲少年为学者，每一书皆作数过尽之。书富如入海，百货皆有，人之精力，不能兼收尽取，但得其所欲求者尔。故愿学者每次作一意求之，如欲求古今兴亡治乱，圣贤作用，但作此意求之，勿生余念。又别作一次，求事迹故实典章文物之类，亦如之。他皆仿此。此虽迂钝，而他日学成，八面受敌，与涉猎者不可同日而语也。甚非速化之术。"一本书可以从不同的角度阅读，常言所谓"书不厌百回读"，只有在这个前提下才成立。若不以明确的目标切割内容，只是泛泛地了解是什么、为什么，而不清楚是否能干什么、有什么具体的研究价值，则可能难以形成明确的指向。

二是几本书一起读。如同读者站在海岸边，依次观看或反复观看停泊在深海里的船，这种侧读是比较式的阅读。比较的基本要求是同一个标准。例如，对于知假买假是否属于消费者，可以比较法律上"消费者"的定义，查在欧盟法律制度上消费者如何定义的，德国、法国、俄罗斯法律制度上是如何规定的，还需要进一步查一个国家法律制度中，消费者权益保护法上是如何规定的，竞争法上是如何规定的。扩大意义上，学者 A、B、C、D 是如何解释的。针对同一个问题展开不同的论述。这种阅读既可以横向比较——把握观念的全貌，也可以纵向比较——理解观念发展的脉络。在比较中找出不同，常常可以得到启示或形成新观念。

精读和侧读都是研究性阅读。相比较，精读更强调回归其本意的考证，侧读则从一个视角研究，更易于观念的由此及彼、醒发性更强。

2. 资料的存储及其习惯

在阅读中发现有关资料具有价值，并不一定源于有意识地资料查找，可以是阅读中的偶得。很大程度上，资料价值的偶得提高了我们的阅读效率。

思想创新的前提是具有知识的管理能力。一般认识上的知识，在研究者视野里则转换为研究的对象或工具——资料，进而知识管理变成资料管理。在流程上，资料管理的主要步骤是：检索信息、选取材料、消化资料、批判创造等。其基础是在平时阅读中培养收集资料的意识，并养成分类存储资料的好习惯。

（1）资料分类

科学发现，许多拥有一流记忆的人（确实存在这一类人）都会建造记忆的宫殿——也就是他们脑海中的一张地图，他们把信息储存在那里。每项记忆都与他们脑海中的一个"物理"位置联系在一起，这样一来，当他们在那座宫殿中穿行时，就能找到想要寻找的东西。

资料分类是一个粗加工过程，就是对所阅读的资料，在消化理解的基础上进行初步概括和提炼，抓住内容要点或关键词或中心句，进行准确而精练地标注。简化的实质，是对资料进行转换处理，也是让大脑有效地接收信息、进行编码的过程。[1] 之于法律人，如阅读案件并分类，可以在事实被确定的前提下，总结一审、二审判决中的差异，并概括为一句话或一个词，再以此作为文件标题资料。如此进行不断地存储，数据库大到一定程度，便可以化合为一个可输出思想的宝藏。

一个更为基础的问题是，如何分类？它决定资料储存的结构。一般来说，当某个东西给读者留下深刻印象时，记住这个东西的可能性就大。资料存储的结构建立在已有的知识体系的基础上。如我国《消费者权益保护法》中消费者的定义，核心内容包括"生活需要""购买""使用"，这几个关键词即可以作为资料库的名称。另外，在法律条文上没有明确主体是自然人还是法人，那么，"主体"可以单独列为一个资料库。这个定义是围绕"生活需要"展开的，什么是生活需要成为是否属于消费者的主要认定标准。实践中，发生在"生活需要"上的争议又分为多种不同类型。如知假买假是否属于生活需要？购买改善型用房是否属于生活需要？生活需

---

〔1〕 杨明珠、姚磊编著：《站上巨人的肩膀——享受学习 放飞梦想》（潜能开发篇），湖北教育出版社 2015 年版，第 100 页。

要是否包括精神生活？在"生活需要"的文档下还可以进一步细分。可以说，完善分类是已有知识的扩展或深化。扩展或深化的开启是在阅读中完成的。阅读过程是信息交汇的过程。一方面，理解阅读文献中新的观念，另一方面这些所谓的"新"是和已有的论证比较得出的，新旧之间是如何转换的，这是更为重要的认识过程。对法律人而言，可以以最感兴趣的法律条文为基础进行资料分类。因为研究总是有专业方向的，以一个法律部门中特定制度为中心，不断扩展，搭建的层次越多，资料的价值越大，越具有"金字塔"的特性。

平时的阅读可以没有目的性，但资料的积累需要有目的性。这是完成资料分类的内装修的过程。这里需要的功夫是阅读的材料如何适应性地放到相应的"格式塔"内部对应的结构中，即内部已有的认识和外部的材料之间的关联性，把握住关联性，外部信息便能准确投放，材料的价值便可以最大化发挥。甚至在写作之前，还可以针对个别部分进行资料的精装修——从不同角度完善资料，为论文的各部分提供说理的依据。

(2) 空白标记

阅读资料时，伴随阅读会有一些感想，或认同或反对，或启示或惋惜，可以将阅读中自己的想法在空白处标记。这可以称为"批注读书法"。列宁的《哲学笔记》就是整理读书过程中的批注和笔记而形成的马克思主义的经典文献之一。常言道，"于无字处见文章"，要养成在页眉或页脚的空白处对所阅读的（属于自己的）材料进行标注的习惯。另外，在一本书的扉页、倒数第二页，或封三中会有一整张或两张空白页，这是出版者留给读者的私人菜园，可以利用起来种自己观念的禾苗。标注时，可以用关键词标出受到启发的内容和其在正文中的页码，也可以写下感想的主要内容。如此，再次阅读时这些标注可以起到索引的作用。

3. "格式塔"的建立

研究表明，信息能否"凸显"出来，与脑海中的"位置"图像有关。人的大脑处理图像的能力要远远强于它处理文字和抽象思想的能力。把记忆与一个位置的图像联系在一起，将使回忆或信息的调取容易得多。

社会科学研究中系统性知识也是自己的认识上的"格式塔"，也可以说是创新知识的"金字塔"。搭建"金字塔"，需要养成"检索—初步消化—分类存储"的习惯。这对所有的社会人都是有益的。

学术过程中，良好的记录习惯是丰富和完善资料"格式塔"的必备前提。资料"格式塔"是论文写作的基础。与其说我们生活在现实世界中，毋宁说是生活在世界观中，因为每个人的头脑里都包含经验或者信念的系统，这些经验构成了世界实在的一部分。当我们把一个新的观念接受下来的时候，在很大程度上也要看它和已有的这些信念是不是一致的。在科学哲学上，卡尔·波普尔非常关心这部分内容，视其具有本体论的地位。且它不可还原为物理的和我们当下的主观心理活动，它自身具有独立性。如果说一个新的信念和旧有的这一切经验是割裂的，则没办法将其引导到已有的格式塔上面去，无法在新旧信息之间架起一个沟通的桥梁，我们不会接受新信息，也就不会由此进行综合分析或判断。

培养丰富头脑资料"格式塔"的习惯，就是将看到的材料随时纳入已有的体系，使"格式塔"随时处于动态中。良好的记录习惯是随看随记。但重要的是在技术上将看到的资料进行格式化——归类到自己设置的格式塔的相应位置上。如果养成了此种收集资料的习惯，那么每个人在自己学业阶段或特定的工作阶段基于学习或工作的核心内容都会建立一套自己的数据资料库。

4. 碎片整理

后现代主义哲学异军突起，是因为其专注于解构并在具体的要素上挖掘价值。现代社会信息具有碎片化和描述性，无疑，对认识能力的要求提高了，因为不可能将碎片化的知识简单拼凑就可以产生新观念。

在资料价值问题上，碎片整理有两个含义：

第一，"温故知新"。如果没有选题或找不到选题，可以进行碎片整理。所谓"碎片整理"，即进入到特定资料库，阅读现有资料，进行辅助记录，贴标签，看看能否从中梳理出一条线索。如果不对已经读过资料进行回顾，能够记起这些信息以及运用这些信息的概率会越来越低。

第二，挖掘资料的价值并拓展思路。阅读整理过的资料时，如果能把其与正在完成的工作联系起来，有目的寻找和挖掘资料的相关价值，效率会更高。例如，写论文写到某处进行不下去了，阅读一下相关材料，也许可以豁然开朗。

二、论文资料的分类与要求

能够用以提炼和表达观念的材料都叫资料。资料在类型上非常广泛，如法律文本、法律历史史料、相关论文、著作、有关的统计数据等。

（一）法学论文写作资料的基本分类

为了科学、高效地收集写作所需要的材料，有必要对资料进行分类，以从不同侧面解释资料的价值和要求。

1. 直接资料和间接资料

按照资料的收集方式不同，可以把资料分为直接资料和间接资料。

直接资料，在狭义上，是指研究者亲自参加社会实践活动而获得的材料，如通过自己的经验观察、社会调查等方式收集到的资料。广义上，也包括论文的写作者亲自阅读过的事实或他人的观念。换言之，写作者与对象载体——专著、期刊等著作权人——直接对话。这里取广义。

直接资料比较直观、具体、真实、丰富、生动。例如，某作者是价格监管部门的工作人员，某年某市共收到价格举报 254 件，价格投诉 233 件。该年内，收到因价格投诉引发的行政复议案 4 件，均集中于对基层价格监督检查局受理及处理价格投诉的异议。当年，收到价格举报 536 件，价格投诉 335 件。这些资料都属于直接资料。直接资料属于第一手资料。

间接资料，是研究者通过阅读文献、书籍、报章杂志等方式所获得的材料。这类资料是第二手材料，如经过别人加工整理后公布的司法统计分析材料、报刊上登载的典型个案分析、资料综述等。再如威廉姆森的《反托拉斯经济学》中援引了波斯纳的观点，我们从威廉姆森那里援引波斯纳的观点，此时，波斯纳的观点便属于第二手资料。

在法学论文写作中，要综述前人的观点、研究现状，需要阅读相关论文和科研著作；要批驳某种观点就需要仔细查对原文，弄清原观点的具体表述场景；要论证某种论点而引述他人的论述也需查看原文；等等。这些场合均应当用第一手资料。禁止或限制使用第二手资料，其原因是信息传递主体有理解、甄别等认识过程，故环节越多，信息失真的危险越大。

2. 选题性资料、论证性资料和辅佐性资料

按照资料收集与论文写作的关系，可以将资料分为选题性资

料、论证性材料和辅佐性资料。

（1）选题性资料

研究生开题时，老师常会问，"关于这个选题，都有谁写了，写到什么程度了，你写的和他们有什么区别？"这涉及选题性资料。它涉及某领域研究状况，用以判断是否还有进一步研究的空间，或可进一步研究的视角是什么等。因服务于找到论文的选题，这种分类的资料涉及的范围相对较宽，也可以说其指向的是论文资料综述中展开的内容。选题性资料的特点是：其一，无直接的指向性。如果所占有的资料和已发表的论文基本一样，那么，选题的新颖性会受到质疑。其二，需要剥离、过滤和加工。选题性资料只是提供给作者宏观性的研究背景和初步的研究路径与线索，并不一定是写作论文时实际需要的资料。在论文的写作中是否有利用价值，还要看作者在论文写作时的具体情况来确定。其三，资料的分解、重组与补充。后写的题目常常会礼让已有的选题。这里的礼让包括缩小、视角转换等。因为只有找到可进一步研究的问题且有一定的资料才可以确定选题。这也可能使之前收集的许多资料都不能满足论证的需要。

选题性资料可以泛读的方式查找。这种拉大网似的资料，它的功能在于：先划定论题范围及初步评估论题在所属学科的研究程度和研究状态。了解该论题的研究状态后，才能进一步确定深入研究的起点和方向。通常，通过收集有关材料将选题范围进一步缩小为研究的具体问题。这种判断只有准确地了解该选题的研究状况，才容易发现论题还存在哪些需要进一步研究的问题，以便找到突破口，深化该论题的研究。所以，选题性资料是验证意向性论题有无继续进行下去的必要和可能，有助于最终作出决定。

（2）论证性资料

论证性资料，一般是指论题确定以后，为构思、写作论文而收集的资料，这些材料是完成论文写作所需要的。在论文写作中，资料的指向性相对明确：哪部分资料服务于哪部分写作，作立论还是驳论等。

论证性资料的收集，一般围绕着论文分论点的写作来查找和运用。在顺序上，一种情况是已有的资料能够满足论证的需要，运用好已有的资料即可实现论证的目的；另一种情况是在论证中发现资料不凑手，导致思路受阻或思路中断，且这种受阻或中断直接影响论文主题的成立，此时，只能进一步补充资料。常常出现的情形是，论证性资料的运用和收集会随着写作进度不断交替进行，甚至写作完成，修订论文时仍可能继续。之所以如此，是因为论文选题中的资料和写作资料很难完全匹配。在要求上，前者相对较"粗"，后者相对较"细"。资料的针对性越强对观点的支撑性越明确。另外，论文不是标准化配件的组合物，在生产线上一次组装成功。论文在修订中变得更加精致。修订中论文可能发现论证不充分或论证偏离了主线，完成修订工作同样需要充分论证性资料的保障。

（3）辅佐性资料

辅佐性资料是在论文写作过程中，为解决个别性问题而收集的材料，这些材料的运用虽然不会对论文的核心观念产生根本性的、实质性的影响——缺少之，则难以成立，或使用之，才能得出相关结论——但是，恰当的使用会开拓论证的视野，增强论证的厚度，甚至可以改进论证意境。

辅佐性资料的加入是为了提升语言的效率。任何一种语言都存在传播效率的问题，包括机器语言、日常生活语言和专业语言。例如，在计算机程序语言中，由于单片机的开发应用逐渐引入了高级语言。其中高级语言具有良好的模块化、容易阅读和维护、有很好的可移植性等功能。[1]

论文的写作是为了传播思想观念，不是为激发自身的禅意或得到个体性的特殊心灵体验，所以，只有在传播效率达成的情况下，论文的语言价值才会体现出来。在论文语言价值发挥的效率上，存在语言能力上的差别。后文详解。

一般来说，在细枝末节上的论证可以体现论证的细腻，但仅是在基本论证无问题的基础上才存在升华论证。例如，关于卡特尔生成的问题，一般是以成本分析、博弈分析为基础，这是基本研究视角。在此基础上如果进一步考察卡特尔生成的社会条件，是经济发展的上升阶段还是下降阶段更容易出现？以查找到相关事实或数据证明卡特尔与经济发展的关系，则可以进一步细化卡特尔的特殊性。再如，关于广告代言人的法律责任，建立在广告（包括互联网广告）自身的基本特性基础上，还可以从广告心理学的角度分析相关结论。

3. 理论资料、事实资料和法律文本资料

按照资料内容性质的不同，可以把资料区分为如下三种：

（1）理论资料

凡资料的内容是记载理论成果——概念、学说、方法等，反映人们关于法律的观点、理论主张等方面的资料，都属于理论资料。一个观点的提出，离不开已有的观点，包括已有观点的不足和对已有观点的改进。尼采接受了叔本华悲观主义的前提，批判性地得出了完全相反的结论，认为生命不是无意义的，而是一种强力意志。

---

[1] 谢云主编：《单片微型计算机原理及应用》，北京理工大学出版社 2018 年版，第 90 页。

在法学研究资料中，理论资料的表现形态很丰富，包括但不限于法学类专著、论文中作者的观点，其他学科中的概念、原理、观点同样可以服务于法学研究。这类资料的特征是以资料所承载的思想、理论、观点来发挥作用的。其服务功能既作用于选题阶段、写作开始时的资料综述，也需要在论文正文写作中发挥载体作用。通常，论文结论的得出不需要理论资料，但余论型结论除外。

（2）事实资料

事实资料是指以实证方法获得或经证明情况属实的以客观性为基本特性的一类材料。法律解决事实与规范之间的关系，事实资料以所承载的立法、司法和执法领域的客观事实为基础。法学论文是为立法、司法和执法服务的，言之有据，才能言之有理。这里的"据"包括事实依据。即使是针对观念、原则、方法等进行创新的纯理论性选题，其论证及结论也离不开社会实践，只是其建立在间接事实的基础上。建立在一种想象关系的基础上的论证，其结论的实践价值将大打折扣。

事实性资料主要包括三类：一是案件事实。如判决书中的事实部分，广义上包括证据。二是事件。如被新闻媒体报道的纠纷，但没有进入法律质证程序的基本事实。三是实证性材料。常见的形式是相关机构、社会团体公布的有关问题的报告、统计数据。如立法机关向社会公众颁布的立法资料、司法机关的年度总结报告、社会科学研究机构调查收集的调查资料、科研工作者通过调查访问收集到的资料等。

事实性资料直接来自社会实践，具有真实性和基础性，以此为基础进行论证，可以增强论文论题的实践意义和结论的经验性。

（3）法律文本资料

这是法学论文在资料上的特殊类别。法律文本资料包括本国、外国、地区或国际组织制定和发布的规范性文件。形式上包括国际公约、条约，一国内的法律、法规、其他规范性文件。从研究的角度看，法律资料不限于现行有效的法律文本，已经废止的或征求意见的草案都具有重要的资料价值。

不得不承认，还有些资料无法纳入上述分类中，如词典或其他工具书。这是在定义中可能需要的辅助资料。当然，一般情况下，法律上的定义不同于词典或字典中的定义，其有自己的语境和意义确定方式。同时，也只有存在争议的语词才需要特别解释。故此类资料的援引相对较少。另外，在一些政论性文章中援引的领导讲话也应当单列一类。相比较而言，上述三类资料是最常见但不是全部的资料类型。

（二）类别资料的基本要求

收集法学论文写作资料与收集文学创作资料不同，后者可以是体验性地、全景式地、百科全书式地采集资料，如一张图片、一首歌……只要有所触动并有感而发即可成为资料。法学论文写作是以一定的写作方向、目标来阐发和论证法学论点的实用性写作，这决定了法学论文写作资料的收集有自身的特点。

俗语讲"巧妇难为无米之炊"。从事法学论文写作，应该遵从其特点和规律去采集资料。法学论文的说理性、创新性、实用性的特点决定了作者在收集写作资料时，需满足全面、权威、真实、新颖的基本要求。

1. 全面

王维有诗云："行到水穷处，坐看云起时。"如果收集到的资料具有"全面"性，写作者便可以有居高临下的感觉。

所谓全面，就是围绕着写作的论题骨架相关的主要材料都已齐备，基本没有疏漏。申言之，如果收集理论资料，其范围是相关论题的主要著作、论文、基本法律文献等，上述资料包括中国的，也包括外国的。这是因为经济发展的程度不同，法律制定的先后不同，彼此间可能有一定的借鉴意义，包括在某些方面有一定的启示意义。

当然，上述所谓"全"是相对的，不是穷尽所有，也不需要面面俱到。所谓"主要"，是以大纲的基本范围为中心，尤其是支持作者论题的代表性观点和支撑作者得出结论的相关资料已齐备。

以写一篇题为"论反垄断法中的消费者问题"的论文为例，至少要收集下列相关资料：中国消费者权益保护法上消费者的定义；中国反垄断法上关于消费者的规定；有关反垄断案例中涉及消费者表述的案件资料及涉及的问题；有关消费者的中国反垄断法方面的论著、论文等理论成果；有关国外的反垄断法规范和著作中的消费者研究的资料。

在上述类型资料中，还需要有涉及作者主要观点或分论点的资料内容，才有可能展开大纲，得出创新性的结论。

2. 权威

权威是具有重大的或较大社会影响力的作品及其思想。"权力意志并不能使权力变成权威，能够使权力变成权威的真正主体力量是权力者的才能、专长、品格。权力者的才德并举，才是使权力变成权威的主体动力力量。"[1] 法学研究中的资料权威和政治学上的权威含义不同，后者以权力及其层级为基础，前者以观点的影响力为基础。近年来，不同的评价主体和不同视角让资料权威的评价标准有分散化的趋势。例如，有人认为，以学术期刊的影响力；有人认为以学者的影响力；还有人认为依据被研究者引用频度较高的研

---

〔1〕 唐代兴：《生境伦理的实践方向》，上海三联书店 2015 年版，第 251 页。

究文献。资料权威应当分类认定，例如，有关统计数据，国家统计局发布的数据应该比报刊登载的数据权威；法院判决书中的事实应当比新闻稿中描述的事实权威；专业学术刊物上的研究文献比非专业研究文献上的文章权威性更高。

权威性要求是论文严谨性和层次性的保障，基于一般材料得出的结论可能会偏离论文的基本要求。俗语说，方便面就是方便食品，其基本功能是方便，不会吃出情怀和营养。同形同理。

3. 真实

真实是指所收集的资料是原本的、客观的而不是断章取义的、虚构的。资料"真实"，才能从中提炼出正确的结论，歪曲了资料原作者的本意，这种在研究上的不严谨必然出现论证逻辑和相关结论上的不一致。具体而言，"真实"包括如下含义：其一，有关的事件是真实的，有关案例的情节是真实的。其二，理论资料中概括的观点是作者的本意，或在摘录、引述他人的观点时，没有断章取义。其三，回到原语境——第一手资料的出处，避免张冠李戴，以偏概全，或"掐头去尾"地选择对己有用的资料而不顾及材料的完整性。

4. 新颖

所谓"新颖"包括很多含义：其一，发布的时间比较晚或年代较近的研究文献。这是一种间接的标准，其直接目的是想以此标出最新研究成果。当然，这种判断建立在新文献都是创新性文献的基础上。对于法律资料，如一些规范文件，如果进行了修正，则修正的部分一定是新的。对于事实资料，同类性质的不同判决，其认定思路也是最新的。此类"新"较容易把握。很大程度上，理论资料不存在保质期问题。其二，没有人用过或少有人用过。一个理论资料如果被大量重复性使用，即使很经典，也算不上新颖了。例如，在论证横向垄断协议时，亚当·斯密在《国富论》一书中的生动表述常被引用："同一行业的人们很少聚在一起，甚至也不会一道进行娱乐和消遣；但他们一旦聚集在一起，他们所交谈的内容便是商讨如何对付消费者，或者以某些提价的花招为结局。"事实上，这一说法已经很不符合现实状况了，企业家俱乐部或者行业协会是现代管理或行业自治性管理的重要形式。当然，这一表述不排除跨学科适用，如果适用在其他学科上或许仍旧是"新的"。同理，如符号学的原语境是语言学，但很少有人将其用在法学上，所以，"重复性"资料转语境适用时仍然不失为"新"。

三、资料能力

汉朝的王充在《论衡·超奇篇》中说："……著书表文，博通所能用之者也。入山见木，长短无所不知；入野见草，大小无所不识。然而不能伐木以作室屋，采草以和方药，此知草木所不能用也。夫通人览见广博，不能掇以论说，此为匮生书主人，孔子所谓'诵《诗》三百，授之以政不达'者也，与彼草木不能伐采，一实也。"古语也有"工欲善其事，必先利其器"。这些讲的都是工巧之技能。

法学研究的实践证明，很大程度上，法学论文的质量取决于资料准备的程度，资料准备得愈切实、充分，论文写作就愈充实，论文的质量就可能愈高。因此，重视论文资料的收集和运用，是写好法学论文的一个基础性工作。从资料收集到运用需在资料上施以不同的技能。在此，将这些技能称为资料能力。

（一）资料能力的主要方面

论文资料的查找先要搭建论文结构的基本框架，然后靠专业能力（眼力）抓取主要框架的材料。资料能力包括资料的查找、鉴别、加工和价值挖掘等方面的能力。

1. 资料的查找

这里的查找不同于上述"收集",查找是有目的的搜寻;后者是无目的的平时的积累及其形成的习惯。资料查找之所以被称为能力,是因为查找过程也包含一定的技术,但没有资料的加工等技术性那么强。资料查找能力包括资料定位、查找方法的运用。

(1)资料查找的特性

有明确的目标也是查找法学论文资料的一个基本要求。所谓目标,是按照论文写作的内容要求收集有关资料。与平时的学习、积累资料方式不同,查找论文写作资料的目的性包括如下方面:

第一,出发点的目的性。写作的基本目标是得出自己的结论,阅读他人的著述、研读他人的论文是必经的过程。电子化收集的材料浩如烟海,如果没有明确的目标,就会淹没在材料的海洋中,失去收集材料的方向。

第二,基于目的性的目标性。不同于划定选题,资料查找是在选题确定之后为得出自己的观念而提供佐证。如打开某一个问题的解决思路,需要找到代表性观点、不同观点的差异、差异的理由等。有目的查找的前提是有目标,从有目的到有目标涉及方法和方法的运用。目标对象的选择上还涉及对象范围,即查找资料的范围。有目标的资料查找,在阅读过程中还需要迸发出观念的灵感。

第三,有时间上的迫力。资料的查找发生在写作过程中,具有补充论文写作前资料不足的特性。通常,写作中的资料收集是一个必经的过程,因为之前所收集的资料,由于指向性不明确或不够具体,在写作中不一定派得上用场。另外,即使之前的资料能够适用,也还可能需要加入辅佐性资料。影响观点得出的资料不够,可能导致写作中断。此时的资料收集具有时间迫力。

第四，资料的查找包括资料的扩展查找和跨越查找。前者只查找与主题相关的资料。例如，在研究价格歧视问题时除了查阅法律条文上的解释，还可以适当查阅产业经济学上对价格歧视的分析和解释。跨越查找是跨出了某专题范围跳转到另外一个主题上，且这一主题有利于证成、得出结论。例如，论证反垄断法的域外效力的时候，可以从国际公法上的主权冲突的角度加以分析。再如，论证垄断协议的时候，也可以从合同的角度进行深入的分解。研究中使用的资料通常是以一个观念为中心串联起来的多个资料的集合体，不限于本学科。

（2）查找资料的方法

在目标确定后，需要按照目标确定的方向和范围找资料，包括纸质的专著和期刊论文，也包括网络平台上的电子资料。查找资料需要运用恰当的方法。常用的查资料的方法有两种。

一种方法是布尔检索法——设置关键词。通过标题与关键词来寻找目标对象。例如，查马克思提出的关于资本的概念、关于商品的概念。这种查阅需要目标和关键词之间已建立紧密的联系，指向明确、标表清楚。有的时候一个问题有多种术语，例如，冷静期制度，也被称为反悔权、七天无理由退货等。在德国，这个制度又叫撤销权。所以，查找时还需要使用与关键词相近的周边的词汇，才可能找到目标资料。不能点对点式地直奔主题，只能进行拉网式的检索。对于第一种形式的资料查找需要查阅人对资料所包含的主题具有高度的敏感性。

另一种方法是回溯本源的方法，即从他人成果的注释中找到资料的目标和路径。这种回到原初的方法既避免了引用二手资料，也可以在阅读的基础上评判他人成果中对资料的理解和引用是否正确，还可以在此基础上进行扩展阅读。

2. 资料的鉴别

在文学阅读中，一个词语或者一句名言隽语给读者留下深刻的印象，是因为它表达出了读者想表达而不知道如何表达的含义；也可能是一个有趣的事实被读者记住，而记住的理由可能是想要以后把这个事实讲给他人听，道理大致是相同的。社会科学的阅读有时会给读者以醍醐灌顶的感觉，其原因可能是一个观点或论证瞬间打通了读者一直无法理解的某个观点的要塞，使其豁然开朗。

按照查找目标和方法呈现出来的电子资料，需要对其快速浏览，判断是否有必要存储，或投注时间与精力仔细阅读。如果不能鉴别资料的价值就如同进了十里河的古玩市场——所见都是古玩，个个都有价值。

有些文献是与自己将研究的主题高度相关的核心文献，但也可能是重复性研究的资料，或者是相关度较低的外围文献。如此，需要将文献区分为高度相关、相关与不相关。

一部专门讲拯救古民居的纪录片中提到，一群年轻的艺术家到古徽州地区评估有拯救价值的民居，根据形制要求去木材市场找材料，木材厂里的材料基本都是统一规格的型材，这里可选的材料反倒不如附近农村家柴火垛中的丰富。在百姓家的木头堆里，艺术家们很快找到了可以做榫卯的木头、做斗拱的材料、做顺檩的长杆等。认识修复的目标和框架是选择材料的基础，同时，材料的鉴别能力也不可缺少。简而言之，材料鉴别就是材料在结构上和功能上的归位。论文写作中资料的鉴别与此相同。至于如何判断是否相关及相关度，阅读资料不会自我显现出来资料对某一命题可能具有的价值，只有阅读者投之以一定的分析、鉴别，才可能把握其价值。这个过程中能力的体现：由此及彼。"理解不是把自己投进文本；它是从领会提出的世界中接受一个扩大的自我，这些世界是解释的真正对象。"[1] 这是一个被"唤醒"的过程。

什么样的材料具有这样的潜质呢，这需要一个"召唤结构"。"召唤结构"源于文本思想的确定性和意义的发散性，作者在阅读中产生了参与到作品中与作者交锋的冲动和质问的问题。这种冲动使读者的不确定性被唤醒。唤醒就是以文本为基础但以超越文本的读者心理表达为实现过程。一个文本包括"召唤结构"并不意味着其能唤醒每个读者。读者能否被唤醒，和一部作品的生命与作品中的唤醒空间的大小有关，更重要的是和读者本人的唤醒机制不同有关。能否被唤醒是一个复杂的动态过程。读者的知识基础、观念的活跃度、与文本本身属性的关系等构成了读者思想观念的"唤醒结构"。如果已有观念的活跃度不够，则与文本思想的碰撞中不会产生活力，即唤不醒。"唤醒结构"为"文本属性—观念活跃—新观念"。"唤醒结构"意味着读者不是被动的。阅读主体的主观能动性的程度直接决定观念再造的可能性和可能达到的高度。

3. 资料的加工

资料的加工，不是编年史或叙述性地记录事件（评述性论文除外），如同法律定义的产品不是物品一样，资料的加工是改变原材料的性状的制作过程。南朝刘勰的《文心雕龙·事类》中有言："夫山木为良匠所度，经书为文士所择，木美而定于斧斤，事美而制于刀笔，研思之士，无惭匠石矣。"良匠所具有的能力是选择对象，斧斤以加工。其过程在于研思。

鲁迅先生在《欣慰的纪念》一文中曾说"我好像是一头牛，吃的是草，挤出的是奶、血"，这句话原本是赞扬牛（人）的奉献精神，形容一个人索取很少，但奉献很多，为他人、为社会、为民

---

[1] 张汝伦：《现代西方哲学纲要》，上海人民出版社 2016 年版，第 403 页。

族国家做了很多贡献。对于写作者而言，所有的资料都是"草"，要做的是把它吃下去、消化掉，转化成自己的有用的东西，而且转换出来的东西远比"草"更加有营养。这是一种功夫和能力。

在存储量和计算能力上，人脑逊色于计算机。但在以资料为基础生成新思想的能力上，计算机无法和人脑匹比。高度智能化的ChatGPT，其知识的调取能力是惊人的。但如果托付它写篇论文，或许在论文的辅助内容，如摘要、关键词、注释，参考文献等方面可以合格完成。就论文的正文，它只能算一个"帮厨"。限于其以分析为基础的工作模式，它能完成的工作无外乎将土豆削皮，切成土豆块，将土豆块切成土豆丝，将土豆丝切成土豆丁而已，很难作出一道合格的"菜"。

论文的核心是观点及其论证。即使让ChatGPT不断地修改，也很难完成将资料上升为观点的质的改变，况且新观点还需要建立在充分论证的基础上。所以，用AI写作的论文是否算学术不端，这个问题是个假问题，因为ChatGPT处理后的信息还不能算一篇论文。作为一种辅助工具，ChatGPT只能在已有的知识基础上进行形式逻辑的表达，形式逻辑解决的是思想的表达问题，不是思想本身，也不能产生新思想。

对资料加工的最基本的方法是分析和综合。

（1）对资料的分析

可以分为如下三种情况分别处理资料：

第一，如果待加工的对象是事实，则需要找出其特点、关系、原因、引出的问题等。一个案件包括被法院认定的事实和没有被认定的事实。案件的审理以被认定的事实为基础，分析它的法律关系，以及这种关系与法律规定的对应性。立法过程本身从内容上看，是思想变化的过程，本质上是法律条文所指向的对象发生了改变。对于法律条文的变化过程同样要揭示事实背后的特殊性、价值等，否则仍旧停留在无"我"的事实资料属性上。

例如，一篇论文中，引用了如下资料：

"《日本公司法典》自 2005 年 7 月 26 日颁布，2006 年 5 月 1 日施行以来，为配合其他法律、法规的制定或者修改已进行过若干次必要的修正。比如，根据 2006 年法律第 50 号、第 66 号、第 109 号，2007 年法律第 47 号、第 99 号，2008 年法律第 65 号，2009 年法律第 29 号、第 58 号、第 74 号，2011 年法律第 53 号，2012 年法律第 16 号以及 2013 年法律第 45 号等所进行的修改就属于这类修正。举例来说，为配合 2006 年日本新《信托法》的制定颁布，根据该法配套法调整法案（2006 年法律第 109 号）的要求，《日本公司法典》第一编第 2 章第 3 节（股份转让等）之下增设一分节，即第 4 分节（属于信托财产股份的对抗要件等），并增设第 154 条之 2，共设四款。其第 1 款规定，股份，若不在股东名册中记载或者记录该股份属于信托财产之意，该股份不得以属于信托财产而对抗股份公司及其他第三人。其第 2 款规定，第 121 条第 1 项所规定的股东，其所持有股份属于信托财产时，可向股份公司请求将该意旨记载或者记录于股东名册。其第 3 款规定，在股东名册中已进行前款所规定的记载或者记录时，就适用第 122 条第 1 款及第 132 条的规定，将第 122 条第 1 款中的'所记录的股东名册记载事项'改为'所记录的股东名册记载事项（含该股东所持有股份属于信托财产之意）'，将第 132 条中的'股东名册记载事项'改为……"

引用上述资料意欲说明的是：①《日本公司法典》不断修改完善；②从完善内容的质量上看，"本次修改（2014 年修改）属于公司法的第一次正式修改"。应当说，第一个结论似乎无需证明，也没有特别大的意义。因为任何一部法律均需要不断修改完善。第二个结论需要更加细致地对比才能得出"质"的变化。从上述资料和结论之间的关联性看，资料的加工不够，得出的结论也不完全来自于资料。

第二，如果待加工对象是法律概念或待展开命题（判断），需要对概念或命题进行解析。

就法律分析而言，如《消费者权益保护法》第 2 条规定："消费者为生活消费需要购买、使用商品或者接受服务，其权益受本法保护……"这里，什么是"生活消费需要"？在分析中，核心概念是"生活消费"。这个概念的内涵和外延决定消费者权益保护法的适用范围。从概念的对应语词角度，与其相对的是"生产消费"。在概念运用语境上看，经济学上有"生产者""消费者"。另外，美国社会心理学家马斯洛提出人的需求层次结构，包括人类需求的五级模型，通常被描绘成金字塔内的等级。如果将马斯洛的心理需求理论结合到法律上，上述法条的"生活消费"涵盖几个层次？再如，《最高人民法院关于审理不正当竞争民事案件应用法律若干问题的解释》（2007 年）曾规定"反向工程"定义，"是指通过技术手段对从公开渠道取得的产品进行拆卸、测绘、分析等而获得该产品的有关技术信息"。由于反向工程具有对抗侵权的抗辩效力，那么，这个概念中的如下语词需要进一步解释：公开渠道、取得、产品。尤其是"取得"，其权利属性是什么？买卖、租赁、非法占有等都是取得，这些不同的"取得"对反向工程法律后果的影响是什么？这些内容只能通过分析分别得出。

第三，如果引用的是理论资料，需要"借他人酒杯，浇自己胸中之块垒"。例如，一篇关于民族自治地方立法问题的文章，作者分别指出了学者的观点，表述为：某甲提出"正确处理好民族政策与民族立法之间的关系"。某乙认为"制定完整的民族法规体系的环境尚不完全具备"。某丙认为"民族自治地方政府自治权是民族区域自治权的载体和核心"。某丁提出"要不断促进民族自治地方依法行政"。某戊提出"自治条例和单行条例是通往自治的桥梁"。某己提出"民族区域自治法制是自治权的重要保障"。最后作者得出：

> "在全面推进依法治国背景下，民族自治地方如何实现依法自治、完
> 善民族事务治理法治化的水平、加强法治政府建设力度，是当前亟待解
> 决的重要问题。"

这里，资料和结论之间明显脱节。没有分析形成自己的认识并
将上述观念粘合到一起，得出的结论也难以令人信服。

不论是事实资料、法律资料还是理论资料，都需要加工之后再
用。以分析方式加工资料就是析出资料内里的东西，以观念覆盖资
料，见不到事实的陈述或事件的叙述。

（2）对资料进行综合

对于一个复杂的法律条文（命题体系或命题系统），除了进行
分析外，更需要综合。例如，《消费者权益保护法》第 25 条规定的
冷静期制度，"经营者采用网络、电视、电话、邮购等方式"中这
些方式的特点和属性如何归纳，会影响条文中兜底性的符号——
"等"的开放程度。例如，预付费消费是否适用冷静期？

综合方法是对分散、庞杂的资料进行加工的常用方法。资料的
初级综合是概括其特点。例如，一篇论文的某章的标题是"我国竞
业限制违约金立法现状"，从标题本身看，这是就事实状况的归纳。
但如果仅仅写立法的历史变化，则偏离了论文的思想主线。倘若将
标题改为"我国竞业限制违约金制度的特殊性"，则有了明显的倾
向性，也需要对历史资料进行初步的归纳和总结。当然，也还存在
如何概括特点的问题。如上述标题下，将特点概括为"时间较晚"
等，则这种概括结论的价值相对较小。

事实资料的法律分析是一种涵摄关系，本质上是以归纳方法得
出的。在法律资料中，违法行为由诸多标准综合认定或者一类行为
有诸多种表现形式等，对这类展开的纷杂、形态多样的法律文本资
料的最直接的加工方法是综合。例如，《反垄断法》第 17 条关于滥

用市场支配地位的行为，共列举了 6 种。对此，在研究上可以按照一定的标准进行归纳，如可以分为价格滥用和非价格滥用、剥削型滥用和掠夺性滥用等。

如何选取分类标准，取决于论证的需要。通常，一般性分类，如按照时间、地域等分类揭示的价值往往较低。如对于网络平台的限制交易手段的多种样态，有论文以交易规则的限制性为基础将行为模式分为三种：强迫型、利诱型以及合意型。这种划分很直观地揭示了行为的危险性。这种方法也可以适用于大段的文字，且其化繁为简，提纲挈领的效果会更突出。例如，《消费者权益保护法》第 25 条采取列举的方法规定了冷静期制度的适用除外：①消费者定作的；②鲜活易腐的；③在线下载或者消费者拆封的音像制品、计算机软件等数字化商品；④交付的报纸、期刊。此外，由于无法列举全面，又补充规定了："除前款所列商品外，其他根据商品性质并经消费者在购买时确认不宜退货的商品，不适用无理由退货。"另市场监管部门发布的《网络购买商品七日无理由退货暂行办法》第 7 条规定："下列性质的商品经消费者在购买时确认，可以不适用七日无理由退货规定：（一）拆封后易影响人身安全或者生命健康的商品，或者拆封后易导致商品品质发生改变的商品；（二）一经激活或者试用后价值贬损较大的商品；（三）销售时已明示的临近保质期的商品、有瑕疵的商品。"将三者结合，可以将冷静期除外制度分成三类：法定不适用、意定不适用、兜底性不适用。

4. 资料价值的挖掘

冯友兰先生对哲学发展和哲学史的关系有两种不同的态度和方法："照着讲"和"接着讲"。冯先生认为，对于哲学史而言，应当是"照着讲"，亚里士多德是怎样讲的、黑格尔的观念是什么等需要原原本本地讲出来。但是，哲学的发展不能只是照着讲，还要

"接着讲"，就是在前人哲学思想的基础上进行观念创新和发展。由此，哲学家不是哲学史家。"接着讲"，就是在资料的基础上"于无字处见文章"。

如果"接着讲"，讲什么、怎么讲？清代郑板桥曾有"书从疑处翻成悟，文到穷时自有神"。意谓：读书遇到的疑难处恰是觉悟的开始，读文章不但能知其理，还能有醒悟之处，沿着觉醒后发现的思路便可能步入一个新的境界。

一个资料内含的价值是多元的，可以从不同的角度进行挖掘。一个规范性法律条文往往包含假定、处理、制裁，就某个特定主题的分析，通常只针对一个条文的一个点，而不可能全面用力。以《消费者权益保护法》第 25 条为例，包括无理由退货的适用条件——"经营者采用网络、电视、电话、邮购等方式销售商品"，权利内容——"消费者有权自收到商品之日起七日内退货，且无需说明理由"，适用除外，上文已述。适用条件中又有列举和兜底。每一个部分都是一个问题点，且每一个问题点还可以进一步细分。如果探讨适用范围，则后面的部分就没有必要列入正文中，只截取符合条件的内容即可。所以，一个资料往往提供多个视角观察的可能及其价值，基于问题讨论所立足的视角，其他部分便是多余的信息。

上文"资料加工"仅仅是粗加工，论述中通常需要在粗加工的基础上深入分析，以穷其理。还以冷静期制度适用除外为例，在上文已经分为三类的基础上，试再行分析如下：①除外条款的出现，意味着消费者权益保护法中的二元论思想的建立，即消费者权益保护法不仅保护消费者利益，特殊情况下也保护经营者利益。②这改变了消费者权益保护法只是保护消费者利益的旧有观念。本质上，法定适用除外是倾向性保护经营者利益的特殊情况。③之所以说是"特殊"，是因为消费者权益保护法的基础是保护消费者利益，而不是经营者利益。④"特殊性"在于不适用七天无理由退货是经营者权利。⑤产生这种特殊性的基础是商品性质。广义上，商品的性质包括商品的物理性质、化学性质、机械性质、生物学性质等。⑥由于商品性质本身具有高度的扩展性和不确定性，立法者难以根据不同的性质分门别类列举出具有"特殊性"的情形，于是采取了一个兜底的方式。⑦兜底性不适用是站在保护消费者利益的立场上的，不能由经营者随意扩大不适用的范围而任意设置限定条件，压缩七天无理由退货的适用空间，也不能不顾及经营商品的特殊性而滥用消费者权利，损及经营者的利益。

　　论文中，案例如何合理使用也涉及资料价值的挖掘。一般，正文中援引案例的目的是引出问题，包括作为论题的问题、作为认定标准的问题，说理的问题等。如果不是用来引出问题，而是证明一个观念，则该观念的创新就减弱了。由此，引入案件的价值也减弱了。如一篇探讨数据不正当竞争认定标准的论文中有这样的表述："经营者的数据使用行为还应当遵从'最少、必要'原则。这一原则最初来自于'大众点评诉百度'案，根据该案的观点，'最少、必要'原则意味着其他经营者在使用数据时，应当采取对数据收集者损害最小的方式。例如，百度为了提升自身的用户体验，可以有限地使用大众点评网的信息，且不将评论内容全文呈现，而非大量抓取信息并进行全文展示"。如果从问题的角度使用案例，则会呈现另一种境况，试体会其差异："大众点评诉百度"案首次提出了"最少、必要"原则。但该案没有明确"最少、必要"原则是两个要件构成的一个原则，还是可以分开运用的三个原则："最少原则""必要原则""最少、必要原则"。事实上，应该不只是一个原则。例如，百度为了提升自身的用户体验，可以有限地使用大众点评网的信息，且不将评论内容全文呈现，而非大量抓取信息并进行全文展示，这是"最少原则"的运用。

禅语讲：当你迷时，那山是山，那水是水。当你悟时，那山还是山，水还是水。两者的不同在于心理结构，后者已经从山水中悟出自己的东西。恰如泰戈尔所言的"天空没有留下鸟的翅膀，但我已飞过"。意味着，"书本上没有留下我的名字，但我的记忆曾驻足过，我的思想曾由此飞翔"。

资料价值的挖掘，首先需要在资料的阅读中保有适度的距离。一是使文本与它最初的语境保持距离。这样，文本的意义就有了可对比性，在新的语境中重新观察观念的价值。利科把这种重新实现叫作"占用"，"占用"在这里的意思就是使异己的东西成为自己的东西。二是读者与作者保持适度的距离。阅读的基本工作是实现文本的意义，研究性阅读需要跳出文本，产生新的意义。在阅读过程中，读者经历的是胡塞尔讲的自由想象的变更，自我被大大丰富和扩大的过程。"理解不是把自己投进文本；它是从领会提出的世界中接受一个扩大的自我，这些世界是解释的真正对象。"一份资料的可读性的标准在于读者被文本改变的潜力有多大。

若没有对资料进行价值挖掘，则会有浓重的资料痕迹，俗称"堆资料"。例如，一篇讨论反恐的专门立法模式的论文，进行如下表述：

> "多数东盟国家针对反恐特定领域制定单行法。一是，在反恐怖主义融资领域。印尼 2013 年通过第 9 号法案《防范与制止恐怖主义融资法》，该法允许相关执法部门冻结和没收涉嫌恐怖主义融资的资产。由于印尼没有独立的专门针对犯罪所得及其收益没收的法律，因此对恐怖主义融资所涉及资产的冻结和没收主要是根据《防范与制止恐怖主义融资法》《反洗钱法》[1] 和《刑事诉讼法》等相关法律。泰国于 2003 年 8 月对《反洗钱法》进行修改，增加恐怖主义犯罪作为洗钱犯罪的上游犯罪，又

---

[1] 《反洗钱法》的前身是 2002 年第 15 号法案《关注洗钱犯罪法》，经 2003 年第 25 号法案修改为《反洗钱法》，再于 2010 年第 8 号法案修正。

于 2013 年出台《防范与制止恐怖主义融资法》，定义恐怖主义融资并规定防范与打击恐怖主义融资的措施。柬埔寨《反洗钱与反恐怖主义融资法》《反洗钱与反恐怖主义融资条例》以及《银行与金融机构法》是关于洗钱和恐怖主义融资的法律。二是，其他反恐特别领域立法。新加坡虽然未出台综合性的反恐法律，但是针对反恐重点领域分别颁布《反恐怖主义（制止爆炸）法》《反恐怖主义（制止资助）法》和《联合国（反恐怖主义措施）条例》等三部重要的专门反恐法律。又如，印尼政府深刻认识到'伊斯兰国'组织和恐怖主义分子回流的严重威胁，正在考虑修改《反恐怖主义法》或者出台新的法案以更有效地调查和起诉前往国外加入外国恐怖主义组织或向外国恐怖主义组织提供支持的印尼公民。再如，针对外国恐怖主义分子和组织以及对外国恐怖主义势力的本土支持者，马来西亚国会于 2015 年通过《反境外恐怖主义特别措施法》。"

上述结论可以基于一般法学理论得出，不需要这些事实资料进行证明。换言之，如此详细的列举，就需要揭示其特别的意义，若没有其他的意义，则简单列举或不列举、直接表达然后注释一下即可。

小结

从本科到研究生论文写作的过程始于资料，从阅读资料到驾驭资料是一个"无可非议""似是而非""大是大非""仍可厚非""面目全非"的过程。

刚开始阅读，由于本科阶段以知识学习为主，学生认识能力有限，对有限阅读的文章提不出针对性的问题。另外，限于掌握知识的认识视角，阅读时很容易对文章中的观点全盘接受（"无可非议"）。但随着阅读范围的扩大，了解观点增多，对观念之间可能存在的矛盾又会觉得无所适从，这便进入了"似是而非"的认识模糊阶段。认识障碍来自对论证的过程和资料运用的合理性分析不够。如果比较分析的路径和论证的基础，便可以发现并不是每一种观念都值得信赖。这时候就进入一种"大是大非"的境界。此时已步入研究阶段。进一步发现新问题、弥补已有观点的不足、找到新的论证资料、提出改进方法等进行再创新，则进入了更高的阶段——"仍可厚非"。这是最难的阶段，能够提出问题一定是站得更高，同时也是起于对细节的关注。"魔鬼都在细节里""天使也在细节里"。再创造是在细节上长出的新枝，也是批评吸收的结果。评判吸收的成果能否以论文的形式表达出来，需要借鉴他人的资料，但新成果需要尽可能地淡化已有的资料痕迹。这种化蛹成蝶的过程需要原有资料"面目全非"。

（二）常见的资料运用中存在的问题

明朝的陆时雍在《诗镜总论》中言："诗不患无材，而患材之扬（滥用）"。于论文而言，既患无材，又患材之扬。论文写作中，想不清楚或思路混乱，常常是思路被资料淹没了。思路打不开或思路闭锁，大都源自对资料的价值挖掘不够。

从成文的角度一窥资料的运用，发现论文资料运用上的主要问题大略有如下几种：

1. 不从"我"出发

从"我"出发就是所使用的资料都有明确的功能指向，服务于"我"所设计的主题并立足"我言"。不从"我"出发而使用资料就会导致资料和主题关系"两张皮"，资料痕迹明显，甚至带有明显的堆砌资料的痕迹。堆资料就是没有"我"，虽然是"我"堆的。没有"我"特指思想上没有"我"。不能对资料进行抽象，得出自己的评价和结论。这如同导游引领游人在别人设计的园林中行走，到处都是精心摆放的盆景，但游客只是听导游讲解，得不出自己独立的体会或感受。不论哪种资料，使用中都需要从"我"出发。

不从"我"出发，又有两种情况，一种是从"它"出发。试看如下一段论文内容：

> 对于纵向价格限制，许多国家的竞争法都给出了相应的概念。美国《谢尔曼法》第 1 条规定："任何契约，以托拉斯形式或其他形式的联合、共谋，用来限制州际或与外国之间的贸易或商业，是非法的，任何人签订上述契约或从事上述联合或共谋，是严重犯罪。"[1] 《欧共体条约》第 81 条规定："禁止企业间横向或纵向的联合行为，尤其禁止制造商和零售商间的直接或间接决定采购或销售的价格，或决定其他交易条件之行为。"德国《反对限制竞争法》第 15 条规定："企业之间就与本法适用范围内的市场相关的商品或服务所订立的协议，如对一方当事人在其与第三人就所供商品、其他商品或服务达成协议时的定价自由或形成交易条件的自由予以限制，则该协议是禁止的。"日本公正交易委员会 1982 年公布的《不公正交易方法》第 12 条规定："向购入自己供给商品的相对方供给该商品时，无正当理由却附加下面各项所列限制条件之一的：①自己规定相对方销售该商品的销售价格并使其维持该销售价格，或者其他限制相对方自由决定该商品销售价格的。②自己规定购入相对方所销售该商品的事业人再销售该商品的销售价格，并通过相对方使该事业人维持该销售价格，或者其他通过相对方限制该事业人自由决定该商品销售价格的。"我国台湾地区"公平交易法"第 19 条规定："事业对于其交易相对人，就供给之产品转售与第三人或第三人再转售时，应容许其自由决定价格；……相反约定者，其约定无效。"我国 2006 年 6 月的《中华人民共和国反垄断法（草案）》第二章第 8 条也明确规定："禁止经营者在交易活动中限定向第三人转售商品的价格或者设定其他交易条件，排除、限制竞争。"

对上述法律资料的使用，如果能够打散各资料的排列，从中抽取一个或几个价值点，如共性特征、定义方法、核心意义等进行展

---

〔1〕《各国反垄断法汇编》编选组编：《各国反垄断法汇编》，人民法院出版社 2001 年版，第 76 页。

开，则资料便有了领属，主观性也得到体现，服务于论文写作者的效果就会呈现出来。现尝试对上述资料进行如下修改（在保留上述资料总体的前提下进行，仅供参考）：

如从最简单的分类上阐述，在立法角度，许多国家或地区的法律都从成立的条件方面对纵向限制价格作出了界定，但规定的方式有所不同。大致可以分成两种：一种情形是将纵向限制价格与其他近似的限制竞争行为共同融入一个大的原则之中，如美国《谢尔曼法》第1条、《欧共体条约》第81条等；另一种情形是设置专门条款规定纵向价格协议，依此种方式立法的大多是大陆法系国家或地区。例如，德国《反限制竞争法》第15条、日本《不公正交易方法》第12条等。

如果从内容角度展开，大部分国家都强调行为的表现形式和结果，并由此构成了规制垄断协议的核心标准。在此基础上再举例，如美国《谢尔曼法》第1条规定了三种形式："契约、托拉斯形式或其他形式"；《欧共体条约》第81条第1款规定了"协议、决定和协同行为"。

为了避免资料堆积，同时要证明自己的结论，如上面所言"大部分国家"——其他同类的资料，可以放到注释里。

对上述资料的加工若采取分类方法，涉及的技术就是从哪个角度进行归纳。当然，对资料的处理不限于分类，还包括价值挖掘、定义等方法，这取决于论文上下文的论证目标和需要。

除了从"它"的角度展开外，还有一种"无我"的情形，就是从"他（她）"出发，具体参见下文。

2. "甲乙丙+我"式的罗列

王国维在《人间词话》中说，诗中存在"无我之境"和"有我之境"。论文中的资料都是"有我之境"。

理论资料的引用中，通常见到作者将学者的观点进行排比，之后再以"笔者认为"给出判断或结论，形成"甲说＋乙说＋丙说……""我说"的结构。尤其是在不赞同别人观点的情况下。事实上，作者需要时时"在场"。论文始终贯穿一条自己创设的观念主线，即自己的观念在"流淌"，别人的观念只是围绕自己观点呈现而辅助存在的，如同透过水草能更清楚看到静水的流动。在别人观念之后强化"笔者认为"，以此突出表达自己的观点，意味着将作者和其他学者对立起来，将论文的某个部分当作辩论场，形成观念的漩涡在这个部分打转，这反而影响了流动的方向和节奏。不论是资料运用中，还是论点呈现时不是"笔者认为"才"在场"，而是"笔者"在忘我状态下的全程在场。

例如，体会下文中的资料运用：

> 在学理解释方面，很多学者在其著作中也给纵向价格限制做了较完整的定义。学者孔祥俊认为："纵向固定价格是指制造商（供应商）确定销售商（分销商）向客户转售商品的价格的协议。"学者王晓晔认为纵向固定价格是"供货商对批发商转售商品时的价格作出规定"。学者刘宁元等认为："纵向固定价格指分处生产、销售不同层次的企业，通过各种形式的价格协议限制竞争的行为。"台湾学者陈樱琴认为"纵向价格限制是指经营者与交易相对人约定，就供给之商品转售于第三人时，或第三人再转售时，应遵守一定之价格"。本文对纵向固定价格的定义为：纵向限制价格是指具有纵向交易关系的相互独立的企业，约定商品转售于第三人或第三人再为转售之价格的行为。

上述做法仍属于"无我"，即没有始终将我融到所引的资料中。属于未加分析地使用资料。

这里涉及两个问题，一是排序问题。一般情况下，会考虑资料所有者的影响力大小，以影响力为基础从大到小的标准排列。二是被引资料的作者是否需要出场，即在正文中显现？如果是从"我"出发，除了经典作家，或中国古人，其姓名可以在正文中呈现，其他人的资料便被看作客体。

3. 中外资料的无序使用

一般情况下，论文资料在同一个标题下的展开顺序是先外国，后中国；先历史，后现实。看如下一段论文内容：

"Bork 法官等反对者认为《谢尔曼法》不仅追求单一目标，还包括对效率、机会、公正、自由及政治经济秩序的追求，因此，反对者们理解的排除、限制竞争应扩大解释为竞争效率、竞争秩序及前述目的所引申出的竞争自由。我国理论界对于反垄断保护的客体是竞争几乎没有异议，而《反垄断法》上保护的竞争是一种竞争秩序，而非竞争者。日本《禁止垄断法》第 1 条也突出强调了竞争秩序的统领作用。"

这里，外国的资料是为比较、借鉴而彰显其价值的，中国理论界的意见是本位和中心，回到"中心"后，还需要回到作者的立场，所以，如果按照"外国—我国—我"这样的顺序展开，由远及近，条理清楚。

之所以要求被引资料的中外、时间顺序，甚至尽可能避免作者出场，是因为资料内容混乱可能产生一种神奇的穿越感。论文作品不是小说，小说可以采取魔幻现实主义的手法，以新奇的方式吸引读者。论文或专著作品中的穿越会减损论文的严肃性。例如，一部讲老子哲学智慧的书中，有如下表述：

"庄子却进一步发展了老子'道'的形而上学观点，并把'道'引入精神境界。《庄子·大宗师》篇提出'道''自本自根，未有天地，自之以固存''在太极之先而不为高，在六极之下而不为深，先天地生而不为久，长于上古而不为老'。认为'道'是在万物运动之外存在的一个原始的力量。这个东西是永存的、在万物开始之前的、固定不变的及不会生长衰亡的。这样庄子在老子的基础上进一步陷进了形而上学的泥坑。正如恩格斯所指出的，一个伟大的基本思想，即认为世界不是由一成不变的事物构成的。列宁也认为：在辩证法哲学看来，不存在任何一成不变的、绝对的、神圣的东西，它提出所有一切事物都带有必然灭亡的迹象；在它面前，除了发生和消灭，无止境地由低级上升到高级的不断过程，任何东西都是站不住脚的。它本身也不过是这一过程在思维着的头脑中的反映而已。"

作者意图表达一个结论：庄子把老子宇宙观的"道"引入心灵境界，创立了他独特的"心道观"，使道成为精神活动的体现，这是庄子对老子"道"的独特应用。他的核心观念是人的精神可以脱离形体，并认为这是精神的最高境界。

另外，除年度工作总结或综述类论文外，一些政策性的表述及其主体也不宜在正文中出现。例如，"2019 年 3 月 13 日，×××检察长在××届全国人大×次会议作最高人民检察院工作报告时提出……"这里，不能否定工作报告对工作的指导作用，但法学论文以法律为基础，是在稳定的规范及其运用中寻找问题，工作报告或改革报告等政策动向有其特殊的实践指导意义，其只是属于政策的范畴。

4. "纯净度" 不够

在资料的运用中，所谓的"纯净"，就是剔除多余的信息。"切勿浪费较多东西去做，用较少的东西同样可以做好的事情"，这被称为"奥卡姆剃刀"，也称"本体论简约法"学说——"除非必要，勿增实体"。在论文的资料运用中，尤其是针对法律文本提出问题时，经常出现多余的文字，此时需要勇敢地使用"奥卡姆剃刀"。

一个规范性法律条文往往包含假定、处理、制裁，通常是由语词和符号链接，学术研究中，每一个微小单位都可以构成一个大主题。如果就某个特定主题进行分析，意味着着力点只有一个，作者通常只需要在正文中列举该条文的这个点，而不必将条文全部列举出来。如果确有必要，条文的其他部分可以放到注释里。再以《消费者权益保护法》第 25 条为例，如果探讨退货的条件，在排除适用除外的列举情形后，针对的只是"消费者退货的商品应当完好。

经营者应当自收到退回商品之日起七日内返还消费者支付的商品价款。退回商品的运费由消费者承担；经营者和消费者另有约定的，按照约定"。如果"商品应当完好""七日内返还""运费由消费者承担""另有约定的，按照约定"这四个内容全部都探讨，那么，需要将其整合到一个系统中分析；如果只分析一个部分，如"商品应当完好"，则相对独立性更强，其他部分可以不涉及，此时，在正文中几乎不需要呈上法条。

每一个规范性法律条文都包含多个问题点，若以问题点为中心展开探讨，至多将该条款纳入正文，而不是将整个法律条文都列入正文中。

纯净的方法主要是保留"主干"内容，剥离与内容无关的辅助要素。如果是法律条文，则切割的是整体性法条中的辅助部分。所谓"主干"，也就是特定视角下选取的资料价值的中心部分。如果是其他材料，辅助要素包括时间要素、地点、人物等负赘文字。当然，"辅助"是相对于时间等要素，如果描述的不是时间不同导致的行为结果，则时间内容便是非主干。例如，下面的一段文字：

"农村资金互助社自产生之初就受到诸多政策关怀，农村资金互助社的发展受到了国家层面越来越多的重视。2006 年，银监会发布《关于调整放宽农村地区银行业金融机构准入政策更好支持社会主义新农村建设的若干意见》鼓励农民和农村小企业发起设立社员民主管理的社区性信用合作组织；2007 年《农村资金互助社管理暂行规定》即通过并施行，同年，《农村资金互助社示范章程》也迅速配套跟进；此后，在法律规范之外，中央文件也对其不断作出发展和规范的政策指引。2014 年国务院办公厅出台《关于金融服务'三农'发展的若干意见》，强调规范发展农村合作金融，深化农村金融体制改革，2015 年《关于加大改革创新力度加快农业现代化建设的若干意见》鼓励探索开展农民合作社内部的资金互试，2019 年中央一号文件更是意在将农村资金互助社等农村金融作为乡村振兴和脱贫攻坚的重要工具。"

此中，时间要素就是核心要素，因为它的结论是"自产生之初就受到关怀"。

法律名称上，一般没有必要使用全称，如《中华人民共和国反垄断法》中的前缀部分。如果需要，在第一次出现后可以简化使用。

5. "断章取义"

一般，被引的学理资料或者以直接引用的方式使用，或者以自己概括的方式表达。是否可以以列表的形式展开？不建议如此使用。原因在于，学理资料需要进行分析，即使相同的观点，论证方法、资料等也不一样。一个问题的视角、论证方法、资料、结论等不同，如果对其进行表格式分类，可能会断章取义，把学术观点简单化了。另外，被引的资料和前后文之间的关系不紧密，有"贴瓷砖"的违和感。

王泽鉴先生所言，"法律必须经由解释，始能适用"。望文生义地解释便可能会断章取义。资料显示，人类学家马林诺斯基最早提出了"语境"分析的方法[1]。所谓语境，即语言使用的环境。他认为，任何言语交际总是在一定的语言环境中进行的，因此，语境就成了制约言语交际的一个十分重要的因素。

语义的理解和分析要结合具体的语境来考虑，唯如此才能有助于准确理解表达者的语意和思想。语境要素在语言表达中以两种形式发挥作用：有语境参与时，语境要素使得句子意义得到一定程度的突显。"若抛开语境，那么这句话表达的就是句子意义，是通过语言符号来表达独立于语境之外的静态意义，此时语境并没有完全消失。若将语境加入其中，就变成了动态的话语意义。

---

〔1〕 高登亮、钟焜茂、詹仁美：《语境学概论》，中国电力出版社 2006 年版，第20 页。

意义由静态变为动态的过程就是语境要素突显的结果。"[1] 概括地使用他人的观点，需要将观点放置于原语境下分析其意义，否则可能会断章取义。

6. 对同一文献不宜连续引用三次以上

对同一文献的引用应当适度，一般不宜频繁、密集地引用。原则上，重复引用不超过三次。之所以如此，是因为多次连续引用如果援引的是观点，则在某个方面可能已经没有了观念的"余地"；如果援引的是三个以上的资料，则资料是辅助性的，论文是"我言"。

当然，有所例外的是综述类文章或驳论性的文章。此两类文章需要对他人的观点、主张给予原生态显示，或对此提出不同的看法、意见时，为了避免望文生义、断章取义，此时连续引用是合理的。

---

[1] 徐国珍：《仿拟研究》，江西人民出版社 2003 年版，第 78 页。

第四章 | 法学论文写作中的选题

俗语讲，"好的选题，成功的一半"。一篇论文，选题是正式写作的开始。这里的"选题"一词作为动宾结构使用，强调的是选择并确定论文题目的过程。

一、选题与主题

确定论文题目的过程，也是确定论文主题的过程。选题和主题之间的关系是同构关系。

（一）选题的意义和类型

法学论文选题来自对法学已有的制度文本或研究成果的合理怀疑。随着社会的变化、发展及研究视野的拓宽，法律文本、理论观点可能需要重新修正，修正的前提是理论上或实践中存在一定的问题。

1. 选题的意义

从作者的角度来看，选题确定了作者的基本观点，并决定下一步的工作方向和内容。

首先，选题的意义是发现问题，初步确定研究对象和目标。之所以是初步确定，是因为选题可能只是在阅读某种资料时突然产生的一个自认为是创新的观念，但观念是否真的具有创新性，还需要进一步完善资料、结构、论证等。

其次，初步评估与自己所研究问题相关的研究文献是否符合要求，确定开始写作的可行性。选题的确定需要相关资料的支撑，如果没有较为充分的资料，这种"灵光一闪"的观念不具有可操作性。较为充分的资料是动笔写作的前提，也是修正观念的基础。当然，在顺序上，可能先产生观念，后补充相关资料，也可能通过看资料而捕捉到问题。所以，在选题问题上，是先有思想后补充资料，还是先看资料后形成思想？两种情况都可能存在。相比较，常规的进路是在上述"格式塔"的基础上——平时积累的较为充分的资料，在某个信息的激发下会形成一篇论文的主题，如在学术会议上听取他人的发言、出现一个新类型的案件等。如果平时积累资料不够充分，形成一篇论文的主题只能通过阅读资料在批判中获得。

最后，初步确定拟展开论证的思路和研究方法。思路可以论文大纲形式体现，它服务于论点。论文大纲是呈现论文观点的形式，"观点"和"观点的呈现"中间隔着万水千山。大纲呈现的内容类似于地图模式——"大切块"，而语言、方法等是通往结论的"羊肠小道"。选题的核心是确定基本论点。如此，从突出中心论点的角度看，选题如同一粒石子，而揭示观点的大纲如同石子入水激起的波纹——由中心向外扩展形成多围的环形结构。至于研究方法，不同类型的论文需要不同的方法。运用不同方法呈现的主题也会有不同的效果。

2. 类型

就法律研究而言，选题指向的内容包括理论问题和制度问题，从而得出选题的基本类型是理论性选题和制度性选题。另有一类特殊的选题：综述性选题。

（1）理论性选题

理论问题的阐发，目的在于揭示事物或制度背后的机理。这种揭示会使事物的稳定性或制度的合理性得到认同。理论性选题以澄清制度底层原理，发掘制度发展规律，辩证制度的制订合理性和构建制度的分析方法等为基础。另由于概念揭示事物的本质属性，经验积累的基础上形成共识性才能产生概念，文化意义上的概念是经验基础上的"集体无意识"，但不同于此，法律上的概念是立法者群体的"集体有意识"，所以法律概念本身非常值得被探讨。这种探讨形成的主题同样属于理论性选题。

理论性选题解决的不是立法如何完善的问题，而是如何解释制度、制度的理论基础等问题。如"竞争法中的消费者标准""反垄断法的法益分析方法的构建""论垄断协议的定义"。

有的选题看似属于理论性选题，但可能是理论前提问题，还没有进入理论层面，因而不是理论性论题，如"论地方政府融资平台破产的特殊性"。特点分析是事物外部特征的归纳和总结，是发现问题的基础，对于把握本事物的质和规律有一定的作用。但是，作为法学论文，特点分析不是理论分析，也不是问题分析，自身难以构成一个有价值的主题。换言之，特点分析是为解决某个问题、提出某种建议的前提问题，不具有鲜明的、自在的价值。

（2）制度性选题

制度问题是实践问题，或者说制度与实践的衔接问题。之于法律学科而言，制度问题又可以分为制度制定中的问题（立法问题）、制度实施中的问题（制度完善问题）和模糊制度的解释问题。

比较而言，理论性选题的价值要高于制度性选题。在制度性选题中，上述在后的选题价值要高于在前的选题。

立法问题只是法律制定过程中的问题，包括针对某个问题存在两种以上不同意见、补足法律空白、修正现有制度中的问题等。此类论题在立法修正后，对相关问题的关注度会明显减弱。不论此类论文中作者的观点被吸收还是又被代替，其都是作为过程的存在，生命力有限。例如，有作者写大湾区立法模式问题，无疑，这对于中国当期正在进行的大湾区规划及其实施具有一定的现实意义。大湾区的立法具有多种视角，可以从法理学角度进行探讨，可以从内容的政策性和法律的稳定性关系的角度展开，也可以从立法模式和制度框架的角度论纲等。法理学视角下理论基础很难展开新内容，模式和框架的分析是解决必要性基础上的可行性问题，而可行性的分析是在比较各种不同模式优劣基础上的选择。这种特殊选题的价值只服务于该事项，不具有扩展性。

关于上述完善问题类制度选题，它是针对制度中存在的漏洞或偏差进行分析，提出具体修订意见的论证过程，其服务于下一次立法，在这相对较长的时间内，还可以引发进一步的讨论，故其生命力高于立法问题。但是，制度总是要改的，一旦修改了，问题的背景就消失了，问题的价值自然也会受到影响。

关于制度解释类选题，在性质上其属于解释学的范畴。以论文形式呈现的制度解释已经跨越了法教义学讲解，更多的是运用逻辑学、法理学、法哲学方法论等提出问题、解释问题。法律的运行效率存在从立法到法律实施过程的两个预设前提：立法者准确地捕捉到了现实世界中的典型现象，并建立起事实与规范的有机联系；司法者和（或）执法者通过法律文本语言形成了其与立法者之间顺畅的心理沟通机制。换言之，文本表达对不同使用者来说在内涵传达上应具有统一的意义，但很难形成"统觉"或"通感"。不得不承认，法律规范的条文化是一项充满理性和理想的高技术性活动。立法者理性的不足、语言表达模糊等均会产生内在于语言之中的事实性和有效性之间的张力，加上人在理解上存在主体间性，这进一步加大了立法者、法律实施者、理论工作者之间的认识差异。在法学领域，法律解释一直是立法、司法和法学理论高度融合的技术，也有多种方法，因此，制度解释问题的论文亦可以归入理论性选题。

是否存在法律执行上的论文选题？应当分为两种情况，严格意义上，可以存在，如联合执法，执法程序等。但这类选题从学术研究的角度来看，可能是个别性的，也可能是单纯实践性的选题。另一类是"假执法上的问题"，如执法权或监管权的问题。行政权力的危险是权力滥用。行政权力滥用的解决是权力约束，这又回到了立法层面或法律解释上，实践中显现出的执法问题，只是说明立法上存在待完善相关制度的例证。例如，我国《个人信息保护法》第66条引入了"双罚制"，[1] 但和欧盟 GDPR 的罚则计算方式[2]不同的是，该条并未规定更细致的确定处罚额度的等级标准。在立法上设置的百万元、上千万元的罚款上下限空间的前提下，行政监管机关自由裁量空间过大。如果在此基础上指出同类案件处罚力度不一致，并提出对行政机关的自由裁量权施加必要限制，那么所提建议指向的是制度构建或完善。

（3）综述性选题

综述性选题是针对特定活动或主体的学术内容展开评述的文章

---

〔1〕 规定个人信息处理者在处理个人信息活动中违法处理个人信息，经责令改正拒不改正的，可以被处罚款，罚款金额在 100 万元以下。性质比较恶劣的，可将其违法所得全部没收，并处罚款，罚款金额不超过 5000 万元，或不超过上年度营业额的 5%。针对直接负责人及相关责任人同时做出罚款，罚款金额不低于 10 万元，不超过 100 万元。

〔2〕 根据数据控制者或处理者违规行为的性质及情形，GDPR 规定了两档行政罚款：①针对数据泄露通知、隐私保护影响评估、数据保管等规定相关的违规行为，其罚款上限为 1000 万欧元或全球总营业额的 29% 之中的高者；②针对数据处理基本原则、数据处理合法性依据、数据处理的有效同意、特殊数据处理等规定相关的违规行为，其罚款上限为 2000 万欧元或全球总营业额 4% 之中的高者。

类型。一般，综述性论文包括会议综述、某学科整体学术发展状况或某个学者的学术研究成果综述等。这种论文是以他人的观点为基础，作者需要发挥归纳能力和概括能力，既需要归纳总体状况，也要对特别事项或观点进行描述。总体要求是，不能歪曲他人的观点，如实记录并作归纳和总结。综述主题的展开除了以特定主体外，还可以以时间为条件，也可以以事件为中心等。前者如"中国经济法学四十年回顾与展望"；后者如对某个法律制度进行综述，如"日本公司法典的最新发展及其立法启示"。

此外，如果按照论文展开、构建自己观点的方式不同，论文选题可以分为驳论性选题和立论性选题。

值得注意的是，单纯的经验性问题不适合作为学术论文和学位论文的选题。这种问题具有较强的特别针对性，包括两种情况：一种情况是个别经验，不具有推广的价值，因其属于认识中的感觉层面，其稳定性不够；另一种情形是大多数人的经验，例如论假冒伪劣产品的辨别。这种经验虽具有很强的实用性、效率性，但经验是个体性的认识、感觉（或感受）性的认识，缺乏深刻的思想，不能提高人们的认识深度。

（二）选题的核心

初唐诗人张若虚的《春江花月夜》被冠以"以孤篇压倒全唐"的盛誉。那么，该如何理解它的主题？因为这里似乎有五个主题："春、江、花、月、夜"。这五个中心结构层次如何？一些人认为，中心是"月"——几乎每句都有月字。仔细咀嚼，其本意可能并非如此。中心应该是基于"春、江、花、月、夜"而产生的思念之情。而思念之情是人类的高贵情愫，由此，"春、江、花、月、夜"哪个能代表永恒呢？"春"是吗？"江水流春去欲尽"，春是短暂的；"月"是吗？"江潭落月复西斜""月有阴晴圆缺"。"花"是吗？都不是。只能是"江"——"落月摇情满江树"。诗词的主题可能是隐晦的，也可以直接表达。诗词的表达要素比论文丰富，论文的主题必须清晰，不能隐含。

1. 选题的核心是主题

通常，选题是在初步划定的资料范围中进一步精确主题的过程。首先，主题是选题的核心，主题是论文的中心思想，能否确定中心主题是论文能否顺利完成的重要指标。如一位硕士同学选题范围确定为竞争法中的权力，并对权力来源、权力类型、权力滥用等展开叙述，但最终落脚点在哪儿？是什么？一直不够清楚，这位同学最终放弃了这个选题。

其次，选题范围一般较大，主题是范围内的一个点。范围对主题的确定有限制性功能。例如，"新能源汽车财政补贴的公平竞争审查及优化"这个论题就存在新能源车补贴有没有特殊性的问题，即新能源车的补贴与其他补贴的不同是什么，另外，还需要理清这种特殊性对公平竞争审查制度的完善是否有独特的价值。如果这两个点不能形成连接线，则不应将"新能源车补贴"放到标题上。换言之，这里的论文的主题是以新能源车补贴为基础得出本行业的特殊调控方法，还是只针对完善公平竞争审查的一般方法。如果是一般性的方法，则所谓新能源车补贴的特殊性不是本质属性。

最后，主题的核心是问题。除法史学外，制度性选题中的问题当以现实为基础，而不是总结历史经验。一篇"论对'职业打假'性质与身份认定"的论文，讨论职业打假，重点归纳了过去的争议和现实的解决方法。这似乎停留在经验性报告上。论文是为解决现实问题的，建立在现实基础上阐述未来立法、司法或执法如何应对，即建立在"现实—未来"两个时间段的思想变化上。仅仅在历史上存在争议，现在立法已经初步解决，不存在较为明显的问题，则只能是一个立法、司法或执法经验的总结，这尚未把握住论文的本质。另外，还有一些论文是外国制度最新发展状况的评论，这类文章更接近于综述性论文。因此，一般法学学术论文的主题应以现实为中心，以未来为目标；以中国为中心，可以以外国为辅助。

2. 凝练主题

问题的提出是最难的。提出问题是一个系统性认识，包括一个具体的问题，它源自何处、何以是一个问题、是一个什么样性质的问题、问题价值如何、问题解决的必要性以及解决的方法等。

穷疑之时，正是离成功不远之日。贾岛"两句三年得，一吟双泪流"描述的是思想创新之难。

问题和解决问题的困境之间的关系不是单一的。一种情况，它们是论文中两个独立的内容，如此，第一个是前提，第二个是过渡。另一种情况是以困境表达问题，例如平台经济反垄断指南中已经规定了"必需设施"，但只使用了这一语词，如何认定一个设施属于必需设施，存在认定上的困境（本身也是问题）。第一种情况下，需要凝练具体的问题是什么，否则针对的探讨就不明确，后文的建议也将泛泛而论。

凝练主题和观点创新（不是论文创新）直接相关。凝练主题是个抽茧剥丝的过程，期间存在很多障碍。

障碍之一，观点的模糊或雾化。立论文章在引言中提出问题，经过分析应该得出结论。但一些文章（学位论文较多）给出的结论常常是：法律位阶不高、法律规定模糊、缺乏可操作性等。这些简单的结论没有清晰地表达提倡什么、反对什么，也没有明确表达主题，需要进一步细化的观点或建议。如果停留在这类观念上，则尚不能说完成了凝练主题任务。

障碍之二，枝蔓纵横掩盖了中心主题。一般，一篇文章只能有一个主题。古人的经验是："立意要纯""意多乱文"，这是十分正确的。在写作实践中，除却长篇小说、多幕戏剧外，一篇作品只能有一个中心，中心多了，就等于没有中心了。[1] 法学论文中可能存在枝蔓纵横的问题，如立法、司法、执法等均覆盖，且以为这是一个体系化认识。实则不然。

障碍之三，认识深度不够。这可能源于对现有资料的研究不全面、不充分，也可能是思想挖掘不深刻。这和上文中的观点雾化不完全一样，后者是写出来了，但没有表达出明确的观点来，这里是没有写出来，更遑论观点。

障碍之四，中心点不合理。例如，一篇关于大数据"杀熟"的论文，作者从反垄断法的视角来研究，确定规制大数据"杀熟"行为的标准。这个视角上存在已知的格式：具有市场支配地位、价格歧视。因为"杀熟"的行为以价格差异为基础，价格差异没有可进一步探讨的空间，于是文字的重心落在了市场支配地位的认定上，这相当于探讨互联网市场支配地位的认定，而不是"杀熟"问题。故这个中心应该不是现有大数据"杀熟"的核心，而只是一个辅助的部分。

例如，一篇关于反垄断法农业适用除外制度的学位论文，立足于我国《反垄断法》第 69 条的规定。作者认为，该条在性质上属于反垄断法适用除外制度。存在的问题是，上述规定具体范畴不甚清晰，尤其是法律条文中使用了"农村经济组织""联合或者协同行为"等词汇，其内涵和外延具有模糊性，这导致我国反垄断法农业适用除外制度的构成要件并不明确。按照这种思路，作者进一步认为，应当修正现行《反垄断法》，将反垄断法农业适用除外制度的主体（要件）明确为"农业生产者及其联合组织"，将行为（要

---

〔1〕　冯国超主编：《写作指南》，远方出版社 2001 年版，第 53 页。

件）明确为"在农产品生产、加工、销售、运输、储存等经营活动中达成的协议、决定或者协同行为"。此外，还提出了：①应当对我国农业产业法规体系进行配套改革，尤其应当修正和完善《农业法》第四章关于农产品流通的法律保障制度，并对我国农产品流通市场的行政管理制度开展公平竞争审查。②应当健全我国农业生产者联合组织的法律体系，尽快制定"农村集体经济组织法"，在《农民专业合作社法》框架基础上制定"合作经济组织法"，并对现实中针对各类农业生产者联合组织的政府扶持措施进行调整和完善。论文的落脚点有喧宾夺主之嫌。适用除外制度是否是反垄断法上的制度，农业适用除外是否需要分类研究，即哪些属于反垄断法适用除外的范畴。如果全部都是，则无需在反垄断法视野下进行研究，如果不完全是，则哪些方面不是，这些是反垄断法适用除外制度的基础性问题。这些基石没有稳固，大量探讨农业合作组织及其行为，则偏离主题的愈来愈远。即探讨的问题没有了根基，已经脱离了反垄断法。没有基础和分类研究导致所进行研究的主题价值揭示不够。

二、选题基本要求

评阅论文时，最先考查的就是选题的价值或意义。这个部分被认可了，才有进一步评判其他内容的必要。之于读者而言，选题的基本要求是一篇论文可能提供的观念是什么，是否符合自己的研究视野和研究兴趣；之于作者而言，确定选题的理论意义和实践价值是什么。

（一）价值评判

在写作技术上最直面的问题就是如何选择论题。选题首先要明确选题的价值。只有这样，才可能选择到一个既有一定学术价值、符合自己研究兴趣，又能完成写作的题目。做到这一点，应遵守如下几项评判原则。

1. 倡导积极的社会价值

法律是一种社会性规范，服务于社会的和谐与稳定。论文写作服务于法制的完善和实施效率，当然要倡导积极的法治文化。社会价值可以依据服务的对象不同，分为全民性的、地区性的和群族内的等；也可以从历史、现实和未来的角度来确定。相比之下，具有全社会性的价值其意义更大。一篇探讨民事习惯的论文，以民国时期风水习惯的司法实践为基础，探讨民事习惯运用中的价值及其启示。作者认为，在历史上，该种习惯有力地促进了当时社会纠纷的解决。从法史学的角度，或从制度文化的角度进行研究无疑是有意义的，但作者的目的是通过对历史的回顾与检视，力图为我国当前所面临的问题提供借鉴。不得不说，风水习惯难以被认定为民法上的习惯。故从对现实社会关系的价值角度，这种观念与现代法的价值会有所抵牾，至多可以作为个别地方个别案件认定中的考虑因素。即使如此，也需要以特定地域有较为普遍认同的风水习俗为基础。如一篇关于佛教渗入行刑活动的积极价值一文的摘要如下：

"中央政法委新近提出'社会共治'大思路，明确了法治的主导地位，确认了非正式控制机制的重要作用。但限制向佛教开放存在三大隐忧：唯物论与缘起论在世界本源认知上存在分歧，引佛教于行刑活动似会紊乱意识形态；佛教慈悲反衬刑事法压制，后者的正当性似被否定；刑罚痛苦本质连同欧洲政教合一的血腥记忆，令驯服和皈依对个人形成双重钳制。重要的是，唯物主义法理念与佛教教义具有'以人为本'的相同立场；刑事法保护普通人和受刑人权利本身就是对立统一关系；宗教与法律共同促成监狱文明是历史另一面；都在相当程度上拨正了上述质疑。更重要的是，法律另类的心理定位和高墙屏障会遮蔽监禁时间剥蚀下受刑人境遇尤其是精神痛苦，少有世事纠葛的佛教志愿者提供的特殊而持续的关照，可补刚性制度不足且治愈世间冷漠症。"

从技术上看，如何在制度上设计并使之制度化？如果是纳入法制，则和宗教自由的观念不相一致；如果不是纳入法制，则作为法学论文其观点的理论价值和实践价值是什么？

法学论文写作鼓励其他学科的知识适度融合，但前提是可融合和融合得恰到好处。近些年来，在企业管理上兴起了正念的情商培训，强调对身心感知到的直觉体验采取好奇的、开放的、接纳的态度。有人提出将正念纳入劳动法制之中。正念原本是西方心理学的一项研究成果，并较为广泛地运用在心理疾病的治疗上，这些个体化的、感受性的、内在性的问题能否转为制度是令人质疑的。所以，不否定这些成果在其他学科中的意义，但如果从法学视角探讨，需要将其理论意义和实践意义表述清楚、充分，之后才涉及如何融合问题。

2. 选题具有理论价值

法学论文的题材十分广泛，社会生活、经济建设、科学文化事业等各个方面、各个领域的问题都可以成为论文的题目。此外，还可以从理论或实务角度展开选题。马克思主义认识论告诉我们，理论来源于实践，理论服务于实践。"实践没有止境，理论创新也没有止境"[1]，因此法学论文选题首先要理论联系实际。

一般说来，论文由论点、论据、论证三大要素构成。在论据中，除了以事实为基础外，还需要有理论基础，由此展开的推理才能得出令人信服的结论。以符合事物发展的客观规律为基础构建自己的观念，不论是驳论文章，还是立论文章都可以给读者以认识上

---

〔1〕 中共中央党史和文献研究院、中央学习贯彻习近平新时代中国特色社会主义思想主题教育领导小组办公室编：《习近平新时代中国特色社会主义思想的世界观和方法论专题摘编》，党建读物出版社、中央文献出版社2023年版，第29页。

的启迪。另外，在论证过程中，需要以逻辑的方式展开，包括运用逻辑的方法进行严谨的定义，使用规范的表达、细致的推理等。在论文选题中，不同选题的理论空间不同。理论性选题的理论意义高于制度性选题。在制度性选题中，也存在理论空间的不同。例如，"论我国商业贿赂的治理"，这是个现实性较强的题目，但理论空间较小。因为其跨越了商业贿赂产生的原因、基础、性质、判断标准等理论性的内容，直接进入采取何种应对措施这个工作层面。

　　歌德在诗剧《浮士德》中通过"魔鬼"之口表达了"理论是灰色的，唯生活之树长青"。这句话并不是一般性的批判，它描述的是对 18 世纪德国盛行的知识界空谈理论、脱离现实的现象的批判。另外，从诗人的视角——艺术化地观察生活——给出这个结论也是可以理解的。理论意义还可以细分为历史理论和现实理论、外国理论和本土理论等。不论如何，理论性关注的是认识上的价值，即有普遍性的意义，能提升人们的认识能力。

　　3. 选题的现实意义

　　强调选题的实践价值，并不等于急功近利的实用主义，也绝非提倡选题必须有直接的效用。作为论文，无论在形式上还是内容上都和工作总结、调查报告都有着严格的区别。法律问题来自文本的不足或不当，最终是来自一定时期不适应社会经济关系而产生的困境。法学论文运用自己所学的理论知识对社会性问题进行解析，分析原因，提出自己的见解，这个见解不论是用于立法、司法还是执法都体现为具有现实意义。不仅能使所学的书本知识得到实际的运用，而且能提高自己分析问题和解决问题的能力。不同时期社会经济关系的变化都会在法学研究上提出具有实用价值的选题。这又可以分为纯本土性的问题、涉外问题和外国对本土具有启示意义的问题等。

不同问题的生命力不一样，有些属于阶段性非常强的政策性问题。如国有企业改革中的"抓大放小"问题——只是国企改革初期的一个实验性的措施；也有些政策问题需要持续性关注，如"一带一路"制度问题、中国司法改革问题等。这里需判断的是问题的暂时性、延续性和长期性。如果是前者，其生命力相对较短，具有一事一议的性质；如果是后者价值会增加。如一篇论文探讨"消费性购房人垫付工程款债权的清偿问题"，作者以一起"烂尾楼"案为基础分析了其法律关系的特殊性：购房人和建房人间约定代建房人支付烂尾楼的续建，提出了清偿优先权。即使该作者论理透彻，但由于研究对象的个别性，该论文的实践价值微小。

4. 价值的存续性

一些论文是有保鲜性特质的，尤其是立法过程中的建议类的文章，这类论文在立法完成后其建议的价值就会递减。另有一些建立在一定时期的特殊政策基础上的论文，因政策的变动性，其实践价值也不够稳定。单从"求新"上，这两类选题都可以满足"新"，但持久性不够。这也是选题时特别要注意的地方。而且，立法修改性选题如果没有一定的学术影响力，其被接纳的概率很小。

在法学论文选题和写作时，经常存在与制度赛跑的忧虑。例如，一篇题为"数据市场滥用支配地位行为研究"的论文写作时，正值平台反垄断指南的征求意见，其中已经加入了数据相关市场的规定，作者担心自己提出的建议和指南的规定一致，选定的论题就不能写了。其实，这种担忧是不必要的。立法上的规定和研究内容之间存在视角上的差异，法律规范发布后重要的部分仍存在模糊性、仍需要解释，所以制定的必要性、可行性、具体制度的设计、设计的制度如何解释等都是研究的范围，并不会因为立法增加了一个条款便整体性瓦解了论文的体系。

5. 涉及论文学术价值的几个要素

有些选题应用性很强，但又可能因为应用性和特别针对性很难或不能从法学的角度挖掘出本质性的内容而部分影响学术价值的持续。影响要素主要包括如下：

第一，前提性问题。限于法学自身的特性，如果选取的问题只是表面性的，包括过程性、特征性、影响性等层面的问题，往往难以体现选题的深刻价值。虽然在对特定法律关系分析时常常建立在特征分析、类别分析等基础上，但特征、类型、影响等只揭示事物表面的特殊性或发展的过程性，不反应稳定的本质属性。所以，以此为中心的题目难以构成一篇有理论价值的法学论文。

第二，临时政策性问题。政策和法律关系紧密，但在狭义上不是法律的范畴，其不具有法律的稳定。从法理学或政治学的角度研究政策比从具体部门法的角度会更契合。从具体部门法角度研究会面临可融性及创新性问题，如"共享经济背景下反不正当竞争法保护""供给侧背景下的反不正当竞争法问题研究""精准扶贫政策背景下的反垄断法的实施"等。

第三，区域针对性问题。地域性政策的研究服务于特定地方，如果对其他地方的借鉴意义不强，则适用范围受限。例如，"澳门博彩业合约规制的正当性及其完善"，从标题上看，这只是以一个地区的一个行业为基础展开探讨。当然，重点不是研究对象，而是研究结论。社会价值是在一定背景下得出的，如果将澳门博彩放到地方经济的角度，或亚太经济的立场上，或与美国同类事物比较的背景下，其价值就会得到凸显。再如，"中越跨国贸易陆路运输中货运车辆入境管理法律问题研究——以广西凭祥市为例"一文，如果得出的结论是一般结论，则其理论价值可以体现出来；如果是地域针对性的结论，则只具有特殊的实践价值。此类论文易于在地方性杂志或专题性杂志中发表。

第四，破立结合的问题。文章的价值和论文类型有关，和写作呈现方式关系紧密。驳论性文章批判或商榷的内容占很大比例。但一般也不宜仅停留在批判上。哲学上，给出一个正面命题的价值大于或远远大于否定一个命题。法学论文建立在建设性基础上，不单单为了否定，否定是为了肯定，此即所谓破立结合。

第五，其他学科的影响。法学与其他学科的价值评判标准不同。对一个问题的认识在概念、立足点、方法、目标等方面，法学和其他社会学科都不一致，这决定了其他邻近学科的选题并不那么轻易就可以转化为法学选题，包括经济学、政治学等学科。经济学须以一种客观的眼光来看待和诠释社会经济事件和经济行为。"价值无涉"是经济学分析的基本出发点和基本要求。这是经济学界定的竞争、竞争关系与法学认定的竞争、竞争法律关系不完全一致的主要原因。法律建立在一定价值判断的基础上，法学自然需要进行价值分析。经济学上将竞争划分为有效竞争和无效竞争，这里的"效"是指效率，而不是法律制度上的效力。竞争法关注的是正当竞争和不正当竞争。表面上看，竞争法调整对象确定的范围比竞争概念本身的外延小，实际上，竞争法所调整的关系在某些情况下超出了经济学所认定的竞争关系范围。有关"影响分析""效率分析"等都是经济学中常见的分析视角，但难以在法学研究中展开。因此，虽然都是建立在经济关系的基础上，但经济学和法学因目标、评价标准、研究方法等不同，研究的选题范围也不一样。

总体上，在法学论文中，过程性、特征性、影响性、个别性等类型的选题都需要在价值上进一步深化。

（二）选题的参考因素

毕业论文是对学习知识和成果的综合性考核。选题的方向、大小、难易程度应与知识的积累、分析问题和解决问题的能力、写作经验相适应。

1. 知己知彼

这里所谓"知己"，包括如下方面的含义：一是要充分评估自己的知识储备情况和分析问题的能力。因为知识和能力的积累都是一个较长的过程，不可能靠一次论文的写作就突飞猛进。选题时宜量力而行，客观地分析和估计自己的能力。如果理论基础比较好，又有较强的分析、归纳能力，那就可以选择难度大一些、内容复杂一些的题目。二是要充分考虑自己的专业特长和研究兴趣。如果综合能力比较好，还具备跨学科的知识，最好能利用好这种知识优势，选择自己可以操作的独特的分析视角。在题目类型上，如果抽象能力比较好，可以挑战一下理论性选题；否则，选择制度性选题更合理。三是自身的外语能力也属于"知己"的范畴。适于现代经济社会的立法开启得比较早的国家，积累了较为丰富的立法经验，这值得我们学习和借鉴。例如，在民法领域，在成文法国家中，法国民法、德国民法均是成熟的立法，影响广泛。如果有一定的专业外语能力，可以在资料上增加论文的特色，甚至可以直接采取比较的方法选取制度比较类的选题。

这里所谓"知彼"，含义有二：一是是否有资料或资料来源。资料是论文写作的基础，没有资料或资料不足写作中的困难就更大。法学论文写作鼓励使用第一手资料，但第一手资料是特色资料，能不能将这种特色资料所包含的问题充分揭示出来，是对作者资料能力的考验。二是要了解所选论题的研究动态和研究成果。这是有关论题的综述范畴。了解学界对类似选题或周边选题研究的状况如何，包括存在的疑点、漏洞或不足，有利于准确把握自己的研究重点和可能的创新点。

我们偶尔会听到抱怨："没什么好写的了！这领域全都被人研究过了。"这种抱怨也许为"真"，一个题目存在的时间越久，研究的成果越多。一个研究客体的学术领域或许是有限的，这在很大程度上是"假"，对某一领域的学术观点永远是值得探讨的，可以通过包括缩小内容、转换视角、增加方法、使用新资料等方式。当然，不能否定的是，学术是私人的，也是公共的。一个被多年磨炼的主题，对于后来者，时间越长，挑战性越大。一方面来自选题本身的缝隙会越来越小，另一方面对于读者（尤其是期刊论文的审阅者）而言，如何防范第一眼看上去产生的视觉疲惫也是一个不小的挑战。

2. 难易适中

选题需要研究者考虑自身的知识储量、掌握的资料、研究能力（包括自身思维能力、外语能力、表达能力等）。否则，即使以学界一般评判标准确定一个不错的选题，但对特定研究者而言，仍可能无法完成对该问题的研究，更遑论好坏。因此，对学界而言，有选题的优劣评价，但对于个体而言，在一个可被认同的选题基础上，难易适中更为重要。

广义上，难易问题也属于"知己知彼"中的一个内容。研究者的研究能力的主观性差异的存在，加之研究期限、可投入的时间精力等客观因素的影响，使这个问题的重要性更为突出。要选好论文的题目，把握"适中原则"很重要，其评估的基础是写作中可能遇到的困难及克服的可能性。学习写作中能力评估需要自我完成，也需要导师协助完成。导师指导下的练笔经受过多次点醒、批评、指引，学生可以对自我研究能力有较为准确的评估。没有经过这个过程的自我评估会较为谨慎，甚至评估过低。所以，在有导师指导的前提下，征询一下导师（或同道研究者）对选取的研究主题可行性的意见，能更为客观、准确地把握论题。论文选题上鼓励创新和挑战，但也要避免因超高标准挑战而耗费无效劳动，甚至抑制研究兴趣。

3. 大小适度

一般来说，题目宜小不宜大，宜窄不宜宽。题目太大把握不住，考虑难以深入细致，容易泛泛而论。同时，大题目需要掌握大量的材料，不仅要有局部的，还要有全局性的；不仅要有某一方面的，还要有综合性的。学位论文的时间有限。在短时间内完成大量的资料收集工作是比较困难的。另外，研究生三年或两年的学习，对学生来说，锻炼写作的机会并不充分，积累的写作经验不足以驾驭大的题目，时间也不支撑他们完成浩大的工程，选定小题目相对好完成，效果会更好。

选题的一般要求是"以小见大"，即通常所言的"小题目、大文章"。这里所谓"大文章"，是指围绕一个小题目展开深入地探讨并形成体系化的认识。例如，《红楼梦》第十一回中，"有一个丫头说道：'太太们都在楼上坐着呢，请奶奶就从这边上去罢。'凤姐儿听了，款步提衣上了楼"。从"款步提衣"这个动作出发，可以研究满族旗人的服装文化的样式，风格等——为什么"款步"，为什么要"提衣"？

研究生培养阶段有一个开题的环节，这个环节对确定选题很重要。答辩组对申请人提出的选题进行集体评议，经由集体评议确定的，应该是合适的。所以，从研究型人才培养角度，论文开题环节不可缺少。依经验，开题环节导师组更多的建议是对申请人的选题进行进一步缩小。例如，"电子商务中的消费者权益保护"，此标题还可以进一步缩小，如知情权保护、选择权保护等。

有些问题本身不大，但放到一个学科的视角中则可能扩大论题的范围。例如，"'双循环'新发展格局的经济法回应"一题，经济法回应则需要对经济法学科中各部分或主要部分分别进行回应，这至少包括市场监管法、宏观调控法两个方面。这里就存在"学科—方向—部门法—具体问题"等由大到小的多个层次。

三、选题方法

一般而言，专业领域的研究越深入，越容易发现问题，并易于找到可以写论文的选题。

（一）路径

获得一个新颖的选题有很多积极的影响因素，参加一次学术会议、完成课题中的一部分内容、一次读书会、一个专题讲座等，如此说来，似乎没有统一的程式。但是，一个论题从被激发出来到确定下来是认识不断深化的过程，从这个角度而言，存在形成选题的路径和方法。

1. 常规路径

对知识的学习，通常是从基本知识到争议的观点。学习知识阶段，对观点纷乱、条理繁杂的认识会产生理解和掌握上的逆反情绪。选题是在接受常识性知识和初步了解到个别性观点的基础上萌生的，也常常是无法把握研究全过程而得出的阶段性认识。由此，选题是由初步认识到细化认识，期间可能存在如下两个过程：

（1）前半程："由大到小"——缩小选题范围再确定题目

由于平时阅读的视野有限，加之对自己写作能力的评估可能比较谨慎，最初确定的选题往往只是一个选题范围，而不是一个论题（题目）。例如，选择"商业诋毁行为的认定标准"，查阅关于商业诋毁的资料会发现，商业诋毁在诸多方面都是一样的，如捏造、散布虚假信息。如此,可能该选题缺少创新点。进一步限缩,是否可以限制一下范围,如写"互联网中商业诋毁行为的认定标准"。通常互联网中的商业诋毁和传统的商业诋毁行为的适用标准没有本质性的区别,但有例外情形:"B 站诉脉脉不正当竞争案"[1] 一审判决书中,"原告主张脉脉平台上一条涉及 B 站的评论属于低俗、损害宽娱公司声誉的不实言论,构成商业诋毁。被告则主张该评论为用户发出,脉脉仅提供信息存储空间服务,不构成商业诋毁。但法院认为,由于被告未提交任何与用户相关的信息,无法证明涉案评论由用户发布。法院最终认定被告公司发布了上述评论,且无证据证明评论的客观真实性,构成不正当竞争行为。"本案涉及的主要问题是平台和平台内经营者(或平台内员工)之间的特殊关系,于是,可以将题目进一步缩小为"互联网中商业诋毁行为的责任主体的认定"。

先确定选题范围,再在确定的选题范围中浓缩选题是一个较为常规的论文选题过程和方法。这要求研究者在平时的浏览中要注意勤做笔记,随时记录下阅读资料中给自己启示的资料价值点:特点、特殊观点、论据、论证方法等。

(2)后半程:"由小到大"——评估难点和验证选题

为确定选题而阅读的资料,注意力集中到"知彼"上,是否能够完成,还需要"知己"——评估一下完成这样一个选题的可能性。这里包括资料评估、研究路径评估、时间评估、困难评估、能力评估等。核心问题有三个:

第一,从创新点上看,自己的设想是否对别人的观点有补充作用。自己的设想别人没有论及或者论述的不是相同的结论,能带来

[1] 北京市海淀区人民法院民事判决书 (2019) 京 0108 民初 35520 号。

新的理论认识并指导实践工作。

第二，从能力挑战上看，评估一下难点的性质，克服难点的条件、方法、路径。法学论题基本都可以从哲学的角度展开研究，如将"商业标识混淆"这一反不正当竞争法范畴内的论题转化为"符号学视角下的商业标识混淆"，题目的创新性和内容的创新可能性均无问题，但需要了解符号学的知识并掌握符号学的理论，如果在当下尚且不了解、没掌握，那么尝试从头开始则很难完成这一论文的写作。在没有时间压力的情况下，这可能是一种学习方法或读书方法，但不是论文写作的选题形式。如果对设想选题尚缺乏足够的能力来加以展开，就应该中止，再重新做构思。

第三，从资料上看，是否已经有主干资料，即得出创新观点的核心支撑性资料是否齐备。

2. 非常规路径："灵光一闪"

听报告或参加会议，虽然有思想的碰撞激烈，但由于时间所限，听到的表达可能只是表达者的一个结论，没有充分阐释结论生成的过程。尽管如此，仍可能对听者产生巨大的观念冲击。善于捕捉一闪之念，抓住不放，再辅之以相关资料或调查研究，这种突然产生一些思想火花，便可以成为论文的选题。

"灵光一闪"这种想法很突然，甚至有点简单、朦胧，但不可轻易放过。坚守"灵光一闪"中的闪光点，再精心验证，才会有理想的结果，否则"一闪而过"便没有任何痕迹。

英国著名发明家辛克莱以发明袖珍电脑和袖珍电视机而闻名于世，他曾经验地谈到袖珍电视机的设计过程："多年来我一直在想去掉显像管'长尾巴'的方法。有一天，我突然灵机一动，想了个办法——将'尾巴'做成90度弯曲，使它从侧面，而不是从后面发射电子，结果就设计出了只有三厘米厚的袖珍电视机。"[1] 古往今来，有许多发明家都是像辛克莱这样，"灵机一动"解决了长期思考的问题。这种"灵机一动"进行思维的现象就属于灵感顿悟。

自然科学工作者不会轻易让知识塞满大脑的每一个缝隙，非常在意自己头脑的另一部分空间——艺术——一个充分想象的空间。很多时候，是这部分的活跃产生了"灵机一动"，从而完成了一项发明或发现。

上文已述，灵感思维是一种思维形式，依靠的不是逻辑。当然，这种思维形式也不是神秘主义或主观主义——靠自己默省已有的观念或将对象自我封闭。相反，其恰恰是在与外部沟通的过程中，由他物撞击而生成的。头脑中较长时间萦绕某个问题得不到解答，通过接触其他事物可能会突然醒悟。这里，长时间思索一个问题是基本前提，其合理性（或科学性）在于很多事物内部包含相通的"理"。这是一种奇特且每个人都可能有机会感受到的思维现象。由此得到的答案或许正是古人所描述的"独上高楼，望尽天涯路"到"蓦然回首，那人却在，灯火阑珊处"的奇妙感觉吧。

灵感思维中的问题常是使人们困惑已久的问题，对于突然降临的"答案"，欣喜之余，应再理性地分析一下是否可以以此为中心构建一个论题。这便是论题评估中的"后半程"。

（二）方法

确定论题的方法多种多样。总结学界的研究经验并结合本人的体验，试归纳如下：

1. 转换视角

有个故事，说小学老师布置作业：描写家里养的小动物。交作

---

[1] 方烁:《所谓智商高，就是悟性好》，中国国际广播出版社 2017 年版，第 127 页。

业时，老师发现两个孩子写的内容一模一样。老师把他们叫来，孩子回答说："我们俩写的是一条小狗，如果写得不一样，那岂不就是两条狗了？"童趣盎然！对同一个事物观察点、观察视角等不同，即使是写说明文，对同一对象的描述的内容也很难完全相同。

法学和其他学科的不同之处是，其自身包含着规范法学与理论法学二元视角，前者又包括立法、司法、执法的不同角度；后者包括单一学科抑或交叉学科，还有比较法的视角，等等。

不同的学科对同一问题有不同的认识及结论。正所谓"横看成岭侧成峰"。诗词学上，"明月在天人在地"，借此表达的情绪大有不同。张若虚所看到的是"皎皎空中孤月轮"———一种气象浩大的直观表象。宋代文学家苏轼在《洞仙歌·冰肌玉骨》所看到的是"一点明月窥人"。不仅对物的视角不同，描述的方法也不同。毛泽东同志的"雨后复斜阳，关山阵阵苍"写的是山和斜阳，实际是以"背面敷粉"的方法来写晴雨云，在艺术手法上这同"蓝蓝的天上白云飘"有显著的不同。

不仅文学上存在大量的不同视角下的描述，自然科学、社会科学的研究同样如此。例如，关于人的性质，马克思认为，人是社会关系的总和；人类学家认为人是直立行走，会制造工具和使用工具的高级动物；生物学家会认为人是有创造性思维活动的动物，判断基础是人的脑容量高于动物。

"二战"期间，为了加强对战机的防护，英美军方调查了作战后幸存飞机上弹痕的分布，认为哪里弹痕多就应该加强保护哪里。然而统计学家沃德力排众议，指出更应该注意弹痕少的部位，因为这些部位受到重创的战机，很难有机会返航。事实证明，沃德的观念是正确的。

同其他人文社会科学一样，学术论文遵循的多元视角本身就是在拒绝绝对真理。只有视角的不同，没有唯一正确的答案。在同一主题的诸多论文呈现出矛盾的观点，同样是有价值的。法学论文的视角转换，基于立法目标、调整方法等不同，可选择的视角是多元的。概括起来，法学研究视角转换的形式包括但不限于如下：

（1）法学内部门法之间的视角转换

现代立法视角多元，描述细腻，常常出现一个事实被两个或两个以上的法律部门同时关注的情形，这需要论文在选题时确定展开论题的视角。例如，电子商务中"二选一"的问题，既涉及合同法、消费者权益保护法、反不正当竞争法，还可能涉及反垄断法。很大程度上，学术视角转移是对选题的限缩，本身也是创新。一篇学术论文如果不限定前提而泛泛展开，创新点可能被淹没，也可能因范围宽泛而难以驾驭。

一篇题为"中国电影票房虚报的症结及法律对策研究"的论文，存在视角如何选择的问题。若选择的是竞争法的视角，那么虚报票房这一事实存在，对其如何规制的制度指向的是虚假宣传。此视角下，进一步探讨的空间不大。如果从专业机构执法检查的角度揭示其存在的多种隐蔽的措施，进而为有效获取证据提供经验，探讨的视角具有实践意义但理论价值能否被挖掘出来，值得怀疑。如果从竞合的角度，分析虚报行为对消费者和对证券投资者的不同影响，进而得出规制的方法和路径等，则具有一定的理论意义。

再如，题为"网络错误性标价法律效力分析——以消费者权益保护法为视角"的论文中，电子商务中"错误标价"问题一直没有明确的规范，《电子商务法》对此只作了原则性的规定。按照《民法典》的相关规定，平台内经营者的价格标示属于要约邀请，购买者下单属于要约，经营者同意属于承诺。《电子商务法》第49条第1款规定："电子商务经营者发布的商品或者服务信息符合要约条件的，用户选择该商品或者服务并提交订单成功，合同成

立……" 这里符合要约的条件是什么，需要细致解释。很大程度
上，这个问题的前提——错误性标价——是争议的中心，也是解决
争议的核心，即什么情况下可以认定是"错误标价"，是客观错误
还是主观错误等。如果不明确这个问题，而是直接将标定价格和通
常价格差异大认为是"错误"，然后以民法的公平原则来指导得出
相关结论，便不能充分揭示问题的本质。如果换一个角度，从消费
者的视角看，可不可以认为所谓"错误性标价"是经营者以错误为
借口而本质上是打广告？因此，需要在标定价格和常规价之间存在
差异的基础上，细致分析什么情况下应当用《民法典》，什么情况
下适用《消费者权益保护法》。

很多法律制度的创建打破了已有的法律分类标准，形成了制度
分类标准的不统一，这成为探讨问题视角转移的制度基础。如对于
互联网、大数据的有关立法，涉及合同法、价格法、消费者权益保
护法、广告法、反不正当竞争法、反垄断法等，甚至程序法也需要
特殊的规则，包括处理案件争议的机关——互联网法院。从不同的
视角分别观察，有可能得出不同的结论，这是创新选题的一个制度
基础。如"'避风港'原则在消费者权益保护法中的运用"，就是
一个转换视角形成的有新意的选题。

（2）基础性学科视角的分析

之于法学学科而言，语言学、逻辑学、解释学等都属于基础性
学科，从这些学科的视角分析具有基础理论性。这不同于法理学是
具体部门法学的基础学科。

这些哲学分支学科之所以能和法学结合，是因为法律文本是一
种一定时期内稳定的语言，需要对语词的含义、语词组合的意义等
进行语义学和语用学上的解释。不同于法教义学，论文写作中的上
述学科理论或方法的运用，是为了对法律文本中的模糊性语词进行

语意澄清。

从语境学角度来看，每一部法律之所以成为一个独立的法律部门，是因为其内在地构建了一种特殊的语境。随着法律对社会关系的调整越来越精细化，法律概念或法律用语的跨部门法现象越来越明显。对因语境干涉而产生的语义变化，语境分析可以提供独特的研究视角。在法学领域，法律解释一直是立法、司法和法学理论高度融合的技术，也有多种方法，但语境分析方法的运用可以揭示更基础的概念含义变化的理据性，包括概念所涵摄的文化基础——集体无意识。一个商业标识从开始使用到知名的过程具有文化生成的属性。正如学者认为："一个特定的符号现在也许不是简单地被看作是一个词与一个概念之间的联系，而是一种自我延续的现象。这种现象会在一个特定文化的集体无意识中逐渐确立自己的位置。"〔1〕因此，语境分析的目标不仅仅为"填补那或多或少地见之于每一个实在法中的空白"，更在于"深入发掘实在法的深层含义"。〔2〕

另外，从认知理论上，有语词组合的法律条文之间存在一定的结构，其含义的解读也需要解构，甚至结构要素重构。"结构，只相当于在其他种种'形式的形式'之间的某一些服从于有限制的、但又特别可以理解的一些标准，（由此）要组成作为体系而具有自己规律的整体，并且要求这些规律建立在转换作用之上，尤其是要保证这个结构有自主性的自身调整性。"〔3〕所以，结构分析是一种"整体—部分"关系的分析方法。按照皮亚杰的理论，作为结构分

---

〔1〕［英］Basil Hatim、Ian Mason：《话语与译者》，王文斌译，外语教学与研究出版社 2005 年版，第 172 页。

〔2〕［美］本杰明·卡多佐：《司法过程的性质》，苏力译，商务印书馆 1998 年版，第 5 页。

〔3〕［瑞士］皮亚杰：《结构主义》，倪连生、王琳译，商务印书馆 1984 年版，第 79 页。

析的方法的要素包括：存在不同的要素形式；组成作为体系而具有自己规律的整体；这些规律建立在可转换的基础之上，即要保证这个结构有自主性或自身调整性。例如，在各国反垄断罚款制度的建构中，都是"多要素—多元"组合体，但我国反垄断法对诸要素组合的适用明显不同于其他国家（地区）。可以尝试使用结构主义的方法对我国反垄断罚款制度进行解构，并在分析结构要素的功能及地位的基础上提出优化我国反垄断罚款制度的方案。

正如伽达默尔所言，"每一个这样的世界——语言构成的世界，从自身出发，一切可能的观点，都是对其世界观的扩展保持开放并相应地向其他世界开放。"[1] 视域的局限性使得每一个学科的认识都存在一定的局限，需要从多种不同的视角观察，认识才能全面。

(3) 跨法学学科的视角分析

按照科学哲学家库恩的观念："每一个学科的知识基础是共同体对认识的一致性承诺。"[2]

不同学科之间的交接点是思想的生长点。在自然科学领域，20世纪出现了大批交叉学科，恩格斯曾经指出："在分子科学和原子科学的接触点上，双方都宣称与己无关。但恰恰就在这一点上，可望取得最大的成果。"[3] 笛卡尔所创立的解析几何就是在代数学和几何学的接触点上取得的。弗雷格也是在数学的基础上创建了语言哲学。在当今的学术界，学科发展越来越强调学科界限，综合意识、包容意识减弱，这不利于学术的创新和发展。很多的新课题往

---

〔1〕 ［德］汉斯-格奥尔格·伽达默尔：《诠释学Ⅰ——真理与方法》，洪汉鼎译，商务印书馆 2007 年版，第 603 页。

〔2〕 ［美］托马斯·库恩：《必要的张力：科学的传统和变革论文选》，范岱年、纪树立译，北京大学出版社 2004 年版，序言第 X 页。

〔3〕 ［德］恩格斯：《自然辩证法》，中共中央马克思、恩格斯、列宁、斯大林著作编译局译，人民出版社 1971 年版，第 268 页。

往可以从交叉学科中产生。

法律具有交错性。从不同的视角介入同一个法律部门，会形成不同性质的研究方法和结论。商业标识混淆可以从语言哲学的角度分析，卡特尔适用本身违法性理由的可以从经济学角度分析，如此等等。

视角的转换需要交叉学科紧密结合，否则得出的结论可能似是而非。一篇名为"法学研究中的地理学方法"的论文，其摘要如下："地理学思维和方法已经在经济学、语言学、社会学等领域得到广泛应用。法学研究中隐含着大量的地理学思维，并且法律在客观上具有地理性。在地理学方法的指引下，法律具有空间结构、系统性并呈耗散结构，'法律熵'的值是衡量一个法律系统耗散程度的基本单位。"

当然，不是所有的论文都适合从非相关学科的视角展开。一个法学论文选题之于非法学学科的多元视角也有远近亲疏之分。例如商业贿赂行为，其基础关系是合同（交易），可以从经济学的视角展开，也可以从文化学（风俗）的角度展开，但前者的关系更近。另外，是否适合大跨度展开分析，在硕士学位论文和博士学位论文中亦有所不同，一篇三万字的硕士学位论文则不宜在法学之外的多个学科展开论述，但博士学位论文则鼓励如此。

2. 新问题的制度回应

互联网时代，大数据算法在为人们带来各种便利的同时，也引发了消费者领域、竞争法领域甚至劳动法领域的新问题。一篇以"大数据算法背景下就业歧视规制初探"为中心的论文，探讨的是"在大数据算法背景下，就业歧视可划分为数据权限歧视和数据解释歧视两个层次，传统规制方式对其存在适用困境。在贯彻平等原则、解释原则、事前审查原则之基础上，通过建立事前审查程序、明确解释义务规则，是规制大数据算法背景下就业歧视的有效路径"。其较好地提出问题和分析问题。

一篇题为"互联网保险合同双向信息流动与平衡机制研究——基于行为法律经济学视角"的论文，缘起于"互联网保险合同的非现场性的信息传导导致交易人关系的微妙变化，这种变化虽然可能没有本质性地改变进而重新塑造法律关系，但这些微妙的变化也足以引发法律人的特别关注"。对网络投保人理性决策的助推是通过增加其轻微负担的形式实现的，即要求投保人对自己的交易利益"应当"秉持审慎照顾的心态，予以适度注意，作出理性判断。虽然最终是否主动获取保险信息是网络投保人的自由，但这种法律基于对个人利益的保护而做出的干预，具有了一般法律义务的外在表达形式。同时，这种具有法律义务外观的信息获取责任最终又确实由网络投保人自由决定是否"履行"，其可以选择不实际阅读保险合同，不请求投保人解释说明条款含义，这种意志自由的选择空间又使该"义务"具有了"权利"的外观。这些新内容都值得进一步研究。

"互联网平台的广告法律责任构建""互联网中的相关商品市场问题分析""网约车出台后进行的限制问题""微信时代著作权保护与限制的边界探析——基于著作权公共利益价值的思辨与归谬"等选题都具有很强的当下性。

3. 制度修订中的矛盾或空白

制度修订中热议的问题往往既是历史遗留的问题也是当下犹豫不决的问题。此处的争议可能将历史、现实和未来连接起来。

在我国，自改革开放以来，被长期压制的产能被快速地释放出来，并在一定程度上在某些产品领域形成了产能过剩的状况。一些过剩产能往往无法短时间内得到消解，其持续的存在使得在过剩产品的推销中，形成了末端商品市场的"供求关系倾斜"的普遍性现象。由此形成了上下游交易时的不平等地位：一方处于优势地位，另一方处于劣势地位。为了推销产品，一方明知不合理但又不得不接受拟交易对方提出的不公平的交易条件，进而产生了滥用优势地位行为。实践中，大型零售商不合理地向供应商收取所谓的"通道费"是最典型的表现。

一直以来，如何规制这种滥用优势地位的行为，多数论者寄希望于《反垄断法》，但《反垄断法》实施多年来仍未出现一例此类"滥用"的案件，同时，这种"滥用"的现象也没有得到根本性纠正。有关部门只得采取临时性的"清理整顿"来应对这种市场乱象。这说明，依据《反垄断法》来规制此种行为没有显现应有的效果，而没有取得应有的效果的原因应该不是出在法律制度上，因为《反垄断法》规定的是滥用市场支配地位的行为；另外，靠一时的"清理整顿"能否根除这种行为？答案基本上是否定的。有制度而无法发挥作用，以"政治动员"来解决，这表明制度的对应性不够。而制度的对应性不够往往产生于对制度性质的认识不够清晰。

4. 政策的新导向

中国的国家社会治理是随着经济转型而不断调整的，有关政策的出台常采取先试验的方法。由此，在政策的基本指向明确而框架未定或内容不明的时刻，需要进行理论研究和实践探索。以此为题进行研究既具有理论价值，也具有实践意义。

一篇博士学位论文的选题是"中央和地方金融监管权配置问题研究"。其基本背景是：2017 年第五次全国金融工作会议后，中央发文明确了地方政府对七类机构和四类场所（7+4）的监管事权。这是我国金融监管体制的一次重大改革：首次赋予地方政府金融监管事权，并初步明确了监管范围和工作边界。地方金融监管是建立在地方金融特殊性基础上的，那么必然产生权利分配零散、不具体、不系统等问题，因此，对金融监管权在中央和地方的配置作出理论回应就十分必要，需要有专门的研究来分析地方政府金融监管权的基础问题，并依此来提出地方政府金融监管权的配置方案和制度建构建议，为我国金融监管权在中央和地方之间的分配提供一个规范的制度框架。

5. 争议案件中引发的问题

一个有争议的案件往往包含两个及以上的矛盾观念，阅读此类案例可以高效地把握三项内容：案件的特殊性质、案件事实和法律的涵摄关系认识、说理逻辑及其结论差异。通常，再审案件或指导性案件都具有此类性质。这是寻找论文选题的一个很好的对象。

在我国，如何认定纵向价格垄断协议一直是法律实践中的难点，也是理论探讨的热点。从早期的"强生公司案"的一、二审判决书说理的差异[1]，到"海南裕泰科技饲料有限公司与海南物价局垄断协议案"（以下简称"裕泰公司案"）判决的"一波三折"[2]，都折射出法律文本解释的意义多元。

在"裕泰公司案"中，垄断协议概念的贯通性成了一审和二审判决的一个重要争议点。裕泰公司认为不具有贯通性，并得到了一审法院的支持。二审法院强调纵向价格垄断协议制度的独立性："从《反垄断法》关于纵向价格垄断协议的上述规定来看，未规定该法第 14 条所规定的固定转售价格的垄断协议须以该法第 13 条第

---

[1] 上海市高级人民法院（2012）沪高民三（知）终字第 63 号民事判决。

[2] 裕泰公司不服海南省物价局作出的行政处罚，提起行政诉讼，经过一审认定海南省物价局处罚决定无效。海南省物价局提起二审。二审认定海南省物价局的处罚决定有效。裕泰公司不服海南省高级人民法院于 2017 年 12 月 11 日作出的（2017）琼行终1180 号行政判决，向最高人民法院提起再审。再审裁定认为裕泰公司的行为构成纵向价格垄断协议，参见（2018）最高法行申 4675 号。

2 款规定的'排除、限制竞争'为构成要件，而是直接将'固定向第三人转售商品的价格'视为垄断协议并明令禁止"，因此，"限制固定转售价格的协议无需以排除、限制竞争为构成要件"。这相当于认为纵向价格垄断协议不是垄断协议，即垄断协议概念是不贯通的。最高人民法院的再审裁定中，特别分析了这个问题，并得出了可贯通的结论："从该条规定来看，除了'其他垄断协议'需要由国务院反垄断执法机构认定以外，固定向第三人转售商品的价格及限定向第三人转售商品的最低价格这两种协议一般情况下本身就属于垄断协议，符合《反垄断法》规定的排除、限制竞争的标准。"有趣的是，再审裁定在表述上附加了一个限制条件："一般情况下"。这些都是值得特别关注的点。

6. 理论解释

不论是新制度还是已有的制度，从理论角度进行解释都是具有很强的理论价值的。这种选题即使不是理论性选题，其方法上的创新也令人瞩目。例如，一篇以"新型市场监管的反身性法理念"为题目的论文，针对日益复杂、新型的环境问题，各类严密的环境规制手段也应运而生，而这类环境规制手段都以命令控制型规制理念为指导思想，因而对执法成本和执法力量等都提出了较高的要求。反身法认为，环境规制手段应当转变过多的强制性干预方式，转而培养被规制主体的自我反思意识，以推进去中心化社会的形成和完善。为此，应当及时进行清理或者改良，并以反身法理念指导规制理念的更新和制度的完善，以更好地实现环境目标。

理论是一种符合客观规律的科学认识，同时，任何一种理论都必须随着实践的变化而发展。理论解释包括创建新理论和发展已有的理论。解决中国的问题，需坚持以马克思主义为指导，运用其科学的世界观和方法论，形成与时俱进的理论成果。[1] 一些新学科中，很多制度的理论基础并不成熟，如数据法学，其中包含大量的可挖掘的理论空间。当然，它需要跨学科的知识。

7. 限定前提

限制选题的前提需要把握两个条件：①限定的前提有必要性；②限定的前提能够发挥限制性作用。

必要性是针对揭示主题的价值，并用以确定研究的视角和立足点。在具体的表述中，这个限定前提必须发挥其特有的作用，通常是为了限定主题的范围、确定主题的新研究视角等。如果不能发挥这样的作用，就没有必要添加限定性前提。例如，一些论文标题上标有"共享经济下的"，但实际在内容表述上并没有立足共享经济，也没有比较共享经济和传统经济之间的差异即展开论述。内容的展开和通常的视角是一致的，没有单独提出特殊的价值和意义，这个限缩没有发挥相应的作用，则不必要限制。例如，"从卡特尔的易破裂性角度分析宽免政策的适用对象"一题，原本卡特尔就是初级的垄断组织形式，容易破裂，即使不加这个前提，分析也是基于这个视角。

限缩必须能够发挥限制性作用。如，"市场决定背景下公安机关监管职能的改革探究"一题中，这里的市场决定背景下是一个视角，但"市场决定"这个视角如何发挥作用？一般，公安机关的职责是维护社会公共安全。市场决定背景这个视角和社会公共安全视角是有冲突的。市场的问题不是公安机关的传统职责，但这恰是研究问题的意义所在。作者的观念是将一部分市场危险需要划转给公

---

[1] 中共中央党史和文献研究院、中央学习贯彻习近平新时代中国特色社会主义思想主题教育领导小组办公室编：《习近平新时代中国特色社会主义思想的世界观和方法论专题摘编》，党建读物出版社、中央文献出版社2023年版，第45页。

安机关来监管。这样，将"市场决定背景下"作为客体来表述，可能比作为背景来限制更为准确。如"公安机关特殊市场监管职能探究"。

限定前提的论题需要和论题内容的展开相符合，否则就会出现"跑题"。同时，限定的视角也不能和内容相冲突，否则就形成了"两张皮"或"拧麻花"。例如，"行政立法视角下的规制影响评估制度研究"一题中，"行政立法视角下"意味着是预先（事前）评估，如果"规制"是以权力运用中的限制效果为基础进行分析，则突破事前评估，属于事中评估了。

四、标题设计

标题，又称题名或题目。论文题目十分重要，必须用心斟酌确定。标题可以提供一篇论文的研究对象、范围、视角、方法等重要信息，也是可以为选定关键词和编制题录、索引等二次文献检索提供特定的信息。

（一）要求

题目是以最恰当、最简明的词语反映论文中最重要的内容的逻辑组合。标题应符合简明、具体、确切等要求。在此，我们将论文题目的要求分为"质"和"量"两个方面。

1. "质"的要求

"质"的要求是对标题用语效果的要求，又可以分为积极条件和消极条件两个方面。

积极条件可以包括如下：

（1）准确和明确

标题要揭示文章的内容，要让人看了能清楚明白要说什么。同时，题名应以简明、准确的词语反映文章中最重要的内容，并符合编制题录、索引和检索的有关原则，有助于选定关键词。

论文题目能准确表达论文内容，所谓准确和明确，可以理解为研究对象（或范围）、条件和视角（或方法）三个部分应当清楚。这三个部分基本圈定了论文内容，或论文内容的可能创新。同时，这三个部分之间在文辞上需互相匹配，与正文的关系上：题要扣文，文也要扣题。例如，"环境污染侵权中恢复原状的理论与实证考察"，这个题目的视角是以理论还是实务为中心，理论和实证的关系如何协调？标题未明确体现。如果作者意图通过研究达到创建一个理论的目的，则拟创建的理论是什么可以在标题上呈现出来，并用实证的方法验证之。

关于题目的准确，做到题目简明、语词使用准确，或称用语精确。

首先，用语要符合概念的一般逻辑。外延和内涵属于形式逻辑中的基本内容。设计题目时，若不考虑逻辑上有关外延和内涵的恰当运用，则有可能出现谬误，或者直接影响论题的准确。例如，"死者人格标识的民法规制"一题中，"规制"的含义是规范、限制的意思，而论文作者的观点不是限制，而是确权，故这个用语不够恰当。

其次，使用科学规范的语言或语词。与科学语言相对应的是日常语言，日常语言在表达上会存在语意的分歧，通常，这种分歧会附加语境来化解，论文标题语言需要以科学语言来表达。如题为"论儿童安全座椅'叫好不叫座'的法治困局及其应对思路"的论文，以儿童安全座椅"叫好不叫座"为中心展开，探讨存在的法律困境及解困的路径。选题上针对的目标和范围具有现实意义，也具有一定的立法参考价值。但是，论文在选择选题视角和针对的具体问题上，还有待于进一步明晰。"叫好不叫座"本身不是法律问题，不能准确揭示针对的具体法律关系内容。如果是以这种日常语言揭示产品质量问题、广告宣传问题等，则需要在标题上准确表达是什么问题，否则会引起歧义。再如一篇题为"国家监察体制改革的逻辑与取向"的文章，选择了探索中的我国监察体制改革过程及其问题，并从"逻辑"和"取向"两个维度分析改革目标。论文能够结合实践中的热点展开探讨，并从理论上分析改革指向的合理性。但值得商榷的地方如下：一是"取向"和"逻辑"的关系如何理顺？如果"取向"是改革的目标，法制是手段，则应当首先确定目标再辅之以手段保障；如果说取向是一种目标的论证理由或合理性，则目标是什么？且此时与制定有关法律（第二部分）的关系就会脱节。二是题目中的"逻辑"一词使用是否合适？一般，逻辑指的是思维的规律和规则，是对思维过程的规范。既然取向是一种系统化的目标、静态的格局，则分出"先后"制定有关法律这种"逻辑"和系统化目标之间的关联关系如何？很大程度上，作者"逻辑"一词的含义指的是日常语言上的"次序"。总之，这里存在的动静关系会让读者感觉不够顺畅。

最后，用语的法律属性清晰。很多法律语词跨越了不同法律部门，在不同法律部门中同一用语可能存在内涵上的不一致，此时，需要明确概念的语境以确定概念的含义。例如，一篇文章的题目是"论成员集体与集体成员的关系"。在正文中，"集体"指向的是"村集体"。即使"集体"指向的是农民集体，在范围上也包括多种形式：村农民集体、村民小组集体、乡镇农民集体。是故，应该在法域上适度限缩，同时在对象上也可以适度限缩。

之于标题而言，何为明确？是否指揭示中心观点上的要求？答案是否定的。在标题与论点的关系上，"明确"的指向主要在标题的表述上。

一种情况是，可以在标题上直接呈现论点。如"生活安宁权：

一种特殊的隐私权""论身份关系协议对民法典合同编的参照适用""论意定代理授权行为的取消——兼释《民法总则》第 173 条第 2 项前半句"。可以从标题上读出论文的基本论点，有助于给读者以直观明确的信息。

另一种情况是，只确定论证的对象，从标题上看不到论文的论点。这又可以分为单一对象和复合对象。前者如"行政规范性文件之民事司法适用"，后者如"法律行为与公序良俗"。大多数标题都是将论文的观点隐含在标题内，感兴趣的读者需要继续阅读文章，坚持"好不好尝了才知道"，即读者只有看过论文才能知道作者的观点。这种方式有利于制造悬念，引发读者的好奇心；同时，也避免因标题论点的"露底牌"而放弃阅读，进而牺牲了论文资料的使用、方法运用上的技巧，甚至语言表达上的特色。

（2）力求创新

毕业论文成功与否、质量高低、价值大小，很大程度上取决于文章是否有新意。所谓新意，即论文中展现自己的新手段、新思路，得出新观点等。有了创新，文章就有了灵魂，也就有了存在的价值。这些创新更多的是内容，就选题而言，也需要创新。

由于标题的字数限制，其承载的信息相对有限。即使如此，仍需要在创新性上下功夫。如同创建一个注册商标，需要突出标识要素及其组合效果的显著性和可识别性一样，论文标题的字、词组合的新鲜度是一个重要方面。创新性选题大致包括如下方面：①补白性选题。研究前人未涉足之领域，填补学术研究空白。②拓展性选题。现有研究成果很少，进行了系统、全面、深入的研究。③补充性选题。采用新视角、新研究方法或者研究了新内容。④超越性选题。在前人已作过充分研究、可能已经形成通说的基础上，进行超过前人研究程度与水准的学术创新。⑤争议性选题。对所提出的观点进行了符合逻辑的严谨论证。⑥新视角或新方法。尽管是已有的选题，但在标题上表明研究的新方法或新的角度，从而可能得出全部或部分新观点。

例如，"共享经济视域下'第三类劳动群体'的劳动保护"一文的摘要如下：

"传统用工关系中劳动关系抑或劳务关系'二元论'的划分模式正在发生改变，共享经济的兴起及劳动者工作理念的转变促成了介于二者之间的'第三类劳动群体'的产生。该群体使得劳动用工形态更加多元化、灵活化。当前的法律制度并未就其内涵与外延进行准确界定，该类群体劳动权益暴露在法律保护范围外的风险大大增强，同时也导致了劳动争议更加复杂化。在对该类群体劳动保护存在的问题进行梳理的基础上，提出了从法律关系认定标准、具体劳动保护政策及劳动法制体系建设方面加强对该类群体保护的对策。"

题中"第三类劳动群体"本身就具有创新性：既不同于传统劳动法上的劳动者，也不同于合同法上的提供服务者。

一篇以"人工智能发明物的专利保护制度——以遗传编程为例"的论文，其摘要如下：

"以遗传编程为例，如果遗传编程在其他技术发明领域的适用愈发普遍，允许其自动生成的专利授权，将会导致申请发明人不断重复地通过遗传编程来创造多种不同的设计方案，并不断申请专利。每一次遗传工程运行的时候，都会设计出不同的方案，因为其使用的是随机程序。遗传编程软件能够产生大量的策略与设计，当遗传编程技术与其他领域技术的结合相对普遍时，如果不加以限制会产生专利权申请量过大、专利申请积压，专利审查员缺乏足够的审查时间导致授权专利质量偏低、不确定性增加等问题，因此需要在制度建设中尽量避免或减少此类问题的发生，其中一个可行方案就是提升遗传算法生成方案获取专利保护的门槛。竞争性公司将不断进行试验以占据优先性的地位，这样就会产生大量的成本。"

这是人工智能时代的现象，从标题上即可显现出研究对象的新颖性。

例如，"我国劳动合同法律关系客体研究"，初步判断，这是一个重复性的选题，从标题上看，没有新意。是否有创新，只能看正文。

有新意的题目，具有相对的独立性，其独立性一般体现在语词的选择和搭配上，但因为论文标题可用的字数有限，在正标题上不能充分表明其创新性时，可以托付给副标题，而副标题仍不能完成这个任务时，只能在摘要、引言和结论上表达出来。另外，标题的新颖不意味着使用新词、怪词，而是以意思表达准确为基础。从根本上看，标题的新颖依赖于内容的创新或视角的独特，即内容决定形式。

社会生活似一个变化无穷的"万花筒"，各个领域、各不同视角下的事物及其矛盾都在不断地运动、变化、发展着，旧的矛盾解决了，新的矛盾又会产生。关注学界探讨的问题和状况，同时积极在事物的运动、发展中发现新问题，才能找到具有新意的论题，如何设计新颖的标题则是辅助性的技能。

限于文章的创新性，在论文的标题上可能使用非通用语汇或通用语汇联合使用而导致含义模糊，此种情况下，需要在正文中予以明确，否则会产生论文的范围不确定的问题。例如，在"粮食安全视域下耕地生态补偿法律制度研究"一文中，"耕地生态补偿"是由《土地管理法》中的"耕地"和《环境保护法》中的"生态补偿"组合而成，那么，造成耕地被破坏的原因到底是外部的侵害（如同环境危害一样），还是自身的修复（如休耕）？如果不解释，将导致论述范围不确定。再如，"数字垄断企业数据优势结构性问题之解决"，这里存在一定的矛盾：数据垄断企业是中性的，数据优势也是中性的，在此前提下，如何产生了"结构性问题"；另外，是"数据优势的结构性问题"还是"数据优势结构性的问题"，也不明确。很大程度上，这个题目没有定位好其到底是理论性选题还是制度性选题。经与作者沟通后，作者的观念大致是，传统垄断企业对竞争产生损害需要其积极利用（滥用）其垄断力量，而数据垄断企业不再需要积极行为损害竞争和其他竞争法保护目标，而通过消极的维持原状即可损害。因此，有必要从后芝加哥学派的消费者福利指标，转向更高的价值目标——经济效率。如此说来，此题目的指向是理论性选题。那么，可以将标题改为："大数据背景下平台垄断数据结构分析标准的优化"。

（3）题名通顺

题名应合乎语法要求，即符合逻辑要求。尤其是需要使用介词时却没有使用；不需要使用介词结构时使用的情形。

例如，"平台经济灵活就业人员社会保险法律制度的构建研究"一题，该标题有如下关键词：平台经济、灵活就业人员、社会保险法、制度构建。其中第一个和第二个关键词之间的关系不宜直接串联，一般就业人员的关系主体是企业等组织，平台经济是一种经济或产业类型。另外，构建后面可以不加"研究"，"制度构建"已经表达清楚了。再如，"营商环境建设中罢免董事制度完善研究"一题，前提和主题之间的关系需要进一步明确。在世界银行营商环境评估指标中，营商环境与罢免董事制度的关系是什么？或在哪些方面促进营商环境的改善？在中国现有制度中，包括《优化营商环境条例》在内，没有提及这两者的关系。因此，这个关系至少不是现有中国语境下的，但有必要说清楚后者如何和在哪些方面达到改善营商环境的功能。营商环境是外部关系，而罢免董事是内部关系。外部关系需要外部主体和制度解决相关问题，内部制度和外部制度的功能关联是什么，从题目上无法确立两者关系。在"暴力袭警行为的体系地位、规范含义及司法适用"的标题中，"体系地位""规范含义""司法适用"之间的关系，及其和"暴力袭警行为"的关系是什么均不够清楚。

（4）题名醒目

论文题目会首先映入读者眼帘，题目产生的效果是第一印象，也可能是最终决定。题目应当有诱读力。诱读力的大小，不可一概而论。总体上，标题的诱读力取决于文章的内容和读者的兴趣，但同一篇文章不同标题的诱读力也有大小之别。标题怎样具有诱读力，因文章性质不同而异。有学者认为：或以义正词严吸引人，或以醒世惊俗吸引人，或以活泼生动吸引人，或以情思绵邈吸引人，等等，各不相同。但是新颖总是具有很大吸引力的，无论哪种文章的标题，力求新颖都是具有诱读力的。[1]

标题的鲜明性可以从正标题或副标题上体现出来。通常，标题的鲜明性集中体现在如下方面：

第一，研究对象。研究对象是研究结论得以呈现的载体。一定程度上，研究对象也决定研究范围，并涉及论题的大小。同时，研究对象也可以在论题鲜明性上发挥一定的功能。研究对象新，意味着论题新。例如，一篇"论个人破产中自由财产制度建构"，这里，"自由财产"是研究的对象，由于语境为"个人破产"，则"自由财产"应该有特殊的含义，由此，论题的鲜明性便体现出来。但是，这种以特殊用语体现研究对象的不同也存在一定的风险，即往往其使用的新概念在学界不通用。这个概念能否成立，这本身也是个问题。使用新概念对正文形成一定的压力，需要在正文中对新概念进行较为细致的说明，包括明确的界定、其他邻近概念概括能力之不足等。

---

[1] 参见王恩华：《大学学术失范与学术规范》，湖南师范大学出版社2010年版，第99页。

第二，研究的视角。研究的视角不同，研究材料、工具可能不同，得出的结论亦不同。大而言之，研究视角包括外国制度的本土化，也包括不同学科之间的转化，还包括法律制度之间的转化。如一篇题为"企图垄断规制的引入：要件解析与中国化进路"的论文，涉及一个新词"企图垄断"，从后标题看，这是国外的制度的本土化。再如，"反垄断法中搭售行为的福利分析"，这是将法律行为的规范分析转化为经济学上的福利分析。

第三，研究的方法。分析方法可以在正标题中体现，也可以用副标题说明。通常，分析方法上的鲜明性建立在已有研究所使用的分析方法的基础上。另外，这种方法的适用可能产生有别于传统方法的分析效果。

第四，研究语境。研究语境的改变研究对象的含义可能改变。例如，"新时代背景下产品质量法中产品的定义"。产品的定义涉及产品质量法的调整范围。新时代是高质量发展的时代，在高质量发展的背景下，产品如何进行调整和调整的内容是什么等均值得研究。当然，以语境显示论题的鲜明性，前提是语境对研究对象内涵具有"语意干涉"的效果，否则，附加的语境则无意义。

很大程度上，标题新颖就是用语鲜明并指向明确，视角或方法独特，可进行语境转换。

一般在论文标题上关键词不宜重复。如一篇论文题为"以政府采购行为评析'政府采购第一案'救济机制问题"，读起来有些不干脆的感觉。此外，重复性选题或重复性用语等也会给人以陈旧的感觉。

（5）题名与所属学科相符

这也可以称为学科立场。一般，专业学术型研究生都有学科分类和学科内的研究方向，虽然鼓励跨学科研究，但研究的基本立足点应当明确并与自己的学科相对一致，否则便失去了学术研究对学科的贡献，这在论文答辩环节会被质疑。例如，"反不正当竞争法在企业中的应用""投资银行尽职调查法律问题研究""企业自律问题研究""反商业贿赂的企业合规体系的构建"等。

一篇题为"商业贿赂认定中豁免制度的建构——将建立有效的内控合规体系纳入合规抗辩"的论文，从主标题上看，"商业贿赂的豁免"是少有人探讨的问题，从副标题上看，"内控合规"是企业内部的问题，将两者连接起来解决外部性问题，这应该遵从了学科方向。

再如，一篇关于"婴幼儿保育权实现中的关系建构"的论文，论文针对以现行法律中的监护权为中心的"私物性子女观"提出质疑，认为婴幼儿监护权问题所内含的社会性关注明显不足。论文提出了将婴幼儿保育关系进行社会性重构，研究的视角独特，说理也较为充分，选题也具有理论价值和实践意义。但值得商榷之处在于：作为法学论文，这是一个理论性选题还是制度性选题？如果是前者，则应当提出这种观念重构的制度意义是什么；如果是后者，那么应当指出具体的制度架构是什么。在论文的结构部分，作者提出了国家作为社会共同体一员的连带关系。从福利国家的角度，儿童成长是国家的一项义务，国家也有部分职责，其中就包含着国家责任这一观念。如果论文的落脚点在国家是连带关系上，则似乎没有给出结论。如何连带？内容是什么？这些问题均未提及。如果说这是一篇社会学的论文，则较为契合。

有些学科交叉的问题，在学科方向约束上则应该宽容，如公司法的相关问题、反垄断私人诉讼问题等，既是商法内容也是经济法内容，既有程序法问题也有实体法问题。

（6）题名与文章内容相符

标题是要服从、反映、概括、揭示文稿内容的。因此，标题必须与文章内容相符，切不可题文不符、题不对文。一篇题为"论 PPP 的治理价值及其实现"的论文，意图通过揭示 PPP 的价值来强化其实践意义和实现的路径，选题上具有·定的意义。文章分析了 PPP 的含义、价值的双重性和实现路径三个内容，从标题上看，中心观念是"实现路径"，文中探讨了价值的双重性，在有关价值的实现路径上展开充分论述的却是 PPP 的功能，功能和价值不是一个概念。

"公正与效率博弈：中国传统法文化在补充判决制度中的价值选择"一文中，作者提到：

> "公正观作为中国传统文化蔚成家数的分支，对现今法治社会发展有其独特的文化范型作用。随着公正观从古至今的演变和发展，在丰富传统法文化公正价值内涵的同时，也受到效率价值观的冲击，导致司法改革进程缺乏统领全局的明确目标，尤其表现在补充判决制度的程序设计上。在司法改革的背景下，从维度和向度的视阈，论证公正与效率的辩证关系，厘清公正始终是司法断案的终极目标，且符合补充判决制度的设计理路。将传统法文化'度''量''衡'作为公正价值的内隐标尺，有助于传统法文化在补充判决的制度设计与程式规范下的继承与发展。"

这里附加了"中国传统文化"限制探讨的范围，这个限制和中心主题之间的偏离可能也存在一定的矛盾。公正与效率的问题不是传统中国文化的核心概念。

上述列举了"质"的要求的积极条件，此外，按照相关学术规范，还包括"不得"等消极条件。概括如下：

（1）不得使用非公知符号

题名应避免使用非公知公认的用语、缩写词、字符、代号，不得出现结构式。

如果可以用公共语汇表达清楚，就不必用生僻字眼。例如，"粮食安全视阈下的耕地保护制度完善"中，"视阈"和"视域"

没有本质性的差别。这不同于法史学、历史学或文学类的论文。

经常有些法律名称太长，学界会习惯性地使用简称，例如，《消费者权益保护法》常被简称为"消法"，《反不正当竞争法》常被简称为"反法"。严格而言，简称是在第一次出现并经特别说明后才能使用，但标题中的简化使用是违反特别说明"义务"的，由于没有这种说明，其指向应该不止一个对象，如"反法"二字，可以指向"反垄断法""反食品浪费法"。所以，标题中使用简称是不严谨的。如"'反法'中的社会利益实现机制"一题，这里就存在指哪个"反法"的问题。

同理，题目也会涉及缩写词，如 PPP、BOT 等，在公众已经熟知的情况下，若不会产生误认，可以简化使用。

之于法学论文而言，有关符号、公式、结构等应该不会涉及。

（2）不使用比喻或暗喻等方式表达

比喻是文学中的常用手法，文学中可以在文章或书籍标题上使用比喻的形式，但法学论文基于主题的明确性、严谨性，不能以比喻设计标题。暗喻，也称隐喻，本体、喻体都出现，中间常用比喻词"是""似""变成"等连接，常在讲演或政论文章中使用，如"欧洲极右势力沉渣泛起"。

可否用借喻的方式作标题？借喻是比喻的一种，是以喻体来代替本体，本体和喻词都不出现。借喻的作用是使本体形象化，借代的作用是给本体换个更形象的名称来表达。例如，"现在是撤掉'大酒杯'的时候了"，"大酒杯"指什么？美联储历史上任职最长的主席小威廉·麦克切斯内·马丁曾说美联储的任务只有一个，即"在宴会刚开始时，撤掉大酒杯"。这篇文章的主旨是金融利益集团对赌的预期必须被遏制。在杂文和政论文的标题上可以使用借喻，但限于标题中没有先说明双引号的存在，通常不能在法学论文标题中使用借喻。

当然，并不否定隐喻和借喻在法学论文和政论文的论证中均可使用。《国际歌》的歌词几乎都是借喻："我们要夺回劳动果实，让思想冲破牢笼。快把那炉火烧得通红，趁热打铁才能成功！……是谁创造了人类世界？是我们劳动群众。一切归劳动者所有，哪能容得寄生虫！最可恨那些毒蛇猛兽，吃尽了我们的血肉。一旦把它们消灭干净，鲜红的太阳照遍全球。"

此外，法学论文的标题中也不要使用俚语或俗语。如"商业领域的'潜规则'研究"一题就不合适。

（3）题目结构各部分不存在矛盾和冲突

一篇硕士学位论文题为"现行劳动法体系下妇女权益保护法律问题研究"，这个题目的中心词是妇女权益保护，从社会法角度而言，有单独的妇女权益保护法，但是，此文是在劳动法语境下，妇女的专业概念是女职工，故标题用语上存在语境和用语偏离的问题。

一篇博士学位论文题目是"标准专利联营的反垄断法分析模式及规制框架流变研究——以消费者权益保护为中心"，这里存在着如下关键词："标准专利联营""反垄断法""分析模式""规制框架""流变""消费者权益保护"，核心是"分析模式""规制框架""流变"，这三个关键词中，体现中心观点的是"流变"，"流变"表达的仅仅是历史过程，对一个法律规制框架的发生、发展过程进行归纳总结是有意义的，但比其更重要的是"分析模式"和"规制框架"，如此将论文的中心圈定在"分析模式""规制框架"后，还存在两者是什么关系的问题。一般而言，"分析模式"是"规制框架"下的一个问题，需以后者为基础，进而形成法律的分析模式。所以，后者是基础关系，这个关系之所以是基础是因为它来自对法律标准的归纳，其存在的理论空间相对比较小。结合副标题，显然，"分析模式"具有更大的理论空间，并且可以和消费者利益保护这个分析路径相衔接。所以，该文的标题可以简化为"标准专利联营的反垄断法分析模式研究——以消费者权益保护为中心"。

一篇硕士学位论文题目是"中国和俄国专利法律制度比较研究"，其存在的矛盾问题有二：一是"俄国"的使用。若现代的中国和历史上的俄国的同类制度比较，则没有可比性。从其内容上看，比较的是"俄罗斯"，而不是"俄国"。二是比较什么？文章将专利制度进行了多方位的比较，从申请人、类型到侵权等。就一篇硕士学位论文而言，平铺式的内容展开会失去中心，各部分只能蜻蜓点水。

再如，一篇学术论文的题目是"共同富裕视角下公平竞争制度的作用机理与优化路径研究"。这里，包括如下几个关键性内容："共同富裕"必须具有限制性作用，也就是在这一背景下，"公平竞争制度的作用机理"和一般条件下的作用机理是不同的，这是其一。其二，这种作用机理可以且需要进一步"优化"，在此基础上，探讨优化的路径。值得探讨的是，"共同富裕"可能对机理没有约束性作用，机理也不存在所谓的"优化"。因为机理属于原理范畴，不是理论范畴。如果是理论，可以优化。

2. 量的要求

（1）题目的字数

至于多少字算是合乎要求，并无统一的强制性规定。一般而言，一篇论文标题不要超出 20 个字。不过，不能一味追求字数少而影响题目表达的准确性，在遇到两者确有矛盾时，宁可多用几个字也要力求表达准确和明确。若简短题名不足以显示论文内容或反映出其属于系列研究的性质，则可利用正、副标题的方法来解决，以加副标题的方式来补充说明特定的实验材料、方法及内容等信息，使标题既充实准确又不流于笼统和一般化。

（2）一个中心而不是两个以上

一般来说，一篇论文只有一个主题。标题大常是主题范围大或多个主题放到一起导致的。如果两个或以上内容都排列出来，需要至少在关系上彼此相连，甚至相互递进，否则，不宜同时放置于标题上。如"我国矿产资源保护法律制度创新与完善研究"一题，这里，文章的中心是"创新"，还是"完善"？因为完善针对的是不足，而不是创新。类似的题目如"中国与'一带一路'国家税收征管合作的完善与创新"。

再如，"多边税收征管互助公约"一文，该文在实体层面阐述了三种征管合作方式——情报交换、追索协助及文书送达。其大纲为：

一、国际税收征管合作的内涵

（一）税收情报交换

（二）税收追索协助

二、我国与沿线国家税收征管合作的局限性分析

（一）税收情报交换制度的现状与困境

（二）税收追缴协助的现状与困境

三、税收征管合作的域外发展趋势及借鉴

（一）税收情报交换的域外发展趋势

（二）税收追索协助的域外实践借鉴

四、完善我国与沿线国家税收征管合作的建议

（一）拓展创新税收情报交换制度

（二）逐步试点税收追缴协助制度

（三）构建"一带一路"区域性税收征管合作机制

这里将两个问题——"情报交换"和"追索协助"平行推进，整体上，是两个主题平行进行。尽管它们之间存在紧密的关联性，但存在各自的特殊性问题，不宜在主题上和内容上将其放在一起展开论述。

多个中心不宜作为论文的题目，即所谓"若干问题研究"。如"论国家监察体制改革中的宪法六题"。

（3）选题范围与大小合适

标题大小是在论文不同类型下的认识，博士学位论文的标题可以比硕士学位论文的标题适度扩大，学术论文的标题应当比学位论文小。论文标题大小和结构及结论紧密相关。标题大可能导致结构松散、导致结论的针对性不强。除了标题上不能使用"若干问题"或"几个问题"等外，还有很多表述可能存在范围太大的问题，例如，"……的经济法学解释""跨境数据流动法律问题研究""医疗广告的经济法规制"，等等。

在内容与标题的关系上，常见的问题如下：

第一，"标题小，内容大"。一般说来，"小题目，大文章"是学术的基本标准。这种标准的前提是在一个标题下坚持一个研究视角，如果有多个视角，则会出现所谓"标题小，内容大"问题。例如，"粮食补贴的经济法保障"。经常见到类似"××的经济法规制"这样的题目，其中，经济法是作为研究的视角出现的，一定程度上也在发挥限制性的作用。但是，由于经济法是一个学科，不是一个具体的法律制度，在学科意义上包括经济主体法、市场规制法、宏观调控法等法域范畴，并且每个范畴中包含多个具体的法律部门，由此，"经济法规制""经济法保障"这种后缀的论题出现的公共性的问题就是，无法将诸多经济法中的部门法——展开，出现"挂一漏万"的不周延问题。

　　还存在一种"小马拉大车"的情况，也应当纳入"标题小，内容大"的范畴。通常表现为，由一个特定方面引出的所谓特殊性尚不能达到基于特殊性而进行特别立法的程度，但往往提出某某方面制定特别法等一般性的结论。例如，"电力行业公平竞争审查制度研究""原料药行业反垄断问题研究""体育消费者权益保护制度研究""烟草专卖制度的反垄断法分析"等。

　　这类问题看似标题很小，但可能存在一个难以跨越的障碍，就是对象上的限制是否能够产生该特定对象上的特殊法律制度上的结论。换言之，这一个杠杆是否能够撬动整个制度。通常情况下是不能的。这类问题的障碍常来自"跷跷板"这一端针对的另一端——制度的完善，也可能是制度的调查。

　　"杠杆撬动立法"的问题主要集中在对事物特殊性的把握上。即事物关系的特性是否达到了需要制度上给予特别关注的程度，达到需在"制度上给予特别关注的程度"，包括在立法上改造现有制度、完善内容、细化解释等。例如，"网络直播行业的引诱违约行为的反不正当竞争法规制"一题，这里的"网络直播行业"起到限制主题的作用，但是，这个前提的存在必须有某种特有属性，而不是一般属性，以至于需要反不正当竞争法在制度上予以特殊关注。如果仅仅是有自己的一般特点，本质属性并没有改变，则这种前提没有必要。另外，引诱违约之于反不正当竞争法的本质属性是什么？如果得出的结论既可以适用于网络直播行业，也能够适用于其他行业的话，则没有必要加这个辅助条件。或者说，无法从反不正当竞争法角度给予特殊关注。同样情况，如"体育行业消费者权益保护法律制度研究""B2C 和 C2C 模式下消费者权益保护的法律问题研究"等题目也存在这种疑虑。

　　第二，"标题大，内容小"。这种标题和内容之间的不一致问题常常是标题概括不准确。例如，"纵向垄断协议制度的完善"，这个题目包括很多内容，如认定标准、豁免、证据制度、法律责任等。在内容的展开上，如果只论述其中一个方面，则构成了"标题大、内容小"。此种情况，适度限缩题目，使内容与标题统一即可。再如，"从消费者权益保护的角度看电子商务的商品交付"一文的标题中，"消费者权益保护"这是不明确的视角。这个显性的视角还需要进一步限缩，否则，就会存在类似从消费者保护法还是电子商务法，是立法角度还是执法、司法角度等模糊问题。

"标题大、内容小"问题源自没有处理好论文选题上的"点"与"面"的关系。问题是一个"点"，不是"面"。换言之，问题以纵向挖掘为基准，横向扩张为辅助。如果问题求"面"、求横向拓展，则需要更高的站位，将"面"，压缩为"点"。如以"反垄断法中的个人法律责任"为题，个人责任包括行政责任，刑事责任，行政责任还包括财产责任和职业限制责任等。探讨中，还需要回应垄断行为中为什么不承担民事责任，或是否需要承担民事责任等问题。这样就形成了民事、行政、刑事三种责任的"面"。如果只以企业高管职业资格剥夺来展开个人责任，则问题要小得多。如果将三种责任作为一个体系化进行研究，探讨如何协调以形成更有效的实施机制，那么探讨的就不是个人责任了，而是责任关系了，由此形成新的"点"。

第三，"标题大，内容大"。从形式上看，标题上有多个关键词似乎在限制，但实际上，诸关键词之间没有相互限制的关系。如"司法正义与社会正义的错位：类型、因素与启示——以热点案例为例证的分析"一文，从标题上看，存在类型错位和因素错位。另外，错位是一种现象或关系，从法律的角度，错位的价值需要矫正。是否矫正，在题目上看不到。

如果在标题上不直言论点而只以研究对象表达标题时，研究对象可以采取如下三种限缩方式：在前端限缩、在后端限缩和加副标题限缩。

第一种方式是在前端限缩。在研究对象前附加限制语境进行限缩，如"从刑民实体判断看交叉案件的诉讼处理机制""结构视角下的认罪认罚从宽制度"。前端限缩是限制研究对象，一个论题的研究往往经历由大到小的过程。例如，反垄断法颁布前，研究的对象可以是行政垄断，后期再研究只能进一步限缩，如研究抽象性行政垄断。

第二种方式是在后端限缩。在研究对象后确定研究视角进行限缩。如"著作权转换性使用的本土法释义""'知假买假'：基于功能主义的评价标准构建与实践应用"。

后端限缩是给出作者思考的角度和研究的方法。这部分限缩与其说缩小了主题，毋宁说是扩大了同一对象的研究视野。因为同一个主题可以有不同的视角观察，所谓"看得见风景的房间"，是作者自己选定和观察到的，往往具有多元性。

第三种方式是加副标题进行限缩。通常在如下情况下加副标题：①对正标题进行补充、说明。如"论无因管理本人的偿还义务——兼论《民法总则》第 183 条第 2 句的适用问题"；②指明研究路径或特色。如"立法演进与污染环境罪的罪过——以行政犯本质为核心""《民法总则》职务代理规则的体系化阐释——以契合团体自治兼顾交易安全为轴心"。

当然，以上方法也可以同时使用。例如，"责任阻却性紧急避险的厘清与适用——以受虐妇女杀夫案为视角"。

3. 论文标题对正文的约束

凡在标题上出现其他学科的生僻概念或法学学科不常见的概念、方法、理论用语，作者都担负着一项特别的"义务"——在论证中对此进行解释和说明，将其基本来源、含义、范畴、功能、价值等表达出来。以何种形式表达，表达的宽度和厚度如何，取决于论文的类型和上下文论证的需要。可以单独列标题表达，也可以概括性表达；可以在正文中，根据需要也可能放到注释里。

例如，一篇标题为"我国《个人信息保护法》中'守门人'制度的完善——以元规制为进路"的论文，作者在正文中，只表达了学界对"元规制"的认识和看法，由于学界的认识存在分歧，并不能给读者以明确的认识。如果此概念不明确，则无法为后文的展开提供清晰的指引。

总之，标题用语力求准确、鲜明，但所有用以突出准确性、鲜明性的用语，对正文的展开都具有约束性的作用。如果单纯为了凸显文章特色，追求标题设计上的"唯名论"，无相应的内容支持，就进入了另一个极端，会出现文不对题或文题不符的问题。

（二）标题的基本结构

从语词的关系结构上，论文的标题也有一定的规范化要求。

1. 常见结构

通常，论文的标题是动宾结构或名词性短语。"论+名词"或"论+名词短语"，如"论反不正当竞争法的控制模式"，或者"名词+研究"。

"商业标识混淆不正当竞争行为的认定是否需要分析相关地域市场？"一题可改为："商业标识混淆的认定中的相关地域市场"。

一般忌用社论体，即"主+谓+宾"结构。但是，如果采取疑问句式，为特别突出某个部分，也可以。例如"数据利用的根本矛盾何以消除——基于隐私、信息与数据的法理厘清"；再如，"法理论为什么是重要的——法学的知识框架及法理学在其中的位置""权利制约权力何以可能的法理解答"。

2. 特殊结构

（1）多个名词之间排列

多个名词排列会形成双重关系或多重关系，如何处理？

如果多个概念之间可以相互限制，那么直接并列两者即可，而不一定以"论×与×的关系"来设计，如"法律行为与公序良俗"。该文的主要内容为："法律行为的原因、内容、条件、负担以及当事人的动机等因素违反公序良俗时，不仅各自的表现样态存在区别，对法律行为无效性的影响也不相同。"

这种方式所列举的对象是关系，应该是可以进行简明类型化的关系，相当于进行类型化研究；或从属性关系，如"公益诉讼与诉权扩张"。

是否可以在标题上呈现三个概念的关系？通常，不适宜用此类标题。复杂关系包括内容，也包括研究对象的范围，如"反垄断法、自发秩序与政治价值"，这三个概念之间的关系难以简单分类阐述清楚。三个概念无论是关系紧密还是具有从属性，处理起来都很复杂，因此，这类标题更适合作专题研究，如美国学者布坎南写了《自由、市场与国家》。如果三个概念各自的功能清晰，也可以同时出现，如"拨开代持迷雾：司法实践中涉股权代持隐名股东案例研析——基于2016年全国128份裁判文书的考察""法律界限、选择标准与融资租赁标的物创新"。这里有的概念是前提，有的是解释和说明。标题上有一些内在关联性的概念，不是主题而是内容，如"合理化、合法化、有效化：城管执法进社区的三维向度研究"一题中，"合理化、合法化、有效化"是城管行政执法的三个要求，相当于是论文的三个结构。

如果突出重点和中心，三层结构能起到很好的限制效果，亦可使用。如"追本溯源：认罪认罚何以从宽——基于对实践和立法的反思""公共品供给'补缺式失衡'：何以生成与强化？——中部贫困村与非贫困村比较分析""民法典的选择：劳动合同抑或雇佣合同——《德国民法典》第611a条修订的教义学分析与启示"。

（2）以时间结构来限制内容的形式

如果是综述性文章，归纳某一专题的若干年的成就，无可厚非。但如果是学术论文，不建议在标题上对时间进行限制。制度性选题的论文研究本身包含并驾驭两个时间段——现实制度（问题）、未来修订（完善），但时间不是主要内容。论文标题上突出时间，反而淡化了其他内容。再如，"司法行政管理权与省级统管：历史与未来"一文，标题包含"历史与未来"，在内容上，从南京国民政府到新民主主义时期的司法行政管理权状况开始分析，似显拖沓，它只是提供了一个简略的资料而已，对后面进一步实施的司法改革没有直接的引导作用，故这部分内容与下文及整个论文的关联关系较弱。"历史与未来"不等于"理想与现实"，后者都是现实，只是立法者的预期目标与现实状况，这种对比有利于凸显问题，如"公司法第5条的理想与现实：公司社会责任何以实施？"。

（3）"法律规制"类结构

一般说来，论文的主题在论文标题的用语上呈现。一篇制度性选题的法学论文，无外乎制度完善、制度构建、认定标准的细化、概念的解释。近年来，越来越多的论文，尤其是学位论文标题上频繁使用"规制"这一词汇来表达主题。（2021年5月）在知网以"规制"为关键词搜索，结果显示：期刊论文40.1万篇；学位论文3.52万篇；以"法律规制"为关键词搜索，期刊论文2.53万篇，学位论文1.23万篇。此外，在论著、会议主题中，政府规制、环境规制、经济规制、广告规制等组合词也大量被使用。

分析近些年来规制概念的使用，可以看出存在如下几个特点：

第一，"规制"的意义有明显的扩大化的倾向。不论是立法论，还是法律实施论的论文，越来越抛却已有的"完善""解决"等概念，而用"规制"笼而统之。

第二，概念的意义有从行政向司法（私法）渗透的倾向。以"行政规制"为关键词搜索，结果是：期刊论文 662 篇，学位论文316 篇。以"司法规制"为关键词搜索，结果是：期刊论文 569篇，学位论文 291 篇。以"民法规制"为关键词，结果是：期刊论文 73 篇，学位论文 58 篇。

第三，硕士学位论文中的使用率远远高于博士学位论文。以"＊法规制"为关键词搜索，硕士学位论文数量高于博士学位论文10 倍以上。

"规制"的来龙去脉学界多有叙述，以最简单理解，其基本含义是规范与限制。更狭义的解释，仅指限制，"规范"为"限制"所吸收，其语境是行政机关对一些民事行为的约束和限制。

很大程度上，"规制"的意义在泛化使用，泛化到立法、执法、司法、法制宣传、执法人员素质、行业自律等方面。以泛化的"规制"为标题进行论文写作，无疑是自己给自己挖了一个大坑并跳进去。蔓草遮田，蒙翳霜露，东西难辨。

现有的学位论文，制度性选题居多。以"规制"为标题的制度性选题常以制度完善为结论，这已经超出了规制的固有范畴。泛化的一种的表现是，在内容上写者将立法、执法、司法、行业自律等全部纳入文中；另一种表现是选择上述两种或两种以上进行组合。于是，"问题及其解决"变成了"问题的规制"，"制度的完善"变成了"制度的规制"或"××法规制"，等等。后种情况下仍被视为泛化是因为任何一个视角下研究问题，都可以进行再分类，如以立法为中心的论文还分为认定标准的创设、细化，或法律责任的完善，即研究内容可能横跨法律文本中"两章"以上。学术论文展开的范围，最好限定在法律文本的"一章"之中探讨。如××认定标准的完善，或执法权力的配置与约束研究，或法律责任的完善。这有利于范畴固定，笔力集中，论证深入。

不能否定，任何一个语词都具有强大的意义扩展的潜力，即索绪尔所言的能指和所指之间具有无限可能性。语词意义的增大也是一种文化现象，但意义的扩张需要理据性。同样不能否定，规制一词本身的创建意义：简化了行政执法实体性规范和程序性规范表述上的繁复，但学术语词意义的增加需要学术共同体的集体认同。

也不能否定，实践经验交流和学术问题研究的要求是不一致的。学术研究要求选题具有理论意义和（或）实践意义、主题鲜明、视角独特、方法得当等，而被泛化了的"规制"将立法、司法、执法等裹挟在一起，将理论探讨和经验杂糅在一处，形式上看，面面俱到，实质上大而无物；写作过程中感觉很好写，结果是无法写深、写透。这也就是上文所谓的"给自己挖了一个大坑"。

有必要勇敢地拿起奥卡姆剃刀，将立法的归于立法，司法的归于司法……让使用的"规制"回到其元意义，以保障论文写作中视角的确定性及对所确定的路线的忠诚。

第五章 ｜ 法学论文结构与辅助形式

　　明初张绅《法书通释》云："古人写字，正如作文，有字法，有章法，有篇法，终篇结构，首尾相应，故云一点成一字之规，一字乃终篇之主。"通常，章法是指安排布置整幅作品时，字与字、行与行之间相互呼应、照顾的方法，亦即整幅作品的"布白"，亦称"大章法"。习惯上又将一字之中的点画布置和一字与数字之间布置的关系称为"小章法"。论文的结构如同一幅书法作品要端详整体结构，也要细究逻辑环节，即要讲究章法。"大章法"如同论文的整体大纲，用几个标题（或章）表达主题思想；"小章法"如同大标题之下的二级标题或三级标题，展示各部分之间的逻辑环节和逻辑细节。

一、类型化的论文结构

　　学位论文和学术论文不仅在字数上有差异，在结构形式上也有明显的不同。

（一）学位论文的基本结构

　　学位论文的格式规范是为了统一论文形式，或形成统一的风格而确定的要求。总体上，文科和理科的学位论文略有不同，理科会更多地考虑国际化的格式。

　　在硕士学位中，鉴于培养目标、培养方案、考核要求等不同，法学硕士和法律硕士（或者法学法硕和非法学法硕）之间也可能存在一些不同。学位论文的基本结构如下：

1. 前言的基本形式

    题目

    摘要（中英文，中文 1500 字~3000 字）

    目录

    前言（背景、动机、前人的成果、创新等）

    ——选题依据（背景）

    ——资料综述

    ——研究方法

    ——研究目标及创新点（及不足）

2. 正文的基本格式

    第一章

    一、

    （一）

    1.

    ……

3. 结论及辅助部分的基本格式

    结论（1000 字~1500 字）

    参考文献

    致谢

    硕士（博士）期间发表的论文

也有一些理工科的学位论文采取的标号形式不是汉字"章"或其他汉字标题符号，而是阿拉伯数字表示的层级，形如：

    1.

    1.1

    1.1.1

......

上述格式区别于教材体例。教材体例由大到小排列依次为："第一章""第一节""一、""（一）""1."……可以分若干层级。但学位论文的标题符号最多到第四级，再往下就用：第一、第二……或者首先、其次……等来表示，不可再往下分级。如此分级的原因，主要是论文文字表达的性质，即论证，而不是知识的讲解。后文详述。

4. 特殊形式

上述章节目会把论文的内容割裂得很细碎，适用于字数较多的博士或硕士学位论文。有些字数要求较少的硕士学位论文（1万~2万），就可以按照学术论文的形式展开，尤其是标题可以使用小层级的符号来标示。但是，论文中需要有辅助结构，包括"前言"和"结论"，这是两个必须的内容。例如，一篇关于民法典中居住权的论文，其格式如下：

标题
摘要和关键词
目录
前言
　　一、居住权在我国的法律虚化与实践认同
　　　　（一）居住权的罗马法起源
　　　　（二）近代以来各国立法对居住权的扬弃
　　　　（三）我国法律对居住权的双重态度
　　二、物权法接纳居住权的客观难度
　　　　（一）物权法是否规定居住权的争论
　　　　（二）物权法接纳居住权的内在冲突
　　三、婚姻家庭法对居住权的客观需求
　　　　（一）婚姻家庭法与居住权相融性
　　　　（二）婚姻家庭生活的变化对居住权的期许

四、婚姻家庭法中居住权的立法模式

    （一）居住权的范围限制

    （二）居住权的权能限制

    （三）居住权人与所有权人的外在利益平衡

结论

参考文献

致谢

（二）学术论文的基本结构

学术论文的基本结构比上述特殊形式的学位论文还要简约，通常，"引言""结论"不以标题形式单独列，甚至视情况可以没有这些内容。因此，学术论文的基本结构大致如下：

题目+摘要+关键词+（引言）+正文+（结论）+参考文献

学术论文的摘要不同于学位论文的摘要，除了字数外，内容上要求全息性、内容结构上要求自洽性、摘取上要求客观性、表达上要求抽象性等（具体见下文"辅助结构之一"）。可以说，基于字数的限制，学术论文的结构比学位论文的结构紧凑得多。

在"引言"上，也存在诸多不同。学位论文在正文前的一个相对独立区域的文字通常叫"前言"，也有的叫"绪言"。更重要的是写法和内容上的不同。具体请参见第六章。

在格式上，如果学术论文的字数相对较少，一般不用"（一）"，而是直接使用"1."或第一，第二，……等。这意味着，学术论文的标题符号的位次无需依次排列，通常应当适度跨越。跨越的程度越大，文章的一体性越强。对此第七章详述。

二、论文的正文结构

在正文结构上，学位论文和学术论文有明显的不同。尽管有的学术论文的字数也可能在 2 万~3 万，差不多达到了一篇学位论文的字数，但在正文及个别辅助要素的结构上两者差异很大。

（一）学位论文的正文结构

通常，学位论文第一章阐述的是基本理论（也可能是研究的对象或问题），涉及概念、特征、理论等，第二章揭示拟研究的问题，包括问题是什么、来源于什么、问题的表现形式、问题的危害性等。通常，问题提出后，不宜紧接着就解决问题。结构上，需要展现"提出问题—分析问题—解决问题"的程式。问题解决的必要性、可行性，问题解决的思路等可以单独列一章。其后，也可能会用一章的篇幅来比较国外同类制度及其值得借鉴之处，再往下一章是论文的中心，即问题解决的方法或制度的完善。例如，一篇关于纵向价格垄断协议豁免制度的论文，其大纲如下：

第一章　纵向价格垄断协议适用豁免条款的理论基础
　　一、基于经济视角
　　二、基于法律视角
第二章　我国纵向价格垄断协议豁免条款适用的理论分歧及制度问题
　　一、我国纵向价格垄断协议豁免条款适用的理论分歧
　　二、我国纵向价格垄断协议豁免条款适用的制度问题
第三章　美欧纵向价格垄断协议豁免适用的比较分析与借鉴
　　一、美国：合理原则
　　二、欧盟：禁止+豁免
　　三、美欧及我国豁免适用模式比较与借鉴
第四章　我国纵向价格垄断协议豁免条款适用体系构建
　　一、确定以"可抗辩的违法推定原则"为分析模式
　　二、明确纵向价格垄断协议豁免的审查标准
　　三、合理分配举证责任

这是一种比较常见的学位论文结构，当然，其二级标题设计的合理性还可以进一步探讨。总体上，这篇论文的一级标题结构呈现

出了较为清楚的"提出问题—分析问题—解决问题"的思路。

学位论文结构上比较常出现的问题有三个，一是没有问题，二是结构松散，三是与外国制度的不融合。没有问题的论文结构表现为各章节展开是一般知识，或制度的基本解释，如××制度的概念、在法律体系中的地位、制度的认定标准、制度的法律责任。这很像教材结构。关于结构松散，往往是论文结构上有多个并列的主题，串不成一个中心。关于与外国制度不融合，不是不允许单列外国制度，而是在外国制度中，扩大了论题，例如，探讨的主题是互联网不正当竞争行为中消费者保护问题，但在外国制度中只是介绍德国、日本等国家的反不正当竞争法；另外，介绍外国制度时没有关于对我国相关制度（即下文提出完善路径或具体建议）的借鉴或启示。因此，"不融合"是外国制度没有贯穿一条和本国制度相一致的观念的主线，导致其成为一个孤立的存在。如果学位论文能像学术论文的结构那样严谨，自然是好的。但常常存在的矛盾是，严谨的结构展不开那么深入、细致的论证，即写不出来。于是，慢慢地，学位论文就有了不得不被学界认同的"自己的"论文结构了。

关于电子版的学位论文结构，一定程度上也包括学术论文，倡导一种做法，在形式上都有必要使用模板。在电脑界面背景下，模板可以方便他人阅读，主要体现为自动创设目录，视图中有时时呈现的目录和可以随时调整的阅读对象和内容。对于一篇3万字以上的论文，这些功能可以帮助阅读者（审阅者）整体把握文章的结构和关系。略有遗憾的是，很多论文不用模板，甚至是作者手动粘贴目录。自古以来，我国都有书信的格式，旧时士大夫私家关于书札体式的著作，名为书仪。很大程度上不用模板不是不会用，而是没有养成使用模板的习惯。写论文不是走夜路——不想（或不敢）回头看，而是绣花，需要时刻关注和以往针脚的关系并使整体协调。用模板能最直观提示论文结构与内容是否协调的问题，同时也服务于其他人阅读。

（二）学术论文的结构及其关系类型

对论文结构的探讨以论文中同级标题之间的关系为基础，主要体现为一级标题之间的关系。一个标题之下各分标题与该标题之间的结构关系，属于论证关系。

1. 立论性论文的基本结构

就学术论文而言，常见的立论式学术论文的结构有三种，分别是：递进结构、并列结构、混合结构。

（1）递进结构

递进关系是论述层次的逐渐深入，并最终得出论证主题的结构形式。这种结构的好处在于，一是符合论证逐层深入的基本要求；二是思想连贯，每个部分的结论和下一个问题的展开关联紧密，各标题之间观念层层深入，论证环环相扣；三是结论的证成性效果好。基于不断深入、思路连贯的上述论证，结论是在充分论证的基础上得出的。当然，递进结构是表层关系递进，不等于观念逐层深入，这是另一个问题，涉及论证的功夫。

大纲的各纲目之间的递进关系是旋转楼梯结构，相互关联，逐级递进。在递进关系结构中，提出问题往往是最重要的，因为如果提出的不是问题或不是真问题，后面的论证便没有针对性，也便无价值。提出问题的结构包括问题是什么，何以是个问题，以何种形式呈现的问题。

"问题是什么"需明确表述问题指向的对象，如哪个制度条文，是条文的条件关系还是判断标准，还是法律责任等。"何以是个问题"指的是来自于法律实践的挑战，理论上理解偏差，还是逻辑上的背反等。"以何种形式呈现的问题"指立法、司法还是执法上的问题。

理论性选题和制度性选题提出问题的方式有所不同。

理论性选题的论文，一般以法律的概念、方法、原理、理论等为基础，问题展开的形式是通过某种理论的缺失、构建的必要性等揭示一个理论问题的意义，之后阐述该种理论的特殊价值或功能，理论的基本结构、理论的运用的条件或效果。

关于制度性选题的问题展开，可以有如下路径：

第一种方式是由案件启动，简述案例并归纳引出的制度问题。案例的表述程度是个技术性问题，大面积展开案件的事实，则变成了"它说"，不符合论文的要求。这里，也没有必要担心读者看不懂，涉及提出问题的重要信息可以在正文中呈现，如果需要，辅助内容可以放在注释里。另一种情形是案例展开不充分。表现为没有归纳案件引出的问题，或者没有把问题得出的语境准确、清晰地表达出来。

第二种方式是直接提出问题（研究空白），分析问题的核心(特征、本质)、与已有制度的关系以及制度的回应必要性等。

第三种方式是用逻辑的方法分析制度中存在的问题，问题解决的必要性及如何解决。一般来自于需要分析或综合的法律条文。

第四种方式是从现有研究的不足提出问题，指出问题的重要性及对制度的影响，提出完善制度或行为认定标准。

当然，根据论题的需要，还存在其他形式，或上述形式的变形。

在学位论文的结构上，第一章经常不直接提出问题，而是分析基本概念、特征、类型，标题上叫"××概述"。严格来说，论文通常不宜用"概述"，论文不需要展开基本知识，概念的内涵、外延、特点、性质、范畴等属于基本知识。除非问题探讨的核心概念有争议。例如，一篇关于平台自我优待反垄断法规制的论文，第一章是

"平台自我优待的机理与类型"，之下有三个标题：概念、实现机制和类型。从形式上看，符合章标题，但在内容展开顺序上仍需要优化。概念是探讨问题的基本出发点，概念的内涵揭示之后可以展开外延，机理是属于更深入的认识，可以放在下一个层次里展开。

（2）并列结构——总分或分总结构

并列结构的各主要标题之间是平行关系，共同揭示论题。一般情况下，这种结构适合刚刚开启的研究，具有论纲的性质。

这种结构有如下特点：一是各标题的内容彼此独立，从不同侧面共筑论文的总论点；二是观念的结构要素性强，处理得当可以产生较为鲜明的系统性结论。

这种结构的难点也是非常大的，一是如何统合，以形成一个自封闭系统。通常，总论的部分是引言，不单独列标题，结论的部分需要统合各结构内容并确立其在各结构层次中的功能；总论部分也可以列标题，形成总分结构，这在论点的形成上归纳逻辑的要求更高。二是展开的结构是否周延，即论证主题框架到底需要几个支柱展开，所展开的支柱是否属于核心支柱。如果涉及总问题的内容不能充分展开，则可能出现结构性缺失，如此，则会影响整篇论文的结论，具有系统性和崩塌性的风险。

例如，一篇关于实物证据补救的论文，其大纲为：

一、补正
二、补强或印证
三、证据重作
四、合理解释
五、证据补救四种方式的关系及其宪法化的提升

论文探讨了四种证据补救的方法，文章最后一部分整合四种方法在实务证据系统中的重要性、价值性。但可能存在的问题是，文章的结构是否完整，即只有四种方式，或这四种方式是否可以统合

为一个更高级的价值，是否可能存在部分统合问题等。

总分结构是指在论文的开始展开某范畴的基本理论，包括概念、范畴、性质等，后文再分析该制度的各项内容。总分结构的特征是：以宏观上的理论或总的观点，为后文的展开指明方向；总与分之间具有内构关系或理论上的指导关系；分论点对总论点提供合力支持。

如一篇关于生态刑法法益与经济分析法学的论文，其大纲为：

一、人类——生态刑法法益理念的孕育基础：经济效益分析

二、人类——生态刑法法益的普遍正义：效率的最优化

三、人类——生态刑法法益的全新动态：财富的最大化

四、人类——生态刑法法益的功能：市场的可持续化

又如，一篇关于知名商品包装装潢的竞争法论文，其大纲很特别：

一、相关争议述评

（一）保护性质之争

（二）保护对象之争

二、争议引发的问题

（一）保护性质之争产生的消极影响

（二）保护对象之争带来的不利后果

三、相关争议的解决

（一）保护性质的理清

（二）保护对象的理清

总体上，这应当归属于递进结构，只是两个主题平行展开。这类大纲不容易把握，会有夹层的感觉，建议以一个为中心，另一个辅助其展开。一般，性质不是一个独立的主题，它服从并服务于其他事项而存在，即什么现象或问题的产生是由性质决定的。所以，重心在于探讨调整对象，争议是对性质认识不同所致。

在古人写作中有双扇写法，两扇分别向不同的方向打开，两扇

相并就是门，典型的是韩愈的《原毁》，对己，对人，两两对比，相合为："怠与忌之谓也。怠者不能修，而忌者畏人修。"韩愈的文法既重视说理，又重视考据。并列结构类似于双扇写法。

（3）混合结构——总分总结构

总分总结构需要有较大的篇幅展开，如博士学位论文或专著。否则，很难容得下两个以上并列结构的展开，或者即使展开了内容也不充分，效果也不好。如一篇关于反垄断法实施的论文大纲如下：

　　一、比例原则的引入背景
　　二、比例原则的适用边界
　　三、违法决定中的比例原则
　　四、承诺决定中的比例原则
　　五、豁免分析中的比例原则
　　六、我国制度回应

这里，前两个部分是"总"，中间三、四、五部分是三个并列部分——"分"。第六部分是"总"。很大程度上，这不是严格的递进结构，也不是典型的并列结构，而是一种混合结构。是否存在混合结构？如果在外延上只有两个部分或许可以，如果"分"的部分过多，似乎是结构不够恰当的表现。因为中间的部分越宽，越会影响中心观点的呈现，尤其是中间部分结构内容不紧凑时。

近体诗在格律规范上有严格的要求，绝句的第二句和第三句要"相粘"，这样才够"腰强体壮"，违反这个规则的被称为"折腰体"。论文结构与此类似，通常，提出了问题以后，应进入问题说明或深化的分析过程，而不是回到基本关系特点的分析上，故论文大纲中过多并列内容的混合结构会有腰骨不健的感觉。适宜的改进方式是将有关问题单独列为主题。

此外，是否存在开放式结构？此结构即之前各标题均以"总"

的形式展开，最后一个标题将论题扩大，如一篇关于农地金融法治化的论文大纲如下：

　　　一、研究的缘起：农地金融法律政策冲突

　　　二、农地金融法治化的权利根基

　　　三、公权约束会否成为农地金融法治化之羁绊

　　　四、农地金融法治化的法益目标

　　　五、农地金融法治化的几个关键问题

　　应当说，如果是一个刚开启研究的新制度或新理论，有必要先确定基本范畴，包括理论范畴和制度范畴。类似于知识传播中需要确定一个相对统一的教学大纲，故只有在论纲性的文章中可以存在开放式结构。在其他条件下，不适于此类大纲。因为结构中并列的部分各自为一个独立的主题，缺少共同服务的总观念。

　　2. 驳论性论文的基本结构

　　驳论性文章是以与他人商榷为起点，指出他人文中的问题、不足，在此基础上确立自己观点的文体形式。

　　学术交流是思想交流，是学术开放、思想包容的表现。每一个学者都有与他人进行学术探讨的权利，只要秉持学术理性，而不是人身攻击，都是值得鼓励的。马克思对蒲鲁东《贫困的哲学》进行批评，写出了著名的《哲学的贫困》。民国时期，鲁迅和梁实秋的论战，探讨的问题涉及人性、子女教育、阶级等内容，轰轰烈烈、箫鼓声急。虽然后期用语更加锐利，但总的说来，论战还是在思想和文艺范畴之内。

　　驳论文章的结构大致如下：

　　第一部分是提出商榷的主要内容（对象），立起一个靶子。这需要对原作者的观点有准确的理解、对观点的论证思路有清晰的认识，不能断章取义、望文生义。

　　第二部分是指出"靶子"存在的问题，包括资料使用中的问

题、论证中的问题、观点得出的不充分性等。一般驳论性文章所批驳的是目标文章的核心观念，单独批驳论证中的问题等细枝末节尚不构成驳论文章。也可以说，驳论性文章需要较为全面地与原作者进行对话，并将笔力投放到观念的核心部分。

第三部分是从正面确立自己的观点并加以充分论证。这部分同样重要，不能只破不立。只有亮出自己的观念才能展现思想交流的形态，达到共同提高的目的。

学术观点之争不同于政治观点之争，理性思考和论证始终是论文的核心。历史上，苏轼因乌台诗案被贬黄州，鲁迅在与梁实秋论战中发表的"'丧家的''资本家的乏走狗'"都超出了学术的范畴。理性思考和技术性分析是驳论文章始终需要把持的标准。

3. 综述性论文的特殊结构

综述性论文的写作思路和论文结构安排，一般按照下列顺序：

（1）介绍评述对象的有关背景

如果评价对象是著名学者，那么在这部分可以简单交代该学者的成长经历，包括生活工作的时代背景，主要社会经历，当时社会发展的概貌等，以便于让人们了解该法学家思想形成的社会条件和思想发展的前后联系。如果评述的对象是一个活动，如年会，则需对总体情况进行介绍，包括会议的举办地、规模、主要嘉宾、主题、主题的意义等。如果评述的是某学术团体的学术贡献，或者一定时间段内的学术发展总体状况，需要就特定背景下的材料进行概括。

（2）概括核心内容或要点

如果评述的对象内容复杂，则需要进行分类。分类的标准可以按照时间、专业内容等确定。写法上，既需要总括，也需要对代表性的观点或思想进行一定的展开，切忌记流水账。

如以"中国近五年大数据交易状况分析"为题进行综述，对于交易的数据类型，需要多种不同的分类，分别综述不同的交易状况。如从交易相对方与数据收集方的关系角度，可分为第一方数据、第二方数据和第三方数据；从数据含有个人信息敏感性角度，可分为敏感性数据和非敏感性数据；从数据的公开性角度，可分为公开数据和非公开数据，等等。

（3）评价

这是综述性论文最凸显作者观念的部分，也是最难写的部分。在技术上，评论需要建立在对上述资料准确归纳的基础上，不能无根据地拔高或降低，需要言之有据。另外，这部分还需要超脱于资料，进行抽象和上升，尤其是将其放到一个历史或未来背景下评价其价值、意义、地位等，或者放到学科整体的角度阐明其贡献。可以从资料中概括特点、性质，再生发出相关影响。如一篇关于法律实证研究的综述性论文，其大纲如下：

一、问题的提出

二、理论基础与综述

三、部门法学实证研究的发展状况和特征

（一）本文的研究方法

（二）部门法学实证研究的总体发展状况

（三）部门法学实证研究发展状态呈现的特征

四、存在的问题、相关建议及前景展望

（一）部门法学实证研究发展过程中存在的问题

（二）推动部门法学实证研究发展的反思性建议及前景展望

在综述性论文的写作中，应当以评为中心、以述为基础。在内容上，应突出评价的分量，使其成为论文的重心，否则论文就成了普通的介绍性文章，相应的学术意义也会减损。在写法上，可以适度进行叙事，这是综述性论文区别于其他论文的主要方面。所谓叙事，就是文学作品中的基本手法。法律工作中叙事方式也不可缺少，例如法学教育中对案件或事实进行介绍，法庭调查中对事件加以还原。

（三）论文结构上的要求

结构本身包含着美学的元素，不论是在书法上还是在建筑设计上都能体现出来。论文结构上既需要体现技术，也需要有美感。本部分所言论文，包括学术论文和学位论文。

1. 章节字数的大致均衡

章节字数没有硬性的要求，一般写多少由内容决定，但是否应当单独列一个章节以凸显其内容的重要性，这是由章节结构决定的。章节字数的均衡也就成了隐性的规则。

第一，结构均衡表明章节的划分合理。不均衡结构中，偏多的情形可能是对资料的抽象不够，也可能是结构划分不合理；偏少的情形常常有两方面问题：一是不应当单独列为一章或一个大标题，因为内容不够，承担不起一级标题的重任；二是应有的内容没有写出来。

第二，中间章节偏少可能导致结论的前提不扎实。在起承转合的关系中，"承"和"转"是论证的观念铺垫部分，中间环节没有充分的分析，会影响结论的必要性和可行性。所以，论证中"承""转"是非常重要的。

第三，作为结尾（不是作为独立结构的"结论"）的章节字数不能偏少。中心结论的部分应当充分证明，自然字数不能太少。否则，底座不够坚实，立不住。虽然维特根斯坦的《逻辑哲学论》最后一节（第7节）中只有一句话："对于不可说的东西，我们必须保持沉默"，但是，这一节不是没有内容，而是作者"不屑于"

细说。"我们需要用一整节的篇幅来讨论，因为这是维特根斯坦全部思想收尾之处，而且我们在此汇集了书中提示出哲学之自成问题性的各条线索以及本书的核心悖论，即维特根斯坦至少看上去一直在尝试说出某种按他自己的标准是不可说的东西"。[1]这和《逻辑哲学论》的写法有紧密关系。整本书所进行的"论"是以草描的方式进行的，即给出一些命题和推论，每一个命题几乎都没有充分展开。由此，后人在研究维特根斯坦的著作，包括上述最后一句话时，形成了大量的著作。

2. 标题关系清晰、表述准确

这里的"标题关系"包括同一级标题关系，也包括本级标题和下一级标题之间的关系。所谓"清晰"，是指同一级标题之间的关系要符合论题展开的需要，如立论文章，各同一级标题间的递进关系清楚，同样，本级标题与下一级标题之间的证明关系也要明确。所谓"表述准确"，是指各标题在完成各自职能时对外的"应答"符合论证的效率。

要做到上述，首先，需要在标题用语上给论证留有空间。例如，一篇关于职业打假行为的学位论文中，第一章的结构如下：

第一章　催生"职业打假"的原因

一、经济回报高，法律风险低

二、"惩罚性赔偿"的刺激

三、舆论导向不明

四、市场行为漏洞

这里存在的主要问题是抽象不够。以结论表达原因，跨越了中间的过程。更为重要的是，将论述的范围变小了。如果将其改为

---

〔1〕〔英〕罗杰·M. 怀特：《导读维特根斯坦〈逻辑哲学论〉》，张晓川译，重庆大学出版社2018年版，第140页。

"经济上的原因、法律上的原因、社会舆论原因、企业管理上的原因"，在分析内容时，既包括上述方面，又不限于上述方面，得出的结论可以更为扎实。

同样，一篇关于商标平行进口的反不正当竞争法的论文，第一部分的大纲如下：

> 一、构成商标平行进口的条件
>
> （一）商标性
>
> （二）跨国性
>
> （三）真品性
>
> （四）未经商标权人许可

这里也存在上述问题，如果将其更为"客体条件、地域条件、客体性质条件、主观条件"，则与大标题更契合，同时论述的空间更大。

其次，逻辑顺序要符合说理的需要。例如，一篇关于法官责任理论的文章，摘要的内容是"法官责任制是司法领域的重要议题。既有研究侧重于法律责任的制度设计，而缺乏对法官责任的理论构建。法官责任之必要、法官责任之结构以及法官责任之辨析等构成法官责任理论构建的三个基本论题。首先，就法官责任之必要而言，其源于司法的实践难题和理论需求。其次，就法官责任之结构而言，法官责任是一个解释性概念，其本旨在于对法官应当如何裁判提出一种规范性要求。最后，就法官责任之辨析而言，错案责任与违法裁判责任都有所欠缺，基于司法正当性的法官责任体现了一种最佳的责任观"。

其大纲如下：

> 一、引论
>
> 二、法官责任之必要
>
> （一）法官责任的逻辑起点
>
> （二）法官责任的实践必要

（三）法官责任的理论必要

三、法官责任的概念分析

（一）法官责任的概念性质

（二）法官责任的概念层次

（三）法官责任的概念本旨

四、法官责任之辨析

（一）既有法官责任观之反思：基于错案的责任

（二）既有法官责任观之反思：基于违法裁判的责任

（三）基于正当性的法官责任

结语

在论文结构顺序上，概念是基础问题，概念不清无法展开其他方面的探讨，故概念应该放在最前面。另外，法学论文一般跨越概念，除非概念本身存在争议，需要明晰概念的内涵。此外，文章针对的问题是什么需要尽快亮出来，而不是在最后一章高密度地提出问题、解决问题。

最后，文字表达不需要用排比或对仗。一些经验性文章或年终总结为了宣传的需要，通常化用诗词的形式以对仗、排比等句式表达——字数相等，断句一致；词性相对，位置相同等，这种形式以对称句式，朗朗上口，但并不是法学论文的要求。甚至使用这种规范句式可能会牺牲论文表达的准确性。因为为了对称，可能会造新词，也可能用词语逻辑关系中的上位词汇，也可能将动宾结构中的客体泛化。例如某论文的一个部分：

第五章 我国竞业限制协议效力变动制度的完善建议

一、填补法律空白，明确规定效力变动的条件

二、出台法律解释，及时消除效力变动的困惑

三、坚持价值取向，实质审查效力变动的条件

论文写作要求的是准确，包括标题的指向和表达准确，而不是为了帮助记忆或扩大宣传效果。

3. 重点内容突出

突出重点，才能体现坚实的论证效果。一般情况下，论文中的问题是需要突出的重点，结论是需要突出的重点。在比较的情况下，论证中的本国部分是重点，现实是重点。例如，一篇探讨我国反避税制度的论文，其大纲如下：

一、美国税案 Gregory v. Helvering 所确立的反避税规则

（一）案件事实

（二）法院判决理由

（三）反避税：商业目的与经济实质

二、大陆法系避税概念的界定与反避税原则

三、我国一般反避税规则中合理商业目的之立法评析

（一）合理商业目的与一般反避税规则

（二）合理商业目的与"实质重于形式"原则

四、我国企业重组税制中合理商业目的原则的细化与问题

这里，外国制度或案例援引的目的是服务本国的，在前面展开的目的是解析问题，放到第一章没有了着眼点，便成为介绍性的材料了。所以，上述第一、第二个标题的目的性不明确，忽略了应当突出的重点。

4. 以客体为标准而不是以国家为主体进行列举式展开

论文在阐述一个问题时，针对特定的对象（客体），常常单独列一章介绍和借鉴外国制度。经常看到的形式是，论文在标题上以国家主体形式展开。例如，一篇关于单位侵害员工社保权利的救济的论文，第五章——"国外权利救济机制考察和选择"以如下方式展开：

一、西方国家侵害社会保险权利的救济机制考察

（一）德国

（二）法国

  （三）日本

  （四）英国

  （五）美国

 二、我国社会保险权利救济机制选择

  这里的主要问题是标题和内容之间的范畴不一致，包括主体的不一致和内容的不一致。就前者而言，"西方国家"不等于所列举的五个国家；就后者而言，标题的中心是救济机制，而内容展开的是国家主体。在变通的情况下，即使将上述五国分为大陆法有关国家和英美法有关国家两个部分，也没有解决上述问题；如在上述标题中加上后缀"社会保险权利的救济机制"，也没有本质性改变，仍存在着标题和内容不协调的问题。作为第五章的内容，应该是在上文对基本救济的方式、各种方式优缺点等内容展开的基础上进行比较分析，由此，应当按照已经具体展开的内容延伸比较，分析外国有几种类型或模式，即应当从展开的具体内容（细微客体）的角度分析，而不是从主体的角度分析。

 5. 各级标题的设计合理

  各级标题是反映论题的总纲，既展现论文的结构，也反映论文展开探讨的方法和路径。因此，恰当的正文标题才能有效、准确彰显论证的主题。

  第一，标题设计符合总论题的需要。一般，论题中的关键用语（揭示核心内容的语汇）需要在各章节中不断重复，表现为以关键用语为中心展开不同层次、不同视角的探讨。

  第二，标题设计符合论文的要求。作为目录呈现的标题，其功能在于展现研究的方向。一般，只以指引方向为要旨，不宜给出结论。换言之，大纲中的标题不宜太长，尤其不能以主谓宾反映结论，也没有必要说通过什么（过程或方法）的什么（研究方向），如果想体现视角的独特可以加副标题。

例如，一篇文章的最后一个部分的标题如下：

第二节 完善竞争者信息交流反垄断法规制制度的实体规则建议

一、通过协同行为规制竞争者"松散"信息交流并增加相应的法律标准

二、建立"主观目的+客观效果"相结合的规则证明信息交流排除限制竞争

三、借鉴欧盟的目的限制竞争规则规制违法风险较高的信息交流

三个标题均可以进一步精简，尝试改变为如下形式：

一、确立"松散"的信息交流的认定标准

二、建立主客观效果的评价机制

三、高违法性信息交流认定标准的建立

6. 不宜教材式结构或调研报告结构

教材是以展开知识为己任，是已知知识的体系。这意味着教材里不展开有争议的问题。如果论文的结构相当于对各部分进行"白描"式的铺陈，则接近于教材。如一篇关于反不正当竞争法应对广告屏蔽的论文，第一章的大纲如下：

第一章 概述

一、概念

（一）数据

（二）数据经营者

（三）屏蔽行为

（四）数据经营者屏蔽行为

（五）正当性

二、数据经营者屏蔽行为的概述

（一）性质

（二）类型

（三）特征

（四）法律关系

（五）表现形式

（六）法律适用

（七）法律责任

（八）数据经营者屏蔽行为正当性研究的意义

论文中不对已知知识进行展开，不必在内容上展开，更不宜列一个标题铺陈大量的文字。例如，一篇关于姓名商品化权的论文，其大纲大致如下：

一、案例介绍及其引发的法律问题

（一）典型案例案情介绍

（二）案件引发的法律问题

二、姓名权

（一）姓名权的概念

（二）姓名权的本质属性

三、姓名商品化权的内涵

……

三、辅助结构之一

相较论文的正文，论文还有诸多的辅助结构，包括正文前、正文后、正文页下等位置的相关信息。由于辅助结构较多，将其分为两类并大致按前——后两个方面展开。此处以正文前的辅助结构为中心。

（一）摘要

凡文献标识码定为 A、B、C 三类的期刊文章均应附中文摘要，其中 A 类文章还应附英文摘要。中文摘要编写应执行 GB/T 6447－1986 规定。中文摘要前加"摘要："或"［摘要］"作为标识。英文摘要应与中文摘要相对应。

1. 摘要的类别

根据适用的文体、功能不同，摘要分为报道性摘要、指示性摘要和报道——指示性摘要。

报道性摘要一般适用于学术论文，其特点是全面、简要地概括论文的目的、方法、主要数据和结论。科技论文还要求尽可能用文字说明定量和定性的信息。通常，这种摘要可以部分地取代阅读全文。学术论文和报刊均可适用此类，只是报纸和新闻类杂志上文章的摘要字数一般在 100 字左右，论文的摘要在 200 字~300 字。例如"美国遇事'甩锅'大起底"（2020 年 3 月 26 日星期四《环球时报》第 13 版）中的摘要：

> "多名美国政要近日频繁用'中国病毒'的说法，试图将新冠疫情蔓延'甩锅'中国。尽管此举引起广泛批评，但在部分美国人看来，面对逆境时不去反思自己，而是企图寻找替罪羊的'甩锅'做法是过去数百年间屡试不爽的习惯性做法。"

指示性摘要，是只指明文章的论题及取得的成果，中间的内容较少或省略，更多的功能是提示研究性的简报、问题讨论取向等。一般只用两三句话概括论文的主题，而不涉及论据和结论，多用于综述、会议报告等。该类摘要可用于帮助读者决定是否需要阅读全文。

报道——指示性摘要，是将以上两种摘要结合起来的方式，揭示文章的价值部分，同时指示其他研究方面，较为完整地揭示文章内容，是学术期刊的主要摘要形式。

2. 学术论文摘要的一般要求

学术论文摘要不仅有上述形式上的要求，也有如下实质上的要求。其中，一些要求是由摘要的功能决定的，属于自身特有的属性。另外，有一些较为具体的约束性内容，将其列入后文的"特殊要求"。

摘要应具备如下一般规范要求：

（1）全息性

摘要的基本功能是让读者快速把握论文探讨的基本内容。为此，摘要应是一篇小短文，内容应包括研究的对象、目的、方法、结论等。在写法上，摘要从文中提取（不是粘贴）相关概要内容，不作评论，也不进行补充解释。读者阅读过这些概要内容后，再判断是否要进一步阅读全文。

（2）自洽性

自洽即内容相对完整。相对完整是针对于不同的选题而言的。如立论选题，建立在已有问题的基础上，这个问题可能针对的是学界研究的不足，相较于研究中有哪些不足，问题是什么更为重要。再如，国外哪个国家的制度有值得借鉴的规定并不重要，重要的是值得借鉴的制度是什么。在略去这些细枝末节后，选取的内容能够语意不断深化，并给出自己的结论或结论方向。总之，自洽不必面面俱到，但核心内容应当存在。

（3）客观性

摘要以客观报道的第三人视角完成写作。这意味着，不应出现第一人称的字眼，如"本文""我们"，当然，也不能出现"作者""笔者"等字眼。换言之，不能出现作者的人称代词，不论第一人称还是第三人称。

（4）可检索性

由于摘要包含着核心内容，其附加的功能是服务关键词的选取，即从论文摘要中摘取一部分关键词，以便被他人检索到。所以，摘要也是读者检索文献时除标题外的另一个活跃区域，能否被检索到取决于摘要中的关键信息是否鲜明。

（5）抽象性

在展开的内容上，由于空间和字数的限制，摘要不可能进行充分的描述，所以，写作时需要抽象概括，不宜有时间、地点、具体的事件等。

试看一篇关于我国证券市场信息报道的法律规制的学术论文的摘要：

> 证券市场高度依赖信息和信息流通，证券市场信息报道与证券市场走势之间的关系越来越密切。证券市场信息报道不仅仅是一个涉及财经方面的专业性问题，也不仅仅是一个涉及新闻报道方面的技术性问题，更是一个涉及证券市场各方主体，特别是中小投资者权益保护的法律问题。2020 年 3 月 1 日起施行的新《证券法》对传播媒介及其从事证券市场信息报道的工作人员的行为规范和法律责任作出了明确规定，深入研究如何进一步细化和完善新《证券法》的有关规定，对充分发挥传媒的舆论监督功能，消除证券市场信息报道行业的"乱象"，保护广大中小投资者的合法权益，促进我国证券市场的持续、健康和稳定发展具有重要意义。

此摘要中存在多处不符合上述特性的内容。文章的核心内容没有表达出来，更像文章的引言。

3. 其他具体要求

除了上述特性要求之外，学术期刊文章的摘要还有如下具体要求：

（1）论文摘要的字数要求

学术论文的摘要以 200 字左右为宜。避免细节性论述，也不能只提供一个类似于注释的目标索引。

（2）论文摘要的符号使用要求

一般不分段，不用图表和非公知公认的符号或术语，不得引用图、表、公式、注释，及排列这些内容的序号。文科论文不会用图表、公式，但可能用到非公知的符号或术语。这里之所以禁止使用，是非公知的符号或术语出现时需要解释，但这里没有解释的空间。但公知的符号或术语除外，如 PPP、"一带一路"等。

（3）论文摘要层次表述上的要求

除不能用数字符号外，摘要也不能用文字符号表达层次，如"首先、其次……"，"第一、第二……"等。这样，标点符号表达的层次符号就成为主要形式。这也意味着，摘要写作中需要摆脱具体，以抽象性表达为基本形式。

4. 事例及说明

下面，结合上述要求并选取一定的事例加以说明。

事例一：一篇关于刑事扣押的"可接受力"的论文

摘要：针对"与 X 相符"的真理观、事后认定之概率事实以及价值观的反思，刑事扣押证明标准实属主观，但却要杜绝随意、反对主客对立。证明标准一则不能过低，二则需要赋予层次分别，三则要求可接受。刑事扣押的"可接受力"证明标准，针对于真相"可用以证明犯罪"所能精确认定的科学化旨向，回归到刑事扣押事实本身于人权、公正、良心等自明的现象学绽现（Dasein-ekstasis）。"真"的证明由"与 X 相符"转向扣押事实自身的自明，即"可接受力"的证明标准。其一，"相当理由""合理怀疑"等自由心证的量化是对主观"可接受力"理性的规范，这无疑也为证明标准的层次奠基。其二，刑事扣押可接受力的证明标准需要引入相应的程序思考来支撑决定者的决定，辩论与说理程序的规制指向刑事扣押证明标准的形成。其三，宣誓具结的担责承诺赋予"量化"之自然科学化的事实认定、辩论与说理之程序规制以法学的良心意义。

事实认定与"良心安全"、说理机制与具结执行、证据的事实精确与法理价值的自明感知成为扣押"可接受力"证明标准研究的多重路径。

这里涉及特殊符号的使用、表达抽象性不够、字数超限等问题。其实，字数的限制也是抽象表达的要求。

事例二：一篇关于规范格式条款化解用户风险的论文

摘要：以实证案例为样本进行分析，发现格式条款的形式性控制在网络平台用户协议中规制力不足，无法有效过滤不公平的格式条款，呈现裁判冲突、司法适用混乱的现象，这主要由网络电子合同的特殊性、实务对理论掌握不足以及行为经济学方面的原因导致，亟须从传统信息规制转向以内容控制为重。首先，在内容控制的范式选择上，以诚实信用原则作为根本性审查规范构建的抽象标准，具体列举不公平格式条款以构建我国网络用户协议中格式条款的黑名单与灰名单。其次，在内容审查的双重体系下，遵循"从具体到抽象"的审查顺序，使理论充分服务于司法实践。

这里有意回避主体，但缺少了主语导致句子不通顺。另外，内容上全息性不够。还涉及表述中的层次处理问题。

事例三：一篇关于对消费者实行价格歧视违法边界的论文

摘要：经营者对消费者的价格歧视，在传统的市场中其对消费者的损害经常被立法者所忽略，而在数字市场中，这种损害得到极其的放大，从而不得不引起竞争主管机关的重视。这种态度转变的根本原因在于，一方面价格歧视确实对经济发展和消费者福利起到促进作用，另一方面算法的使用使个性化定价更加便利，更能改变消费者的偏见，最大化地赢得各种具有付款意愿的消费者的超额垄断利润，最大限度地损害消费者利益。由此，人们对侵犯消费者利益的价格歧视是否应该监管、违法标准和如何监管产生较大的分歧。而禁止对消费者进行个性化定价等方法是否符合创新时代的发展需求和有效率，需要法学界和经济学界在理论和实践的摸索中得以检验。

这里相当于只讲了必要性，没有解决的方法、结论等，因此，全息性不够。

事例四：一篇关于民法典对居住权的立法干预方法的论文

摘要：居住权起源于罗马法对人役权阶梯式的立法中，它在民法层面意味着个人对他人基本生存条件的协助，后世国家的立法对居住权的扬弃存在不同立法选择。即使基于对弱者生存条件的现实关怀，若将居住权纳入物权法仍易导致与本部分立法价值、立法体系之间存在冲突和矛盾，而婚姻家庭法的法律条文和司法判例却在一定程度上认可居住权的存在。考察婚姻家庭法与居住权的契合性，并结合现代婚姻家庭的变迁规律，可将居住权划分为离婚经济帮助中的居住权、作为养老保障的居住权、未成年人的居住权、生存配偶居住权四种主要形式。未来的民法典在婚姻家庭法编的立法中，应考虑从范围限制、权能限制、所有人与权利人利益平衡等狭义角度规制居住权，以保障弱势家庭成员的生存利益，回归本权利起源之初的功能设计。

这里抽象性不够，前段写得太丰富，导致字数增加，表达的层次不一致。

事例五：一篇论规制行政垄断的我国《反垄断法》特色的论文

摘要：我国《反垄断法》对行政垄断的明确规定是对反垄断法理论体系的贡献，也是反垄断法的特色所在。笔者考察了行政垄断在中国的滋生土壤，分析了中国基本政治经济制度对行政垄断的决定性影响，并对财税和干部考核等具体制度进行了分析。目前，行政垄断与西方发达市场经济国家存在显著区别。

这里主要违反了客观性和自洽性。

5. 学位论文摘要的特殊说明

在法学学位论文中，也要求有摘要，这个摘要在很多方面都不同于学术论文。在此特别说明。

首先，学位论文的摘要同样要遵循学术论文的基本要求。但目前的状况是，自洽性和客观性遵守得不够。我们可以非常明显地看到，很多学位论文的摘要格式化地表述第一章、第二章……的相关内容，甚至是重复性地将相关文字粘贴过来。此外，从第一人称出

发的现象也很常见。应当说，这不是学位论文在自洽性和客观性等
方面的特殊要求，而是一种积非成是的现象。

其次，一些特殊要求不适用于学位论文的摘要。学位论文摘要
字数在 1500 字~3000 字。这是由学位论文比一般学术论文的选题
要大、字数要多等因素决定的。另外，上述字数的要求决定了学位
论文的摘要不可能不分段。基于分段表达的形式要求，可以用首
先、其次等表达顺序的语词。

最后，正确处理好摘要和前言的关系。由于学位论文需要一个
信息更为完整的前言，因此前言包括资料综述、选题意义、主要内
容、创新点、研究的不足、研究方法等。而摘要并不是"小前言"，
一些内容不需要列入，如资料综述、研究方法、不足等。摘要，乃
摘其要者。表达上，摘要需抽象概括，前言则需要较为具体。

（二）关键词

关键词是为了便于文献索引和检索而选取的能反映论文主题内
容的词或词组。我国曾在 20 世纪 80 年代发布《汉语主题词表》，
词表中归纳了可供选用的规范词，但词表中的词汇多以理工科为基
础，法学学科词汇较少，很多新学科、新技术中的重要术语未被词
表收录。所以，法学论文选择的关键词不在词表内，无法使用该词
表，这也是正常现象。

1. 关键词的功能

关键词是反映文章最主要内容的术语，对文献检索有重要作
用。关键词的提炼，主要是适应计算机检索的需要，以便于研究者
快速捕捉到需要的成果。从刊物的角度来看，关键词为提高刊物的
引用率、增加刊物和读者知名度开辟了一个新的途径。

2. 要求

凡期刊文章的文献标识码为 A、B、C 三类者均应标注中文关

键词，有英文摘要者应同时给出英文关键词。

首先，关于数量的要求。一般每篇文章可选 3~8 个关键词，由期刊编辑在作者配合下按 GB/T 3860—2009 的原则和方法参照各种词表和工具书选取。通常，一篇法学论文（学术论文和学位论文）很难选出 8 个关键词，为了填出 8 个词也无必要。基于关键词的功能，3~5 个为宜。

其次，关于间隔号的使用。多个关键词之间应用"；"分隔，以便于计算机自动切分。也有杂志要求中间用空格。

再次，关于关键词本身的形式。中文关键词前应冠以"关键词："或"［关键词］"。不同杂志的要求不同。

最后，如果有英文要求，则中、英文关键词应一一对应。

3. 关键词的一般选择方法

和撰写"摘要"一样，作者在完成论文全部写作后，再着手写关键词比较合理，因为可以纵观全文，选出能表示论文主要内容的信息或词汇。基于论文选题新颖性的要求，部分关键词可以从论文标题中提取，基于摘要的自洽性和全息性，部分关键词可以从摘要中提取。此外，还可以从论文内容中去寻找和选取。例如，一篇关于新时代强化竞争政策基础地位的落实与推进的论文，关键词选用了 5 个：中共十九届四中全会、竞争政策、基础地位、落实、推进，其中后四个是从论文标题中选出的，而第一个是从论文的引言中选出的，这里没有涉及正文中具体的落实方法或建议的内容。另外，第一个关键词是提出问题时的背景材料，在本文中并没有比论文给出的具体建议更吸引读者，故应当在论文内容中再选取一定的可以代表作者观点的关键词，以补充论文标题未能表示出的主要内容信息，并提示所涉及问题的分析深度或角度。法律文章中，经常出现"制度完善""××法"等，但这些普遍运用的词很难被检索到。

（三）作者姓名和单位

这一项属于论文署名问题。署名的功能主要有三项：一是为了表明文责自负；二是记录作者的知识产权；三是便于读者与作者的联系及文献检索。

署名分为两种情形：单个作者署名和多作者署名。后者按署名顺序分别列为第一作者、第二作者。作者的顺序排列应坚持实事求是的原则，以对研究工作与论文撰写实际贡献大小为依据。

署名的内容包括两项：一是作者所在单位，这同样是为了便于读者与作者的联系。二是作者的学术身份。学术身份以技术职称为主（讲师、副教授、教授），也包括学历（硕士、博士）和学术导师资格（硕士生导师、博士生导师）。不同杂志的要求不一致。一般，如果有技术职称，标注其即可，暂时没有或是初级（助教），可以标学历。如果要求标注学术导师资格的，也可以标注。不论如何，上述信息属于学术评价的内容，可供选择适用。行政职务不属于学术身份，一般不标注。

四、辅助结构之二

在论文正文页下和文后还有三个内容，即注释、参考文献和（学位论文中的）致谢。

（一）注释

论文除了有命题，即基本论点之外，还必须有注释。因为自己提出的观点总是建立在前人研究的基础上，没有前人进行的学术积淀，凭空创新是难以想象的。

1. 注释的目的

一段时间以来，中国学术期刊的引注"百花齐放"，不但有明显的文理科之分，甚至在同一类杂志中注释的要求也明显不同。这给投稿的作者带来了一定的障碍。

2019 年，22 个法学杂志社、9 家出版社和知网共同制定了《法学引注手册》，意在统一法学论文的注释标准。在此，也特别推荐法学论文使用该规范。按照《法学引注手册》的要求，引注适用于如下情况：

（1）必要和适度

"学术写作应当尊重前人智力成果，方便读者查核论证资料"。"注意保持正文流畅，避免过度引注。业内周知的知识无需引注，平常的意思无需引用他人的话。节制使用原文引用；除非必要，不必大段引用原文。尽量避免一句多注或者连续一句一注"。

（2）文献来源真实、相关、权威

确保引用文献的真实性。所引文献应当与论证相关。同一问题有多种相关文献的，优先引用与论证最密切的文献。对相关问题的专题论述优于简单论及的文献。

"同一内容有多种文献来源的，应当选择权威文献。有纸质出版文献的，不引用网络、电视资料。同一文献有多个来源的，一般引用最初刊发的文献，不引用网络或者其他介质转载的文献；能够查找并阅读原初文献的外文、古籍，应当查找并引用原初文献，不使用转引"。

（3）引注信息准确、完整、简洁

"引用文献信息应当完整，包含被引文献的基本要素，尽量方便读者查核。标注文献信息的具体内容，可以根据引注体例并结合文章主题、写作对象和论述需要酌定。在保证引注信息完整的前提下，引注信息的编排尽可能简洁、流畅"。

总体上,法律上的注释应符合"三性",即和论述主题的相关性、援引资料的原始性和原始资料的明确指向性。

细化而言,注释是两个不同的内容,上述内容更多地指向的是注,释是解释。

2. 注的适用场合与方式

（1）注的适用场合

法律上,需要注的情形如下:

①引用数据。主要指在正文中引用的相关统计数据。运用并分析数据是一种定量分析基础上的定性分析。法律分析大都采取的是定性分析的方法。鼓励运用定量分析和定性相结合的分析方法。

②他人文章或专著中的原话或经概括的他人观点。如果是前者,需要在正文中加双引号;如果是后者,则不需要。

③引用案例或事件。法律和案件（或事件）之间的涵摄关系是法律工作者的基本关注点,也是法律研究者的两个观念基础。按照注释要求中的真实性和准确性,所有的案件或事件均需要有完整的资料来源。案例的一般格式为:××人民法院+（××）+省简称+案件性质+审级+案件号,例如"上海市第一中级人民法院（2021）沪01民终20号"。

④引用法律条文。有时候正文中探讨的只是一个法律条文的部分内容,没有必要将某个具体的法律条文放到正文里,如果有必要,可以将其放到注释下。

（2）推荐适用的注的方式

注的方式有多种,推荐适用上述《法学引注手册》的格式要求。其中,涉及的主要形式如下:

①中文著作的注的方式。

中文著作的格式：作者：《作品》，出版社×年版，第×页。

译文著作的格式：〔国别简〕作者：《作品》，译者，出版社×年版，第×页。

上述格式中，如果是引文来源是专著，在作者后不加"著"。如果文献本身标注的是"编""主编""编著"等著作形式的，需要在上述作者后保留"编""主编""编著"。

②中文期刊的注的方式。

中文期刊的格式：作者：《文章标题》，载《期刊名称》×年第×期，第×页。

对于期刊的注，是否需要加页码，并不统一。但随着期刊的文章越来越长，很多期刊每期都在二百页以上，形如一本书的厚度，趋势是引注期刊也加页码。

对于中文文献的引注，需要注意以下几点：

一是如果援引的不是原文，而是作者自己概括的观点，在注的上述格式前需要加"参见"（参见后没有冒号）。

二是尽可能少引用无法查到原始文献的资料，如果确实无法找到，需要在文献前加"转引自"。

三是引用我国台湾地区的文献应当遵守"一个中国"原则，一般不使用"国立""中央"等字眼。例如，"《国立台湾大学法学论丛》"，按惯例称为"《台大法学论丛》"。引用台湾地区的规定，加双引号，如"公平交易法"。

四是有的杂志要求连引一个资料时要求使用"同上"，但在隔页的情况下不能用"同上"。

③外文著作或期刊的注的方式。外文著作或期刊需要根据不同国家或地区的注释方式展开。总体基本原则是"从其所在地"。

（3）特殊形式的注

除了上述方式外，还有一些特殊的注的方式，简要介绍如下：

专著、论文集、学位论文、报告的格式：［序号］主要责任者.文献题名［文献类型标识］.出版地：出版者，出版年.起止页码.

期刊文章的格式：［序号］主要责任者.文献题名［J］.刊名，年，卷（期）：起止页码.

参考文献 类型	专著	论文集	报纸 文章	期刊 文章	学位 论文	报告	标准	专利
文献类型标识	M	C	N	J	D	R	S	P

此外，还有一些特殊要求的注，此不赘述。

3. 释的适用场合

如下情况运用"释"：

（1）需要进行相关解释的

正文中使用了其他学科的概念或原理，但又不便于在正文解释的。其他学科的知识或难以理解的知识，对于法学学科而言，是"额外"的知识，可能成为阅读理解的障碍，有必要在页下作出适当的解释。例如，一篇法学论文中运用了神经营销学的观念，此时便需要对此进行解释，这种解释可以是作者用自己的理解来完成，也可以用他人的结论解析，如是后者，在解释完，还需要引注，此时的"注"，是服务于释而存在的。再如曾经有论文写到，民商法是"以在养在"，经济法是"以相养在"，对于这两个在中国先秦思想中使用的概念，不但法学学人不易正确理解，其他经济学、政治学的学人也并非都能准确理解，而本篇论文又属于法学学科的论文，为避免歧义，需要对此进行解释。换言之，如果本篇论文是属于中国古典文化的范畴，则上述两个概念不需要解释。

（2）在正文中呈现不适宜的

不宜在正文过多呈现但需要提供给读者的其他辅助性的法律条文内容，包括已经失效的法律条文、层级相对较低的规范性文件等。这是用来解释正文的有关问题而引用规范性文件的来源。

（3）其他需要特别说明的问题

如果援引的正文中存在被作者认为属于错误的内容，作者进行矫正的，需要作出特别说明。

（二）参考文献

学术专著的正文后都需要附上参考文献。也有些杂志采取的不是页下注，而是文后参考文献的方式。

1. 参考文献的作用

参考文献的作用有很多，主要概括如下：

第一，反映研究者的研究基础。主要的研究资料可以看出作者的思想来源和研究基础。

第二，体现研究基础的区别。如是学位论文，可以通过参考文献评价选题的新旧程度和可能的创新性。

第三，尊重前人或他人的知识成果。参考文献对研究者的创新有默默提供智力支持的功能，应给予他们基本的尊重。当然，如果是学位论文或专著，且给予研究者以最大或直接支持的，也可以在致谢或后记中特别指出来。

第四，反映科学态度，起到索引作用。由于上述功能，参考文献是学位论文必需的格式要件。

第五，向读者推荐一批经过精选的文献。参考文献向读者展现一篇文章的基础文献路径，论文作者所参考的，也可能对读者完成某项任务有所助益。

第六，节省论文篇幅。采取在正文页下注释的方式，如果有一些参考文献是重复的，每一个注释都会至少占一行，如果只在正文中标注序号和页码，并将信息明确指向参考文献，可以节省正文的空间。

2. 参考文献的引用原则

参考文献是资料的汇总，应当符合援引资料的基本要求，但又不等于资料的运用。

应当坚持权威、新颖原则，但不要求全面，例如，法律法规一般不列入参考文献。还有，即使没有引注但在写作中提供了重要参考价值的资料，也应当列入参考文献。

3. 参考文献标注应注意的问题

参考文献的标注也存在一定的规范性要求。具体如下：

第一，文献分类。参考文献较多的情况下，需要对其进行分类。在分类中，一般，经典作家的作品在前。此外，可以分为专著类、期刊类，或者中文著作、外文著作等。

第二，参考文献的格式基本同注释，但不附加页码。页码只代表引用观点的具体位置。参考文献强调的是参考意义，包括但不限于具体引用位置的资料信息。

第三，不限于论文注释中引用的文献。一些文献对于完成一个科研任务提供思路、观点、方法等，即使没有引用其内容，也应列入参考文献。

第四，基于权威性的要求，不"降格参考"（只是一般情况下），如博士学位论文援引硕士学位论文；同样，网络文献尽可能不参考。

第五，法律条文等不列入文献。公开的法律条文、判决书等是公共资料，一般不列入参考文献。但翻译过来的外国法律法规应列入，因为有翻译者的著作权。

（三）致谢

致谢和后记相似。一般，在专著后附的是"后记"，学位论文后是"致谢"。后记的形式可以比致谢更松散。

学位论文写完后，是否需要写致谢？看作者的心情吗？不是，而是看母校、导师、同学等在陪伴中是否留下些值得说的什么（说感念也好，说故事也好）。这也许是离开校园前最后一次有场合的最郑重的表白。要不要写呢？"喝完酸奶还是要舔舔盖的！"学位论文写作是一次心灵和能力的凤凰涅槃，在这个过程中注定有很多感受。你心中的山水，需要让人看到。

致谢文字的字号或字体通常与论文的正文有所区别，位置编排在参考文献之前。

致谢是作者对该文章的形成做过贡献的组织或个人予以感谢的文字记载，内容实在，情绪正向，表达诚恳、恰当、简短。可以叙事并辅助文学手法增加事件中情感表达的效果。

1. 致谢中的人和事应当客观、真实

学位论文中有致谢部分。其内容，无非就是与科研工作相关的事和人。强调其客观真实性，就是要按照学术论文的语言要求；强调致谢对象的直接性，即对科研和论文有直接影响、帮助、协助和贡献的"事"和"人"。

这里的"事"，主要就是指科研工作的过程、事件。如参加一次会议，参与完成课题，协助处理案件等。"人"则主要包括对科研工作有帮助和贡献的人。当然，这里的"事"和"人"不能一概而论，究竟将哪些人、事纳入致谢之中，由作者权衡。

在致谢的表述中，"事"和"人"的前后排序，也应具体情况具体分析。专著的后记中有先"事"后"人"的排序，学位论文

常常先"人"后"事"。这主要因为导师对论文在学术思想、经费支持、科研设计等方面的关键作用和贡献。

另外，论文致谢内容客观真实，还要求致谢不能随意抄袭。将他人论文的致谢抄袭成为自己论文的致谢，是对致谢当事人的极端不尊重。

除了导师外，需要感谢的人的范围不限于父母、家人、同学等，凡对科研、论文的完成有直接作用或间接重要影响的人，都可以纳入致谢之中，但要有理有据。

2. 情感缘起直接，收放有度

致谢以情感为主线，不是博物馆展品的贴片。情感的收放幅度适当，内容可以是过往学习经历中的回忆，或当下论文写作的特殊感受，也可以是由当下的感受引申的未来的志向。试看一篇"致谢"（部分）：

"毕业论文终于定稿，亦即将为研究生三年画上句号。未曾想到，刚开始提笔为这篇毕业论文写致谢的时候，竟不是在学校（因为疫情在家——本书作者注）。

我从未像此刻这般清晰地意识到，自己将要毕业了。这一刻，心底有不舍，有迷茫，更多的，则是感激与期许。

法大的三年，是一条宽缓深沉的河。要将这三年的成长与感动以动情的方式悉数融入这寥寥数行致谢中，实在不是一件容易的事。

一路走来，我遇到最美的风景，是身边一次次遇见的人；我所做的最大的努力，是竭尽自己的全力。"

总结而言，致谢写作中，需注意如下几个方面：

（1）感谢的缘起非直接、空泛

职业学习的几年中，打交道的人除家人外，无非是导师、室友、同学。对他们的感谢内容应该是不同的，感谢室友同窗某某人的陪伴，感谢父母家人在背后支持自己，感谢导师某某对自己的悉心指导等。

不宜将致谢的范围拓展到与学业相对间接的，或很难关联的，或寄托情感难以感受的人或事上，如感谢××明星，感谢比尔·盖茨提供的软件，感谢桌子、椅子的陪伴，做实验的动物等。

致谢不宜太生活化，将学习过程中的私人生活列为核心，如向女生求爱，一起看电影等。

总之，感谢需要建立在真情实感的基础上。

（2）情绪正向

因为这一格式化的内容是致谢，不宜将情绪下落到抱怨，并选取有关事件。不是不能写不如意，而是如何克服了困难更为重要，这是需要传达给后人的主要信息。表达上，也需要从正面表述，而不是"背面敷粉"。多次见到同学表达对导师的感谢，格式表达为："如果不是他（导师）……"若换个视角表达则效果更好："在……时候，正是因为导师的耐心帮助，才……"

（3）未来精神可寄托

由过往经历产生的精神或志向可以为未来提供永不枯竭的意志力量。精神力量源起于论文写作中的人或事的激励。精神是人类的一种信念，它能够产生积极向上的引导力和行动力，并克服眼前或未来工作、学习中的困难。精神力量虽然无形无影，但完全可以被感知。精神力量的来源有多种，可能来自于内心的热爱、信仰，也可能来自于他人的鼓励、帮助、支持，还可能在参与重要（重大）事务中被激发出了勇气、意志。基于"言之有物"，致谢中的精神力量来自于学习过程或论文写作过程中的人和事，这种精神具有可持续性，将伴随论文作者信心百倍地走出校门，走向社会，并由此对未来充满美好的期待。

第六章 | 法学论文的开头与结尾

开头和结尾是论文的两个重要部分，从古至今莫不如此。故单列出来探讨。

一、论文的开头

这里所言的论文开头有两种含义。之于学位论文而言，开头主要指摘要之后的前言部分。在很大程度上这部分是格式化的，之所以将其单列，是因为这里需要进行资料综述，综述是这个部分的核心。之于学术论文而言，开头通常是指在正文前的、不附加标题的一段或几段文字，习惯上将之称为"引言"。此部分非常重要，也颇具技术性。

（一）学位论文的前言

学位论文正文前的相对独立的这一部分到底叫什么，各学校的指导建议不完全一样。

1. 用语的选择

在用语上，概述、绪论、绪言、序言、前言、导言、引言等，这些概念的内涵非常近似。从实际使用的情况看，使用的概念也不完全一致，有的甚至偏离了概念的本义。下面试分述之：

第一个概念是概述。概述是概要叙述，叙述一个现象或事物、一方面内容、一个事件。概述中的"述"是叙述，而不是论述。叙述需要保留原意，并在此基础上进行物理性整合。这不同于论述，论述是以自己为中心，通过抽象得出相关结论。另外，概述一般是板块状结构。论述在思想上是一个整体。在正文前以论述方式表达的内容应当叫作绪论或绪言。

第二个概念是绪论或绪言。和其他概念的区别在于"绪"。在汉语里"绪"有两个意思：一是丝的头，如情绪、"白鹤飞兮茧曳绪"；二是开端，如头绪。绪言、绪论便是这个意思，它强调的是连绵不断的关系。就论文或著作而言，前部分内容和正文的内容在关系上具有"藕断丝连"性质的，才可以称为绪言或绪论。它是可以渗透入正文的"线状"结构。具体来说，其特点有：①不与概括全文的内容重复，也不概括正文的内容。它帮助理解文章的主要问题，以便进入正文阅读。如同入高速公路的匝道，它只是主路的一个引路，但本身不是主路。②作者自己写的，这不同于序言。后者可以是别人写的，也可以是自己写的。

第三个概念是引言或导言。其字面意思是导入之言，如同座谈会、讨论会、研讨会的开场白。它用以说明（自己）撰写著作的目的、过程、资料来源，并扼要地阐述书中的观点或结论，使读者先得到一个总概念，帮助理解整部著作。和绪言相比较，相同之处是引言或导言一般也是作者自己写的，不同之处是引言或导言的部分内容涉及正文的内容，是正文的"网状"表述。

第四个概念是序言。它是写在著作正文前的文字，通常是该书的导读和说明。内容包括创作意图、创作原则、过程以及与该书出版过程有关的故事或感受等。序言可以是作者自己写的，可以是别人写的，由此分为自序和他序。如果是自己写的，还可以写感想——"不足，请指正"之类。

第五个概念是前言。简而言之，前言是创作者写在前面的话，不要求有引入思想的连线，也不要求论证。前言的包容性较强，可以是板块状的内容，也可以是综述性的资料。著作的前言用来向读者说明撰写著作的意图及书中阐明的主要问题。其内容包括对书稿的介绍，阅读时应注意的问题，书稿的适用范围、编写方法、分工、审校人和作者需要说明的其他事项。例如，哈贝马斯的《认识与兴趣》一书中，译者写的前言包括了哈贝马斯的生平、著作、影响力等具有综述性的内容。此外，作者自己写了一个不到 1000 字的引言。

就学位论文而言，在上述概念含义的前提下，比较合适的用语应该是"前言"（扩大一点可以到导言）。

学术论文中的前言，是学术论文的必备格式。其主要内容包括以下几个方面：简要说明研究工作的主要目的、范围，即为什么写这篇论文以及要解决什么问题；综述前人在本主题领域内所做的工作和尚存的认识空白，或作简要的历史回顾和国内外当前情况的横向比较；研究的理论基础、技术路线、实验方法和手段，以及选择特定研究方法的理由；创新研究结果及其意义，存在的不足等。

学位论文的前言不能写成后记。一篇硕士学位论文开篇写曾经的考研失败经历，并认为若通过论文答辩，日后有缘人读到自己的文章，或许可以成为黑暗中前行的明灯等。这显然是后记中的文字。

2. 资料综述

在学位论文的"前言"中，最主要的工作是资料综述（也叫文献综述，以下使用资料综述）。

（1）资料综述的基本含义

资料综述是对目前与某一研究问题相关的各种文献进行系统查阅和分析，以了解该领域研究状况的过程。或者说，就是一个系统地识别、寻找、考察和总结那些与研究有关的文献的过程。

从具体形式来看，资料综述不同于综述性论文。后者是完整的、可直接发表的一种论文，综述是正文的内容。前者是以一个主题为中心，全面突显论文主题的衬托性的资料评述，并不是正文的内容。

资料综述是始于文献查找、阅读过程的阶段性成果。文献查找、阅读，经过剥离后确定资料的大致范围，这常常是一个泛读的过程。资料综述可以被视为上述过程的总结。

（2）资料综述的目标

从目标上看，可以分为初级目标、过程目标和最终目标。

资料综述的初级目标是在初步确定研究范围的基础上，通过评估、分析已有的目标范围内的研究文献，找出局限，并不断缩小自己的研究范围。资料综述的范围以自己论题为中心，不宜太大。例如，以往有同学说，自己将公司法颁布以来的几乎所有的国内发表的公司法方面的文章都复印下来了，大约1米多高。实际上，这还没有确定选题，更没有进入资料综述的过程。

资料综述的过程目标是在上述范围内找到不同于前人的研究目标和方向，即从上述的研究范围中确定研究方向和目标。这个过程包括了解他人的研究内容，评估他人研究的不足，确定自己的研究方向和目标。这个过程很关键，需发挥个人的分析综合能力，发现以往研究存在的问题（选题）。确定选题不是河床上捡玉原石，一块一块各自独立，和其他材料没有关系，而是对已有的诸多材料加工后，才可能得到的一个初级目标。

资料综述的最终目标是验证一下自己的选题是否可行。这个过程需要评估完成选题所需的资料基础、可进一步挖掘的价值来源、可能证成的资料依据。这个过程不是看文献的数量，而是选取和自己目标紧密相关的研究成果。

（3）资料综述的结构

资料综述是具有某种连续性的研究工作。资料综述的写作，带有很强的起承转合的过程性。

"起"阐明其研究的起点，概述"大问题"，之后综述这个问题的研究状况（承），包括取得的数量、成就、代表性的观点等。最重要的是"转"。评述的目的是在现有研究成果的基础上找到一个值得研究的问题，所以，在表述上需要有一个鲜明的立场："上述研究有所不足之处在于：第一，第二，……"最后一部分是本文的研究目的、本文研究的价值、意义或结论（合）。相比较，这种结构在学术论文中体现得更为明显。

（二）学术论文的引言

学术论文的引言，如果字数相对较少，往往不加标题。它是法学论文中最常见的开篇形式，是一个相对独立的论文结构。

关于学术论文的引言，值得探讨的内容如下：

1. 是否存在引言的引言？

在探讨引言之前，个别情况下会出现一句或几句箴言或格言，由此再引出引言或正文的一个标题。那么，这个引言的引言是否有必要？

事例一：

"契约自由与美国婚前协议对弱势配偶婚姻财产权益的倾斜性保护"

摘要：美国法院早期严格遵循普通法传统惯例对涉及离婚财产事项的婚前协议不予强制执行，以保障弱势配偶的法定婚姻财产权利免受重大不利影响。由于现代社会个体自由主义的滥觞以及离婚率高居不下，自20世纪70年代开始法院逐渐肯认涉及离婚财产事项的婚前协议具有强制执行效力，由此开启了婚前协议契约自由的现代路径。然而美国对婚前协议仍然设置诸多法律限制以作为保障弱势配偶法定婚姻财产权益的"安全阀"，如具有强制执行效力的婚前协议须符合程序公平与实质公平双重标准，具体约定事项范围须符合法律规定等。本文拟对美国婚前协议的契约自由倾向及其对弱势配偶法定婚姻财产权益的倾斜性保护进行研究，以期对构建完善我国婚前协议的法律规范提供一定借鉴、参照。

关键词：婚前协议 契约自由 弱势配偶 倾斜性保护

两相情愿的契约已被拟定，

噢，魂牵梦萦的爱人，请靠近桌旁，执手盖印订立契约！

—— Gilbert & Sullivan, The Sorcerer[1]

是否需要引言的引言，主要看其能否发挥相应的引入作用。一般而言，引入的名言隽语内涵宽泛，指向高远。这也就意味着，其和下文不是直接引入的关系。由此，不需要在开篇前引用名言。具体而言，理由有二：一则它无法覆盖包括引言在内的全文；二则和结论之间也难以形成直接的关联。从技术上讲，摘要以下的文字都属于正文，各结构都有其独立的功能。如果将其作为论文的开始，起势太大，则容易落空，也对后面的正常论述形成了压力。毕竟论文需要心平气和地展开，而不是"雄赳赳气昂昂"地检阅式表演。

如果有的箴言和引言存在一定的关联性和必要性，直接将其归入到引言即可。

事例二：

"法是权威的，但并不是永恒的。"——乌尔比安

法律的权威性来源于法律的正当性和人民的普遍遵从，同时也来源于法律的稳定性。但是社会是发展变化的，人类的社会实践活动不停地更新着法律，因此现时的法律并不能永久地反映社会节奏和经济的发展变化，由此便出现了法律的滞后性这一缺陷。法律的滞后性在我国第一

---

[1] Jonathan L. Alpert, "Gilbert's Law", *Case & Com.*, Nov. –Dec. 1970, pp. 44~45 (compiling legal aphorisms from the works of William S. Gilbert, lyricist of the song-writing team Gilbert & Sulllivan).

产业法律规范中体现得尤为明显。

这句话讲的是一个很朴素的道理，不论语言多么经典，也不论思想多么深邃，都不是永恒的。以此为起句且独立一行难免存在和下面文字之间的夹层感。

2. 基本原则

如果说好的选题是成功的一半，那么，好的引言同样是成功的一半。虽然有点夸大，但不可否定的是，引言充分体现论文的水平，是阅读者最有效率审阅论文的高光地带。因为这部分集资料综述、选题价值和可能创新于一体。

总体上，引言"当如爆竹，骤响易彻"。即引言应当简明扼要，引出问题、提出问题，指出研究特色或路径，一句话表达一个部分，当止则止。否则，可能显得拖沓，或不明就里。

事例三：

"商事一般条款进入民法典的路径选择"

党的十八届四中全会《中共中央关于全面推进依法治国若干重大问题的决定》明确提出"加强市场法律制度建设，编纂民法典"。由此民法典编纂工作自中华人民共和国成立以来被第五次提上日程。2017 年 3 月 15 日《民法总则》正式颁布，标志着我国民法典编纂进入高潮期。在民法典、民法分则编纂工作过程中，众多民法与商法的有识之士在思考如何利用这一契机实现民法与商法的更加紧密衔接，尤其是通过此次编纂、制定商法一般条款以解决因我国市场经济起步晚、商事立法经验技术不足、导致商事单行法在配合不断复杂化的商事法律关系过程中出现的法律冲突、逻辑割裂以及漏洞频繁等问题。

这里的引言指出了研究的问题，但没有明确自身研究的具体对象、路径、目标。

3. 要求

这里的引言是指字数较少（通常 1000 字以下），不加标题的文章开始的内容。引言独立成文是由其功能决定的，这个功能的发挥和字数没有直接关系，甚至要求尽可能精简。限于其功能是"带入"，满足这种观念的基本要求如下：

第一，紧密关联正文结构，提出研究对象或表达研究的目标，引领全文。首先，清晰地给出研究的问题（对象），这个问题和正文中单独列出的问题相呼应。其次，突出研究的特点和路径，这部分和正文中的研究过程相对应，可能对应正文中的两章或更多。最后，自己期望达到的目标或可能的结论与论文中的结论对应。这样，引言才能够与全文首尾呼应。

第二，语言尽可能精炼，点题尽可能准确。为使引言有带入感，应当精炼、准确和含蓄。如同中国的工笔画，图案内容是由线条勾勒出来的，能反映用笔的力度、节奏、空间、质感等方面的变化，画出的是虚实结合的线条，但要清晰展现对象的骨架。

第三，从"我"出发，而不是"他们"写了什么。即"我"看到了"他们"是怎么写的、用什么方法、得出了什么的结论、存在怎样的不足。这个部分很容易写成学位论文的综述。从"我"出发，是论文的开始，也是论文始终要坚持的立场。这不同于摘要。

第四，抽象表达。在写作方式上，一般不能叙述，即不能充分展开时间、地点、事件等，概括性表达才能做到精炼。

4. 结构

上述要求是引言的基本标准，在写作中，还需要保持鲜明的层次感和极强的逻辑性，形成层层递进关系，这涉及引言的结构。

上文中，将学位论文中资料综述的结构类推适用古人诗词写作中的起承转合。作为学术论文的引言，资料综述同样必不可少，但形式不同于单纯的资料综述。引言的结构依然是起承转合。

在近体诗中绝句的基本结构是起承转合。例如，"白日依山尽", 形容远 (起); "黄河入海流", 同样是远 (承); "欲穷千里目", 提出了若想看得更远的问题 (转); "更上一层楼", 给出了方法和答案 (合)。

"起", 即起势, 可以平实, 可以高格。不论如何都需要给出主题。这不同于叙事诗或写纯粹的景物时那样, 起句相对开阔 (空旷), 如红楼梦中咏雪联句时王熙凤给出的第一句 "一夜北风紧", 这给后面留出了巨大的想象空间。同时, 还要给后面 ("承") 留有空间。一般, 学术论文引言 "起" 应当尽量简洁明了地阐述自己欲研究领域的基本对象。要避免拖泥带水, 不需要展开一些显而易见的知识。若说 "开门见山", 这里的重点在于 "开门" 时用力的方向。

"承", 就是指引言资料综述的前半部——"资料"。之所以将其视为 "承", 是因为在上面给出研究对象之后, 需要对这个对象的大致场景进行描述。因此, 相比较 "起", 这里要着重笔墨来描写。需把该领域内的过去和现在的状况全面地、概括地总结出来, 使其建立在最新的进展和过去经典文献的成就上。可以说, 这是肯定前人的成果。"谁" 是前人, 不一定列出。对前人在此问题上的贡献给予客观公允的评价, 无需充分展开, 即所谓 "转轴拨弦三两声, 未成曲调先有情"。

"转", 这是 "引言" 的重心, 体现在资料综述的后半部——"综述" 上。在 "承" 的基础上, 分析以往研究的局限、不足, 这是整个引言的高潮所在。所谓 "踩在别人的肩膀上前进" 不是贬低, 归纳研究的局限应当建立在全面、客观的基础上。不能为了提问题而制造问题 (假命题), 但也不能没有问题。因此, 需要让问题 "千呼万唤始出来"。另外, 也不能有多个问题, 摊子铺得太大, 后文需要展开的范围就太宽。一篇文章只解决一个问题, 需要展开表达的是一个问题的几个方面。

"合"就是围绕过去研究的缺陷来清晰地描述自己的解决思路或可能的创新性，这是引言的收尾工作。可以含蓄和矜持，"犹抱琵琶半遮面"不给出结论，引导读者阅读正文后找到结论。也可以直接给出结论。

简而言之，论文引言中的带入感，就是场景描述、转折、问题点和新的场景。带入感就是把读者带入到自己将要开辟的方向上，问题点就是这个方向的大门。

结合论文，引言部分的基本结构如下：主题（起）＋现状（承）＋不足（转）＋意义加重（合）（＋结论）。

当然，论文不可能千篇一律，也可以有其他方式，如直接点出论文论题、目的、意义，或以"问题、现状加目的"的形式展开。

为了进一步解析学术论文"引言"的结构，下文结合论文的内容进一步解释：

（1）主题（"起"）

这里的主题既包括研究对象所属范畴，也包括范畴中的问题——法律问题和实践问题。场景描述可以是由远及近的纵深性概括，也可以是横向的系统内关系性描述。但所有抓取的材料都需像灌注于沙漏一样，流向一个方向。

由远及近，由大到小，是将"近"或"小"放到"远"和"大"中凸显前者的特殊性，而不单单是叙述。柳永的《望海潮》写的是杭州，但以大场景开局："东南形胜，三吴都会，钱塘自古繁华。烟柳画桥，风帘翠幕，参差十万人家。云树绕堤沙，怒涛卷霜雪，天堑无涯。市列珠玑，户盈罗绮，竞豪奢。"可以体会其中的技法。

另外，由什么引出"起"？法学论文，通常起于案件、理论研究结果、制度文本等。特殊情况下，还可以源于艺术作品。1996

年《法学研究》第 3 期刊登了"《秋菊打官司》案、邱氏鼠药案和言论自由"一文，该文选择了一个新的角度："中国当代社会的权利总体配置、言论自由的重要性、权利冲突的通约可行性及其对办案的参酌意义，对权利的配置及其相互性等问题提出了一些独到的见解。"通常，文艺作品是对现实的再加工，但只要是具有现实性而不是完全的假想即可。

曾经读过这样一篇文章"有期徒刑数罪并罚规定的司法适用问题研究——以定量分析法和极值法为分析工具"，其问题起于一则公务员的考试题，结构如下：

　　一、由一则公务员考试真题引发的思考及问题的引出；

　　二、犯新罪情形下数罪并罚的基准问题及运用极值法的数学定量分析；

　　三、漏罪情形下数罪并罚的基准问题及运用极值法的数学定量分析。

值得探讨的是，考题中反映的问题是否是现实的真实，这是问题的核心。另外，即使是现实的真实，也限于考核知识点，而论文关注的是较典型的问题，重复性较小或影响力较小的问题通常会影响论文的价值。正如涂尔干在关于确定社会类型的规则中所言，"确定一种社会现象是规则的现象还是不规则的现象，不仅要看它本身的形式，而且要看它与特定社会的关系。只有在社会类型既定的情况下，才能确定一种社会现象是否是规则"。[1] 在统计学上，小概率事件可以忽略不计，法律关注的是大概率重复性事件。

（2）研究现状：资料综述（"承"和"转"）

资料综述是从事社会科学研究和学术论文撰写的基础环节，资料综述的质量和水平的高低，直接影响着相关学术研究的总体水

---

〔1〕　〔法〕埃米尔·迪尔凯姆：《社会学方法的规则》，胡伟译，华夏出版社 1999 年版，第 61 页。

平。法学学术论文的资料综述不同于其他社会科学，如经济学的资料综述，也不同于学位论文的资料综述，其撰写原则、基本结构和要求上文已述。

毛泽东同志在"人的正确思想是从哪里来的"一文中这样开头："人的正确思想是从哪里来的？是从天上掉下来的吗？不是（这是反对以黑格尔为代表的客观唯心主义）。是自己头脑里固有的吗？不是（这是反对以贝克莱为代表的主观唯心主义）。人的正确思想，只能从社会实践中来，只能从社会的生产斗争、阶级斗争和科学实验这三项实践中来（亮出自己的观点）。"这里，"人的正确思想是从哪里来的？"这是"起"，且是一种没有铺垫地直奔主题、直抒胸臆。"是从天上掉下来的吗？不是。是自己头脑里固有的吗？不是。"这是以高度概括的方式进行的资料综述。前一个设问及回答是反对以黑格尔为代表的客观唯心主义，后一个设问及回答是反对以贝克莱为代表的主观唯心主义。事实上，不论是客观唯心主义还是主观唯心主义都有诸多观点、成百上千的著作，但在这一部分没有将其展开，而是一言以蔽之。"人的正确思想，只能从社会实践中来，只能从生产斗争、阶级斗争和科学实验这三项实践中来"，这是"合"，即亮出了自己的观点，后文将要证明和得出的结论也是这个。

可见，尽管这里的资料综述只有两句话，却将抽象表述发挥到了极致。当然，这种资料综述的高度抽象不是一般人所能达到。通常，在学术论文中难以做到这样一言以蔽之。但也不要走向另一个极端，陈述研究的现状和事实。评价研究的现状和事实尤其要指出不足，这是核心工作。

（3）研究视角或/和可能的结论（"合"）

"合"的目的是引出自己研究的必要性、意义。在表达自己研究的必要性和意义时，可以表达有利于创新的潜在要素，如视角的特殊性、方法的特殊性、结论的价值性等，通常将这些称为"意义加重"。至于是否像"人的正确思想是从哪里来的"那样给出结论，视情况而定，可以给出，也可以只给出研究的方向，而不亮出"底牌"。

试看如下示例："由'乡土中国'到'国家在场'：族群法治知识在民族地区社会治理中的运行机制研究"。

对于当今中国而言，无论是社会学界，抑或是民族学界，国家—社会二元分析框架似乎已成为一种具有主导性话语权的解构视角，由此而衍生出的"国家在场理论"更是得以实现蜕变，进而成为颇具解释力的"理论显学"。所谓"国家在场理论"，其历史渊源最早可追溯至中世纪的欧陆，其原初的载体形式为"市民社会"或者"公共领域"，后作为一种西式的实践经验被引入中国，它所强调的乃是对国家本质精神的追寻，具备了较深层次的价值旨趣。应用"国家在场理论"，可以对社会生产结构和社会网状关系做出二元透视，进而寻求对社会现象或文化现象的合理化解析。然而，与"国家在场理论"在社会学或民族学领域中的显性地位有所不同，在法学界，"国家在场理论"长期处于搁浅状态，即便是在与社会学、人类学具有鲜明母子学科属性的法社会学、法人类学领域，"国家在场理论"也难以深入其中，进而处于被边缘化的状态。在实践中，这种边缘属性突出表现为，既往有关族群法治知识的法人类学研究，大体上呈现出一种内生主义式的进路。即在诸如少数民族习惯法、乡村习惯法之类的社会自生性规范研究之中，所突出强调的乃是这种本土性法治知识的"乡土社会"气质，这也就意味着，从某种程度上而言，"乡土中国"也成为族群法治知识获得运行的唯一可行性空间，若脱离了"乡土中国"的叙事语境，这种族群所建构出的地方性知识不但会消解其在长期岁月变幻中所反射出的多重魅力，甚至有可能丧失其在社会演绎进程中所累积起的"合法性地位"。然而，笔者认为，作为一种源于民间的法律知识体系，族群法治知识虽然镶嵌于复杂的社会结构之中，但其运行空间却似乎不止于"乡土中国"。从新中国成立后至今近 70 年的历史演变中来看，在涉足民族国家法治体系建构的政治实践中，国家维度亦应被充分考量，即族群法治知识效应的产生，同样无法脱离开"国家在场"而发挥作用，这一趋向在新中国成立后的法治建设进程中被不断强化，并且在当今国家治理现代化的语境下被推至顶峰。因此，通过对西部地区 J 自治县的田野调查，实质上就是要对族群法治知识的运行机制抑或生效机理做出考察，论证出从"乡土中国"到"国家在场"这一转换逻辑的构成性因素，从而对族群法治知识在民族地区社会治理中的应用路径进行重构，这也将同时成为本文主旨之所在。

如果用结构主义的方法分析，截止到"理论显学"是"起"，即提出了研究的对象——国家在场理论，并且采取了由远及近的方法。其后阐述了"国家在场理论"的功能，包括理论功能和实践意义，一直到"合法性地位"，这是"承"。从"然而，笔者认为……"一直到"推至顶峰"是"转"。从"因此"到最后是"合"，且没有给出自己的结论。其"意义加重"在于田野调查的方法。如果进一步完善这个"引言"，应该是加强环节的紧凑性，如"国家在场理论"的定义影响了表述的通畅，若将其放到注释里效果会更好。

小结

引言是学术论文写作的重要部分，需在整个写作过程中不断修正和完善。形式上，引言在正文之前，按照一般的写作顺序——由前到后，按顺序完成。由于引言需要和后文的结构和内容整体一致，后文变动，引言也需要变动。如此，若按顺序写，则可能要在整个论文写作期间不断修正。更为稳妥的方法是，在正文写作完成后再补引言，当然，前提是对主题、研究路径、方法、结论等了然于心。

值得关注的是，学术论文可否不要引言，直接开头？当然可以。较为常见的特殊形式的开头有三种：①用分标题或直接论述的方式来开头。不少法学论文没有引言部分，作者直接用"一、二、三"来实现逻辑段落层次，或用分标题来标示出各自然段的主要内容。这种"没有引言"的开头方式，可以减少论文的篇幅，提高论文的简洁性。但是，如果论文内容较为复杂的话，可能不利于提升读者的阅读兴趣。②叙述案件事实，从中提出研究的问题。这是实践性论文常用的开头方式。这种开头方式形象生动，容易引起读者的兴趣，也使作者容易展开论文的写作。③用标题符号标注引言，形如"一、引言"。通常，文字较多（超过一千字）时，可以用此种方法。用此种方法时，需要注意的问题是引言内容是否和下文标题的内容大致均衡，如果内容较少，不建议用标题符号。

（三）容易出现的问题

前文已述，绝不是只有一种引言结构和形式。即使采取其他方式，揭示主题这个中心也是应当坚守的。实践中，有一些值得商榷的问题，试分析如下：

1. "代言"引言

所谓"代言"，是用别人的话做自己论文的引言。别人包括知名的法学家，也包括政府或政党的报告。代言在形式上类似上文中的"名言隽语"，但不是一句话，而是一大段文字，其中几乎没有自己的分析，这难以发挥这段文字的在论文中的功能。

2. 对所提出问题的意义揭示不够

通常表现为，论文的开头不提出问题，而是陈述资料，模糊了论文的写作目的。文字的内容越发散，论文的主题淹没得越深。

例如，一篇题为"饮用水权确立的逻辑向度及实现路径"的论文，其引言部分如下：

"作为人类生存不可或缺的物质元素，饮用水安全与否事关千家万户的生命健康。我国居于全球水资源最贫乏国家之列，人均淡水资源占有量为 2200 立方米，仅为全球平均水平的四分之一。在现实可利用的淡水资源中，除去那些难以利用的洪水径流与偏远区域的地下水资源外，实际人均淡水资源占有量仅为 900 立方米，且水资源的地域分布极不均衡。相关数据表明，全国 600 多个城市中近一半城市处于缺水状态，即便降雨丰沛的沿海城市亦概莫能外。与此同时，我国巢湖、太湖、淮河、滇池、海河等七大水系均被不同程度污染，且近 40% 河段的地表水不适合作为饮用水。还有，工业发达城镇污水、生活垃圾和工业废弃污液及化肥农药等任意排放加剧了地表水污染，也导致地下水环境质量恶化。我国各省市虽均已开始重视保护饮用水，如浙江全省在开展'五水共治'的基础上，进一步推进剿灭劣 5 类水的专项行动等，但水源地环境安全隐患、水污染及过度开采等问题依然严峻。由于我国尚未确定饮用水权或者相似法律权利，人们无法运用法律武器来保障其在饮用水获取与使用上的应有权利。因此通过确立饮用水权及其在水法体系中的定位，夯实饮用水法律保护的法理基础迫在眉睫。"

这里列出的具体数据，不仅不能发挥数据应有的功能，而且浪费了这些数据的说理价值。将其放到正文中作为某个判断的证明更为恰当。

再如，一篇关于商业标识混淆的论文，其引言如下：

"商业标志侵权涉及很多理论问题，其中，混淆是最基本问题，它直接关涉某种行为的正当性，即决定某种行为是否构成不正当竞争行为或侵权行为。如何认定某种商业标志的使用属于混淆。它不仅仅是一个理论问题，更是一个实践问题。"

这个引言略显简略，未能突出主题。在不增加其他内容的情况下，大致可作如下修改：

"商业标志不正当竞争行为认定的核心标准是造成相关公众混淆。但何谓'混淆'，它的构成要素是什么，此类基本问题在法律上并没有明确的界定，相关案件也没有对此进行充分揭示。有必要从理论上阐明这些问题，以指导司法或执法实践，并为进一步完善立法提供基础。"

3. 对文献的抽象不够

引言应以抽象的方式表达。如果资料的抽象度不够，便有堆资料的感觉，浪费了资料的价值。同时，此处的内容和正文论述的内容在同一个水平上，也难以与正文的表述相区分，会显得重复。

一篇关于行政检察监督的理论基础的文章，引言如下：

"行政检察监督是检察机关根据立法机关的授权对行政权力进行监督以规范行政权力行使的过程。党中央就行政检察监督做出重要部署，全国人大常委会以及最高人民法院通过了具体落实方案（十八届四中全会提出了'完善检察机关行使监督权的法律制度，加强对刑事诉讼、民事诉讼、行政诉讼的法律监督'，对行政检察监督的发展提出了明确的要求。2014 年 11 月 1 日，第十二届全国人民代表大会常务委员会第十一次会议决定修改《行政诉讼法》；2015 年 5 月 5 日，中央全面深化改革领导小组第十二次会议审议通过了《检察机关提起公益诉讼试点方案》，对检察机关提起公益诉讼改革做了部署和要求。2015 年 7 月 1 日，第十二届全国人民代表大会常务委员会第十五次会议通过了《全国人民代表大会常务委员会关于授权最高人民检察院在部分地区开展公益诉讼试点工作的决定》，要求最高人民法院制定该授权决定的实施办法。2016 年 2 月 25 日，最高人民法院发布《人民法院审理人民检察院提起公益诉讼案件试点工作实施办法》，并在同年 4 月 15 日发布实施《人民检察院行政诉讼监督规则（试行）》），行政检察监督成为当下颇引人关注的问题。探究行政检察监督的理论基础并思考如何完善具体制度成为理论与实务更加关注的法治建设中的热点问题。就笔者检索，关于行政检察监督的研究成果非常多，也确实提出了诸多真知灼见，但是现有成果大多仅从检察机关、行政机关、立法机关或者其中部分的立场出发剖析行政检察监督的现状并探索完善途径，或者侧重从某一项或几项权利、某一个主体或几个主体展开论述，立场相对单一，做法容易陷入自我为中心。笔者拟以哈贝马斯的交往行为理论为视角，破除一元中心的思维桎梏，试图全方位检讨行政检察监督制度的理论基础与制度建构，希冀提供新的启示。"

明显可以看出，前面部分作者的观念迟迟不能"入"，"起""承"的部分一直未开始。

4. 从基础知识开始铺垫

引言从基本概念的解释开始，不能快速进入主题，容易显得拖沓。

例如，一篇关于通道费问题如何解决的论文，其引言如下：

"通道费（slotting allowance）一语是一个舶来概念，其伴随着我国大型连锁超市以及各业态商场的崛起，作为零售商转变盈利模式的一个重要路径，遥从欧美潜入中国并得到普及适用。然而'通道费'在商业实践中被广泛接受，并不意味着理论界对其形成了统一、无异议的概念界定。有学者从总体概括的角度提出，通道费是供应商为了进入零售商场并维持已经进入的状态，以及获得一定的卖场资源向零售商支付的包括进场费、占场费、促销费等在内的一系列费用的总称；有学者将超市收取的各种费用以及以抵扣通道费为名占用供应商资金的现象统称为通道费；也有学者认为通道费是指生产商为使自己的产品进入连锁超市而事先一次性支付给连锁超市，或由连锁超市在销售货款中扣除的费用。囿于篇幅，不再一一介绍其他通道费的概念，但是从上述所列概念并观其他概念，我们可以归纳出通道费的共性：①主体存在于零供关系之间。通道费由零售商向供应商收取，换言之，由供应商主动或被动地向零售商支付。②形式多样化。包括进场费、占场费、促销费、上架费等。③其实质是一种流通费用。流通费用是商品在流通过程中发生的费用，是企业经营成本的重要组成部分。通道费即是零售商为了降低流通费用而将经营成本转移至供应商负担。④通道费的对价功能是为了获取零售商的场地和平台资源。这主要是由于供应商本身发展规模有限，需借助零售商提供的服务平台以实现产品的广泛销售。基于此，笔者认为通道费是指供应商为了使用或持续使用零售平台资源，向零售商主动或被动支付的一种流通费用，包括进场费、促销费、广告费、上架费、月返费等形式。

理论界目前关于通道费的研究多集中于经济学和法学两个方面。

从经济学的角度，学者观点主要集中于以下几个方面：①利益平衡的角度。如通过梳理理论界与实践中的诸多争议，界定了通道费的概念、存在的合理性，并从经济学的角度对其利弊进行了分析。②双边市场的角度。如基于双边寡头的纵向市场结构模型，考察了零售商买方势力与通道费之间的关系，认为通道费仅仅是制造商和零售商分配利润的工具，买方势力不一定导致通道费的出现，买方势力只是通道费出现的必要条件而非充分条件。③商业模式的角度。通过实地调研，拆解中国零售企业收入和利润结构，归纳出通道费的类型和结构、通道费产生的原因，最后分别为零售商、供应商以及政府主管部门提出了相应的对策建议。

从法学的角度对通道费的研究主要集中于以下方面：①竞争法的角度。有学者认为通道费损害了零供之间的正常竞争关系，应当以滥用市场优势地位对其进行规制。也有学者认为《反垄断法》第17条、第18条关于市场支配地位的规定包含了对纵向市场支配地位（市场优势势力）行为的相关规定，并将《零售商供应商公平交易管理办法》视为《反垄断法》的下位法予以适用，从而判定零供双方交易合同的效力。其他学者则通过零供之间的依赖关系，以此认定零售商的市场支配地位，从而通过规制滥用市场支配地位的行为解决滥收通道费问题。②行政法的角度，如制定设立大型零售商建店听证制度，设立统一的商业分级标准以优化商业布局，将大型商业项目的规划纳入到城市整体发展规划，引入公众参与机制等。反思《零售商供应商公平交易管理办法》存在的缺陷，并提出相应的完善措施。③域外法的角度。如借鉴其他国家经验，科学设置执法机构，合理分配执法权责，合理发挥行业协会作用等。

上述经济学的研究文献，有的详细阐述了通道费的利润转移原理，有的详细分析了通道费的形成机理，均从某一个角度为通道费的类型化处理奠定了经济学的理论基础，但是欠缺对其类型化处理的具体法律措施。法学角度的文献多数集中于反垄断法对零售商市场优势地位规制的理解和适用；也有少数学者研究了零供关系处理的行政法措施，包含立法建议和执法建议；域外法的文献亦为通道费的合理解决提供了成熟的国外经验。然而这些文献并未将通道费纳入到一个综合性的视野之中，通过类型化思维的方法处理通道费的法律问题。而这正是本文将要研究和论证的对象。"

这类似于经济学、管理学论文写作的模式，从法学论文的角度完善，一种方法是加标题符号；另一种方法是缩减文字，使实质内容更加紧凑。

限于不能准确把握正文的内容，在尽可能保留原文的情况下，尝试将上文修改如下：

"在我国，通道费问题由来已久，围绕这个问题所展开的探讨如火如荼，且热度一直不减。归纳而言，理论界关于通道费的探讨主要集中于经济学和法学两个领域。经济学分析的目的主要在于对客观经济现象进行合理解释，其通常不进行倾向性价值判断，因此，这个视角分析的主要内容和结论在于'通道费'产生的原因、市场特性、商业模式等方面。与此不同，法学分析建立在对通道费关系价值判断的基础之上，论证的中心则集中体现在通道费关系的失衡及如何进行合理的权义配置上。

经济学分析表明，通道费问题产生于零供之间存在的依赖关系，在法律上这种关系是权义失衡的关系。《零售商供应商公平交易管理办法》将这种基于依赖关系而产生的失衡描述为'滥用优势地位'。这种定位似乎为法学研究者提供了一条通向有效解决通道费问题的便捷路径：将通道费的问题归化到滥用市场支配地位行为中。资料显示，以往的法学研究大都因循此路。但事实上，反垄断法运行十余年，通道费问题并没有因此而得到卓有成效的解决。当下，法制的供给似乎又使我们看到一种新的解题思路，就是通过制定《商品流通法》和修订《反不正当竞争法》来规制。两者都规定了规制的基本条件——优势地位和法律责任。时值两部规范性文件都处于'征求意见稿'的阶段，实有必要进一步讨论，通过梳理两者的关系为妥善解决通道费问题提供合理的制度指向。

从法律关系的形成上分析，通道费关系的基础是合同、关系的失衡体现在价格名目或费用额度的交付上、关系的特点是一方具有优势地位。

这提示我们，从法学视角研究问题的解决不能仅仅从一个部门法出发，不论从单行的《商品流通法》或《反不正当竞争法》的角度均不可能完成如此复杂的规范调整的任务。由此，本文认为，通道费问题的有效解决需要一种多元的视角，分类处理的思路。"

很大程度上，如果正文中不涉及经济学的分析，上述经济学的部分应该可以删减或直接删除，毕竟这是一篇法学论文，不是经济学论文。即使正文中涉及经济学的分析，亦不必从经济学视角进行综述。

5. 只有文献，不综述

通常，此种情形体现为大量堆积资料，包括理论资料和法律资料。例如，"民族自治地方政府立法的反思及完善"一文中，第一部分是"问题的提出"，下面是为提出问题进行的资料综述：

> "关于民族自治地方立法问题的理论与实证研究，学界已经从民族法学、立法学等方面进行了较为全面的研究。康耀坤系统总结了新中国成立以来我国民族立法的经验启示，提出'正确处理好民族政策与民族立法之间的关系。'胡纪平则认为'制定完整的民族法规体系的环境尚不完全具备。'宋才发认为'民族自治地方政府自治权是民族区域自治权的载体和核心。'谢尚果提出'要不断促进民族自治地方依法行政。'张文山提出'自治条例和单行条例是通往自治的桥梁。'朱玉福提出'民族区域自治法制是自治权的重要保障。'在全面推进依法治国背景下，民族自治地方如何实现依法自治、完善民族事务治理法治化的水平、加强法治政府建设力度，是当前亟待解决的重要问题。"

6. 引入的路径不清晰，没有指明具体的研究方向和问题

引言的概括需要有方向和目标，即建立和主题之间的紧密关联。否则，就没有"带入"的功能了。例如，在"土地承包经营权作价入股的法律退出路径探析"一文中，引言如下：

> "法律的权威性来源于法律的正当性和人民的普遍遵从，同时也来源

于法律的稳定性。但是社会是发展变化的，人类的社会实践活动不停地更新着法律，因此现时的法律并不能永久地反映社会节奏和经济的发展变化，由此便出现了法律的滞后性这一缺陷。法律的滞后性在我国第一产业法律规范中体现得尤为明显。"

紧接着，论文的第一个标题是

"土地承包经营权作价入股的相关学说"。

7. 法学和其他学科资料综述上的差异

以最邻近的经济学论文的综述来说，往往有一大段文字进行文献的罗列，包括作者、出版时间、主要观点等。在写法上，几乎是文献，作者的综述很少。视角上，倾向于前人完成了什么，而见不到作者的影子。这和法学论文形成了明显的差别。一般而言，法学论文的资料综述，既要有资料，更要有综述，且重点在后者，且两个部分均需以"我"为中心展开。试比较一篇经济学论文的资料综述：

网购退货运费险反欺诈问题研究——基于成本收益视角

（一）国内研究综述

由于网购退货运费险刚起步不久，国内对其研究相对较少，主要集中在对运费险应用价值、需求意愿测算及风险防范等方面。首先，在退货运费险的应用价值方面，一部分学者从理论上对网购退货运费险的价值给予肯定，并分析了网购交易下的退货原因、流程及政策等。如杨爽（2012）从顾客价值理论的角度对推广网购退货运费险的诸多好处进行分析。王励文（2016）运用博弈方法对消费者行为进行分析，从不同主体的角度对退货运费险的价值进行研究。其次，在运费险购买意愿及测算方面，李文华（2013）从消费者需求角度，采用 CVM 方法获取调查数据，使用 PCE 模型及 Matlab 软件进行实证分析，对退货运费险的相关支付意愿进行了测算。郑春东等（2016）通过问卷调查发现退货运费险能够显著降低消费者的感知风险，提高信任水平，进而对消费者的购买意愿产生积极影响。最后，面对网购退货运费险的诸多弊端，不少学者将研究重点放在退货运费险的风险防范上，如林瑶（2011）重点探究电子商务经营中的退货风险，从网络消费者、在线商家和参与第三方的角度，对影响退货风险的因素进行深入的剖析，从而提出防范与应对电子商务退货风险的有效策略。董瑶（2015）基于保险公司视角，对退货运费险中可能存在的风险进行系统分析，针对性地提出降低退货运费险风险的相关建议。此外，还有部分学者研究退货运费险的量化问题。如邓旭东、王敏（2015）引入消费者效用函数定义退货率，在全额退款条件下，建立商家利润最大化模型，利用数值分析退货运费险对商家利润的影响；王丹（2016）从信息不对称角度对退货运费险的定价模型进行研究。

（二）国外研究综述

因网购退货运费险是我国创新性的互联网保险产品，因此，国外学者在此方面的研究较少，但在保险欺诈和反欺诈问题方面的研究成果较为丰富。如 Caudill，Ayuso，et. al.（2005）运用多项逻辑模型及 EM 算法，得出如何在信息缺失情形下判断索赔的合理性以及进行欺诈索赔的概率。Pinque，Ayuso，et. al.（2007）认为可以采用两变量概率模型与随机选择策略对保险金申请人进行筛选，进而达到识别是否存在欺诈的目标。部分学者还提出一系列解决保险欺诈的对策，如 Moreno，Vázquez，et. al.（2006）认为保险公司的现有体制对保险欺诈约束是无效的，因此完善保险市场环境以及保险公司的体制可以提高保险反欺诈水平。Picard（1996）认为审查成本是解决保险欺诈问题的有效方式。Okura（2013）认为加强对保险欺诈行为预防方面的投资，可以有效降低欺诈发生概率。

综上所述，国外学者虽未在退货运费险方面作出研究，但在保险反欺诈问题方面的成果丰富，能为我国退货运费险的反欺诈问题提供经验借鉴。国内学者对网购退货运费险的研究处于起步阶段，研究主要以定性分析为主，鲜少涉及定量分析，少有的几篇定量分析论文其研究范围也大都限于购买意愿、风险分析及未来预测等方面，鲜少涉及欺诈及反欺诈研究。因此，本文从定量角度分析反欺诈问题，研究结论能为解决网购运费险反欺诈问题提供有益参考。

总之，作者需了解并遵守不同学科资料综述的格式和要求。广

义上，社会科学基金项目申请书中的资料综述也有自己的格式和要求。此不赘述。

二、论文的结论

结论不同于上述学位论文中的"致谢"，此外，也不同于后记和跋。后记是作者写在著作后面的话，内容涉及写作过程的感受、要感谢的人等。跋是写在书后、文后的序。最初书、文只有序，自从序固定在书、文的前边以后，作者如果还有要说的话，或者他人要把心得、意见、考证等内容写上去，就写在书、文之后，称为后叙（如韩愈：《张中丞传后叙》）、题某某后（如柳宗元：《读韩愈所著〈毛颖传〉后题》）等，到了宋代，就把这种文章称为跋。例如欧阳修的文集中就有几十篇跋。跋与序虽然是一回事，但在语言上却略有不同。因为跋或后叙、题后之类实际是对序的再补充。严格说来，跋是评价内容和说明写作过程的文字，不像后记那么随性。这些都不同于学术论文的结论。

（一）结论的基本要求

古人说："结句当如撞钟，清音有余。"这是一种感觉式的表达，既要有力，也要余音绕梁、三日不绝。达到这种效果需要一定的规范和结构。

1. 小结与结论

小结是阶段性结论。小结原本是一种学习方法或教学中运用的方法，对于一个时间段内的大量零碎信息进行综合，使之形成一个系统的观念和知识，有利于知识的掌握和记忆。其原理在于"首因效应"和"近因效应"，在记忆过程中，当一组知识连续出现时，最先接触、中间接触和最后接触的知识由于所受的干扰不同，记忆的效果也不同。第一次接触的容易记住，这是首因效应；最后接触的，受干扰越小也容易记住，这是近因效应。

现在，这种做法在论文写作（尤其是学位论文）中也越来越常见，甚至有成为一种论文写作模式的趋势。

严格说来，在社会科学论文写作中小结并不是必需的。因为论文是思想观念的绵延，不是一种块状的知识。如果以小结来归结，反倒有一种"放下锄头、喘口气"的感觉，或者章回小说中的"欲知后事如何，且听下回分解"的中断。当然，如果在一章中确实存在多个分论点，并有必要进行归纳，以理顺一个中心主线，承上启下，也可以使用小结。在适用时需要把握住一点是，它并非单纯地将文章内容重复一次，而是准确地提炼上文的观点。

不同于小结，结论是独立的，是通过思维分析、推理构建完整而缜密观念的结果，是整个研究过程的结晶，是整篇论文的精髓。

2. 过程中的结论

一篇论文论述的过程中，常常涉及特点、性质、原因等分析，这些过程性的结论对论文最终的结论具有支撑作用。过程性结论可能具有创新性，但其价值逊于对某个事物总体认识的观点的价值。毕竟特征、性质、嬗变、状态、原因、影响等本身不是一个独立的思想形态，其因服务于更深刻的思想而存在。例如，一篇名为"清代贵州民族地区基层社会组织变迁及动因"的论文，归纳了"基层深化政治变迁"的形态，并分析了变迁发生的原因，从历史学或政治学等角度而言，这两个过程性结论已经具有最终结论的意味，但若从法学角度，这种分析与结论只属于过程性结论。

3. 结论的要求

结论是整篇文章的终点、重点。是否达到了认识的终点，是否能体现出重点，一定程度上，就看论文结论是否符合写作上的要求。

第一，回应引言。在引言中，突出问题，并给出自己研究的路径、方法、预期目标。经过对目标问题的展开分析，给出解决问题的答案即形成了结论。通常可以把研究结果与资料综述中提到的那些研究结果再次进行比较，以突出自己的研究结果对其他研究结论的修正和发展。所以，从论文的结构关系上看，结论是对引言问题的回应，进而形成一个认识的闭环。苏轼在《石钟山记》中提出："然是说也，余尤疑之。"经过自己的实地调研、分析，得出了具体事实结论。在此基础上，进一步引申出"事不目见耳闻，而臆断其有无，可乎"？得出的结论是：不可。

第二，结论是经过严密的推理后自然得出的。结论中有论文结构的影子。换言之，正文中运用的资料、从中抽象的价值、作出的判断、形成的部分结论等都是服务于最终结论的。如同一个数学计算，计算的过程不论多么复杂，最终一定要得出计算的结果才算完成。

第三，抽象地表达。如果是独立的结论，在表述上，是对文章抽象的概括，而不是对正文各部分的简单重复。所谓抽象的概括，是高于正文各结论的更高层次的表达。

第四，结论的内容。在内容上，可以表述三个方面，一是论证问题的回应，即上述第一个方面。二是由第一个方面引申的意义，包括在研究中遇到的新问题，本研究结论必须具备的条件及所受到的限制，本研究中可能存在的缺陷及没能解答但值得进一步研究的问题（但只是点到为止，不展开论述新问题）。三是结论不提出新观点或引用新材料。

第五，简明扼要、精炼完整。研究结论的表达不宜过长。有学者甚至认为，研究结果讨论的长度与研究结果的清晰程度之间往往存在着一种负相关性，篇幅越长偏离结论越远。

第六，难以给出明确结论或给出的只是阶段性结论时，可写成

"结语"。

（二）结论（结尾）的形式与内容

论文的结论和论文的结尾并不是一个概念，结论是中心论点，结尾是论文的最后部分。结论是单列的格式，结尾没有（自然结尾）。

1. 论点的位置

从读者的角度，尽快了解论点再判断是否阅读下去是一种普遍的心理。如果以论点的第一次表露为依据，论文的论点不一定在最后呈现。归纳法学论文的论点呈现的方式，大致有如下四种情况：

（1）在标题中表达论点

学术论文的标题以动宾结构或名词短语形式为最常见，一般从中只能看出论题，而看不出论点。有论点的标题依托于主谓宾结构，这种标题以报纸上的文章居多。例如，《参考消息》上刊登了一篇美国学者的文章"失调的美式民主无法强加于人"，这本身就是一个完整、明确的观点。由此推之，带有主谓宾的论文标题，其为了凸显一个观念，往往包含着论文的观点。如"认罪认罚何以从宽：误区与正解——反思效率优先的改革主张"。

（2）在文章的"引言"中给出论点

上文已述，论文引言一般是起承转合的结构，"合"可以直白表达观点，也可以隐含着表达研究的路径和方向。如是前者，则可以从中得到作者的观点，如"人的正确思想是从哪里来的"一文。这种直接给出结论的好处是阅读者更多的注意力放到论证上，包括资料的使用和分析的过程。

（3）论证过程中给出论点

一般在论文结构上，可能提出一个原则性的问题，如"平台监管的包容审慎原则是否需要随着平台反垄断力度的加强而改变？"对其分析后，提出自己的认识和观点，如"应该改变，改为分类监管原则"。就此还可以进一步展开讨论该原则如何适用。由此，观点是在论文中间部分提出的，论文的结尾部分是原则适用。还有些以并列结构展开论文大纲的，通常在第一部分要将论文的总观念表达出来。

（4）在论文的结尾提出论点

这是比较常见的一种做法。一般采取递进结构或者采取分总结构的论文最后部分需要给出观点。当然，如果是单列标题的"结论"，其论点的体现位置就更加明确了。这种方式符合人们思维的习惯，由浅入深，水到渠成。

2. 结论的形式

学术论文的结论可以有多种，不一定都单列一个段落，并以"结论"标明。总体上，结论的形式分为自然结论和附加结论。也可以进一步细分为如下几种方式：

（1）总结全文，给出结论

作者对全文论证的内容作一个归纳，给出自己对问题的总体性看法和意见，形式上以"综上所述"来总结。以这种方式收尾，是因为作者想加重强调自己论文论点的正确性，重申自己的观点，加强读者的印象。但需要注意的是，这里的"综上所述"不是各部分的重复，而是对观念的统合，并以抽象概括的形式表达出来。

（2）自然结尾

不单独分段来总括全文，而是按照章节的顺序自然给出各自的结论，即习惯上所言的"水到渠成"的论述结果。在结构上，通常最后一个标题即为论文的自然结论。最后一个部分是前面部分不断递进的最终落脚点，能够回应主题，则无需在结构上再附加一个结论。这种结尾，给人以干净、利索、自然的感觉。通常，正文前没有引言的，可以自然结尾。

（3）有正式的"结论"

一般，有标题性"引言"的，或者有"问题提出"的标题形式的，后面需要有正式的"结论"。这很大程度上是起承转合的格式要求，以求得首尾呼应。

相比"综上所述"形式的结尾，"结论"式结尾有更大的空间，但仍然要遵守上文关于结论的基本要求，包括言简意赅、抽象概括等。同时，这种结论的好处是以此引申出另一个相关的问题，即只用一句或两句话就本结论延展新主题，通过"荡开去"引发读者的继续思考或深入研究。

（4）"余论"

这种结论内容往往比较丰富，不仅仅是全文的概括，也会较为细致地表述本文研究的不足之处或未予解决的问题，以及解决这些问题可能需要进一步研究的关键点和方向。总体上，还需坚持不提出新观点、表达可能引出的问题而不展开论述这个新问题的原则。

（三）容易出现的问题

在写作中还出现一些结论的特殊表现形式，列举一二，并姑且称之为问题吧。

1. "代言"结论

结论是自己耕耘收获的成果，其成熟与否都应是自己的智力成果。用别人的结论做自己的结论相当于自己论证的结论已经被他人证实了。那么，结论的创新性则大打折扣。请看一篇文章的结语：

> 中共中央总书记、国家主席习近平同志在 2015 年 11 月中央扶贫开发工作会议上指出，要通过改革创新，让贫困地区的土地、劳动力、资产、自然风光等要素活起来，让资源变资产、资金变股金、农民变股东，让绿水青山变金山银山，带动贫困人口增收。[1] 将扶贫工作与农村土地改革结合起来，解放土地，搞活经营权的同时解放生产力，实现精准扶贫。目前，尽管土地承包经营权的流转依然存在众多立法缺陷和阻碍，但是"与其他改革相同，我国农业生产变革呈现出经济实践突破政策、法律在先，政策随着实践的日趋成熟而由否定转肯定，再进行立法保障的改革特点。《农村土地承包法》等立法禁止，不过是一种上层建筑特性、改革阶段性的表现，并不构成土地承包经营权入股农业公司的障碍根源，必将随着我国农业的发展而逐渐发生转变。"

2. 结论上的"扇形铺展"

论文主题上需要"以小见大"，这里的"大"是论证的横向和纵向拉伸，而不是进行基本解释、就事论事。论文的结论以"小"为基本范畴表达其对应的结论。就法学论文而言，通常的制度性选题结构是"制度问题—原因—危害—完善"，完善应当"就事论是"，"事"是对象及其划定的范畴，"是"是对象的是非曲直，给出的结论应当是范畴内问题的改进措施。严格意义上，上文"以小见大"是过程性约束下的结论要求。有一种结论将"以小见大"扩大范围，表现为将一个子问题的结论放大到母问题上。例如，一

---

[1] 习近平："在中央扶贫开发工作会议上的讲话"，载中共中央文献研究室编：《十八大以来重要文献选编》（下），中共文献出版社 2018 年版，第 50 页。

篇以网络红人推荐式广告的法律规制为主题的论文，得出立法、司法、公益诉讼、赔偿、行业自律等法律制度完善的大结论。

一些结论建立在新现象和事物的新特点的基础上。在学位论文中出现一种选题的新趋势，即以一个行业或现象为杠杆的一端"撬动立法"，这种选题易出现主题和结论不符的问题。有些现象是新现象，有新特点，但不一定能由此产生新的法律关系，例如共享单车。共享单车的法律关系属性是确定共享单车法律监督的前提。其是否存在特殊性是选题的基础。形式上，共享单车就是消费者关系、合同关系、借贷关系的组合，但这种组合中的特殊的质是什么，如果这些特殊性不至于形成新的权利、义务，则共享单车和一般平台的义务没有差别，和《合同法》《消费者权益保护法》上调整的关系也没有本质上的差别。如果得出构建新的监管措施，完善立法，甚至单独立法等结论则难以成立。

3. "问题—问题解决"之间的回应性不够

论文的主题是以问题呈现出来的，除了证明提出的问题是个真问题外，还需要解析问题，并对此进行回应：如何解决问题、解决问题的具体建议。写作中常常出现在问题部分分解的内容宽于后文回应的内容，由此导致"有前言无后语"的情形。论文需要对提出的问题一一回应，否则，要么这个问题就不是一个值得关注的问题，要么就是论文没有回答问题。总之，对于文章前面如何归纳问题，在内容上需要展开归纳出的问题，在最后需对这些问题一一作回应，保障提出的问题和解决的问题之间具有紧密的关联。

4. "不当止而止"

论纲性的论文，研究的结论通常是给出制度的基本框架；制度完善性的论题，结论应当是具体的建议。常常在制度性选题中，没有给出具体建议，而只是给出解决问题的思路或方向，这属于"不当止而止"，也可以说论文没有给出具体的结论。例如，一篇探讨自媒体广告的法律监管制度完善的论文，最后提出的建议之一是"可在《互联网广告管理办法》中单独增设自媒体广告法律规制以及关于商业性广告言论内容"。这只是提出了通过完善制度解决相关问题的思路，而不是建议。建议的具体内容应包括具体的制度内容是什么，方法是什么或方案是什么等。

不当止则止的现象还表现为没有将结论进行充分论证即草草终了，只用三四百字就得出了一个很重要的结论。不否定其提出的观点可能具有一定的价值，但如果没有充分证明，则很难以理服人。

5. "当止而不止"

当止则止有两种相对应的状态，即当止而不止、不当止而止。唐代诗人柳宗元写了一首《渔翁》："渔翁夜傍西岩宿，晓汲清湘燃楚竹。烟销日出不见人，欸乃一声山水绿。回看天际下中流，岩上无心云相逐。"这一结尾被苏东坡认为"虽不必亦可"，并由此引起一场争论。唐人祖咏在考试的时候作了一首《终南望余雪》："终南阴岭秀，积雪浮云端。林表明霁色，城中增暮寒。"按照考试规则，应作一首六韵十二句的五言排律，可是，祖咏只写了四句就交卷。有人问他为何如此，祖咏说："意已尽，勿画蛇添足。"这首短诗通过阴岭与明霁、高处（云端）与低处（城中）的对比，使诗达到全新的境界，堪称咏雪的佳作。

同诗一样，论文的写作也是当止则止。当止则不止形成的拖沓，从论文整体来看，可能选题没有问题，论证也没有问题，但结论荒腔走板。例如，一篇论题为"互联网搜索引擎提供自我服务行为的违法性认定"的论文，最终的结论是应当认定违法，并创设一种新的行为类型，但同时作者又提出了行政措施和司法救济。在法学学位论文中，经常将立法完善为中心问题的论文拓展到法律实施

（执法和司法）甚至行业自律上，究其本质，是将制度完善问题偷换成制度完善及其实施问题。

通常，法律的基本视角是立法、司法、执法，除了上述基本视角外，还存在法律实施中的辅助性视角，包括但不限于守法、行业自律、法制宣传教育、司法或执法人员素质等。

不同于工作总结、工作计划，法学论文的写作宜以一个基本视角为基础展开论证。即以法律制度完善为标题的制度性选题，论文应以制度中的问题是什么、为什么、有何不利影响等为基础，并以完善哪个制度或哪个条文，具体完善的建议是什么等展开，在结论中不宜扩展到司法、执法、守法或其他辅助性视角。如果跨单一视角展开论证和得出结论，当属于结论的"当止而不止"。

第七章 | 本　论——正文

自古雄文真有铁，"雄文"的共性是三要素，一是事实骨架，二是内容血肉，三是思想精华。文章不会因为浮夸而增色。能否有"铁"，主要看本论。

一、基本要求

论文的正文是思想的载体，有文本表达体裁上的要求。论文的结构是论证过程的展开和自己观念的证成逻辑。结构统领资料，也决定说理的层次和结论可靠性。相比较，论证是更为实质性揭示思想的环节。

（一）论理而不是叙事

论文需坚守两大基本要求——论理和进层（递进），并摒弃两个与之关系紧密但性质迥然有别的认识形态：叙事和教义。

1. 论理与叙事的基本内涵

论理的主要特点是指出问题，针对问题进行分析并提出解决问题的建议。而叙事则没有问题，从时间、地点、人物出发，类似小说体描述事件，最后得出的结论，与其说是叙事结论毋宁说是故事结局，其不反映作者的思想主旨。

叙事是一种理解方式，论理是理解基础上思想的进一步深化。

利科认为，人类现象，文本也好，行动也好，都有支配其构成的内在动力，也就是它们的逻辑。文本解释的任务，就是要解释这种现象的内在动力或逻辑。但是，只有将具体的阐述方法结合进广义的解释性原理中才能办到。为此，利科提出一种新的释义学方法：叙事。他认为要理解人类现象，必须假定一种叙事形式。人类行动的特点是其具有目的性，目的就相当于叙事的情节结构。叙事赋予原始素材以情节，而它们的意义也由此产生。故事是叙事的基本模式，而理解就像是听故事。事实上，利科所言的叙事是解释中的语境解释方法。

叙事是一种解释方式。一本文集《文化中的叙事》集结了不同领域理论家的作品，包含心理学、经济学、法学、物理学、生物学、哲学、政治学和社会学。这本书名为"叙事"，是以叙事的方式来论述。它意图告诉人们，论述不再是专家的独门技艺。在这本书中，经济学家麦克洛斯基（D. N. McCloskey）所写的"经济学的叙事"将故事和模型相对照，在经济学中模型是以数学公式形式呈现的，并用文字一步步表达推论的，公式也可以被拆解成一个故事。

关注叙事的不同学科有不同的侧重点。有的发掘叙事的各种结构、功能、视角、焦点、人物类型、语言表述形式，也有的是拓宽研究的视野，提出叙事其实还关系作者、叙述者、听读者语境因素。总的来说，叙事话语分析有三大类：一是更关心故事或事件的内容与结构；二是更关心故事或事件的语言呈现方式；三是更注重整体叙事场景，包括叙事作者、叙事者、听读者的情况以及他们之间的关系。[1] 这些研究的视角主要是文学和语言科学。

---

[1] 施旭:《什么是话语研究》，上海外语教育出版社 2017 年版，第 29 页。

2. 论理与叙事对论文的影响

法律争议的解决涉及叙事，甚至在个别情节中可以发挥主导作用。但法律制定、修订过程不会顾及个别事件，法学研究也需要过滤事件中个别情节、超越叙事，将故事中的关系内容进行综合、分析。即使是在综述性研究中，叙事的解释与一般法学研究中的法则解释也有鲜明的差别。法则解释认为具体事件中包含着普遍规则，事件中的时空没有什么意义，这属于自然科学的解释方式，依赖于事物内在的规律性和原理。这明显不同于语言学上的叙事，后者着重于保留事件的特殊性，更为强调时态和情境。

在论文中叙事会延缓论证的节奏，降低核心内容的紧凑性。叙事展开的是细节，展现的是事件的原貌，从内容性质上属于资料的范畴。即使是大跨度的叙事也是如此。

3. 叙事的表现形式

在语言学的意义上，"叙事"具有价值承载功能的重要意义。杰拉德·普林斯将"叙事"定义为："叙事是对于时间序列中至少两个真实或虚构的事件与状态的讲述，其中任何一个都不预设或包含另一个。"[1] 从这个定义出发，可以看出，叙事有三大要素："时间序列"是叙事的第一要素；"两个以上事件或状态"是叙事的空间要素；"非包含关系"是叙事内容的关系要素。简而言之，叙事就是时间、空间背景下的内容不交叉。

按照这个标准评价法学论文，可能存在的叙事大致有如下三类：

第一类是关于法律制度变革或制度实施的历史性描述。这部分内容的展开，可能以内容为中心，也可能以时间为中心。请看一篇

---

〔1〕 张寅德编选：《叙述学研究》，中国社会科学出版社 1989 年版，第 2 页。

题目为"变革与挑战——省以下环保部门机构垂直管理改革对环保部门职责履行影响分析"的学术论文的结构。

　　一、我国环境管理体制的历史沿革

　　　　（一）（1973—1978）环保机构的萌芽发展阶段

　　　　（二）（1979—1988）环保部门独立过程阶段

　　　　（三）（1989—2018）环保部门的快速发展阶段

　　　　（四）（2018.3—）环保部门脱胎质变阶段

　　二、环保部门机构垂直管理改革的具体内容与转变

　　三、垂改后环保部门将产生的挑战

　　　　……

　　第一部分中包含明显的叙事结构和内容。不能否定，这些阶段的划分及其相关内容是作者总结得出来的，需要回答的一个问题是，这些总结在论文中的价值是什么，服务于作者的什么观念的得出。

　　第二类是经验性介绍。从个体化的感受，到群体感受，再到共识性认识，是经验累积的过程。一般，经验性的认识具有个别性、具体性，有利于揭示具体关系中存在的问题，但得出的问题是否具有普遍性则无法证实。因此，经验性的结论和法律问题之间尚有很长的距离，和法律制度的完善之间的距离就更远。例如，一篇关于基层土地执法能力的论文中有如下表述：

　　　　"国土所不仅是最基层的土地执法机构，同时也是整个土地管理系统在最基层的延伸，其所承担的工作内容涉及土地管理的方方面面。而作为国家治理结构'条块关系'中最为基层的'条条'，国土所所长（执法中队长）的工作环境复杂，需要处理不同类型与层次的关系网络。因此，所长的个体能力在机构的运作中显得尤为关键。调查中〔1〕就有这样

────────────

　　〔1〕　这里所用的资料来自于作者在地处西南的 D 省省会 C 市下辖的 2 个市辖区、3 个县的调查。此处提及的两个地域均为 C 市的主城区，但同时都辖有大量的城乡结合部及村庄。文中所提两位所长的工作地均处于城乡结合部。

两位国土所所长，其个体能力差异对执法效果的影响甚为显著。其中，PL 所的所长 J 因对于属地情况、工作方式的熟悉程度非常高，并能够有效地动员与借力属地基层政府的资源与力量来应对麻烦、化解矛盾，避免问题的上移和严重，不仅得到了上级主管部门的肯定和褒扬，同时，也与属地政府机构保持着有效的协作关系。"

这应当是一篇调研报告中的内容，对问题的描述很具体，有关经验也很具体，包括得到"上级部门的肯定和褒扬"。资料直接来自于一线调查数据，由此得出的结论，如领导决策力、执行力、影响力等只能是被调查所在地的真实情况。这不等于该地所在省的基层情况，更不等于全国土地基层执法的状况。

第三类是案件事实。一个案件，不论是司法判决的案件，还是行政处理的案件，都是按照"以事实为根据，以法律为准绳"原则得出的结论。这里，事实部分属于叙事。如果由多个层级法院审理的案件，论文正文中细致地介绍一审、二审、再审的基本情况的，也应该属于叙事。

通常，论文只有三四个一级标题，大篇幅叙事会压缩分析的空间，论文的精华在分析过程，如果事实的内容压制了分析的过程，则偏离了论文论证的轨道。

当然，如撰写的综述性论文，或十几万字的专著性博士论文，或学科发展史的研究等为了体现各不同时期或阶段相关状况的差异及其价值，可以适当使用叙事结构。

(二) 进层而不是教义

法学论文的写作是在纵向逐层深入，而不是横向将内容切碎、掰开。后者是法教义学的范畴。

1. 法教义学

法教义学（Rechtsdogmatik）是来自德国法学界的一个概念。

法教义学以法律文本为中心按照一定的方法进行解析，得出法律规范的基本含义。本科教学的核心是"以本为本"，前一个"本"是基本概念和概念基础上法律条文的基本意义。在解释过程中，需要以法律宗旨、原则为基础，指导对具体法律条文意义的理解。在成文法中，法律适用依据的是法律文本。法律文本的意义是评判案件的关系性质的基础。因此，法教义学的应用范围包括立法、司法，也包括本科法学教学。

通常意义上法教义学解释，有3个不同的层次：第一层次是法律文本语言，包括法律规范和非规范性法律条文；第二层次是从文本所认知到的法指向的事实，这是对经验事实的描述；第三层次是法所确定的性质，即法律对社会关系规范后的性质如何。

法教义学有如下基本特征：

第一，以法律文本为依据。"教义学仅仅针对当时特定的法秩序，其论述之直接意义仅与该法律秩序有关。"[1]法律文本是教义学的开始，也是法律解释的对象。以法律文本为依据，确定解释的内容"从哪里来"。法律文本是现行有效的法律，这是研究对象的限定性，这种限定也决定了其研究方法和研究方向。法学教育还存在另一种相反方向训练，即案例分析。通过案例分析来训练学生从案件事实出发寻找法律的归入能力。案例分析课要求法科生具有一定的法律知识储备，也需要一定的法律分析能力。在事实——法律之间进行多次反复的"归入——涵摄"训练，达到提升专业能力的目的。近年来的教学实践中，很多高校引入了德国鉴定式案例分析法，除了可以训练归入能力、涵摄能力外，还可以在解释法律规范中进一步训练分析表达能力。一部分解释内容已经超脱了法教义学

---

〔1〕　彭中礼：《法律修辞论证研究——以司法为视野》，厦门大学出版社2017年版，第169页。

的范畴，如运用一定的理论学说进行分析，这已经进入到学术研究的范畴。当然，不是所有的法学学科都可以适用鉴定式案例分析法，其适用的前提是法律制度体系化较好。尽管鉴定式案例分析比传统的案例分析在教学效果上更为突出，但其坚守的依旧是法律文本基础。

第二，依照法律规范进行内在的形式逻辑解释。形式推理是法教义学的基本方法。形式推理遵循的是形式逻辑。开创于古希腊，成熟于亚里士多德的形式逻辑方法论，是撇开具体的、个别的内容，从形式结构方面研究概念、判断和推理及其规律。形式逻辑的主要方法是演绎和归纳。演绎推理是从抽象到具体的过程，归纳则相反。两者相同之处在于，结论都是从前提中推衍出来的。从能否生成观念的角度看，传统形式逻辑只是一种思维游戏而已，这不同于康德的分析和综合。在学科意义上，亚里士多德和康德各自提出的两对概念分属不同的学科：一个是逻辑学，一个是哲学。在功能上，也存在一定的差异，康德的分析判断和综合判断是知识领域的判断形式。先天分析判断是宾词概念包含在主词概念之内，类似于演绎推理。知识的内容是从主词"分析"出来的，是必然的，并没有增加我们的知识。后天综合判断是宾词概念不包含在主词内容的，知识的内容是"综合"来的，不具有必然性，但可以增加我们的知识。在方法上，分析、综合是系统论下的两种主要方法。

第三，按照体系要求解释。法律实证主义者将法律看作是一个封闭且自足的规范体系，具有充分的稳定性和自我创造系统，并以此防范政治、道德等外部因素的干扰，实现法治目标。代表人物是凯尔森和哈特。前者构建了金字塔理论，后者提出了承认规则理论。[1]

---

〔1〕 根据凯尔森的规范理论，每一个法律规范的效力都来自于另一个更高位阶的规范，如此层层授权形成了金字塔式的法律体系。哈特修正了凯尔森的理论，将法律规则分为主要规则与次要规则。主要规则设定义务，次要规则授权人们引进新的规则、修改或取消原规则、决定规则的适用范围。由此，法律便是可以实现认识更新的自封闭体系。

法教义学建立在法律是一个自我封闭系统的基础上。在凯尔森和哈特的视野里，这个系统的结构是不同的。前者包括本法律规范（部门法），也包括渊源性的法律规范。后者是依托本法律规范。价值共识是法教义学的推理前提，法教义学是以一般法律概念、原理和原则来体系化把握某一法律领域中各个规范。"司法中的法教义学，不仅关注解释，也关注体系，更关注解释和体系之间的关系。"[1]

法教义学和司法推理紧密结合，是司法裁判中的一部分。法律论证在法教义学当中具有十分重要的意义，有学者认为法律疑难案件的推理已经脱离法教义学，接近于学术研究中的论证，"当前的裁判理论都依赖一个形式定义的普遍预设，认为在法律不确定的条件下，疑难案件的裁判不再是法律裁决，而是非法律的自由裁量"。"教义学理论拒绝接受这一普遍预设，坚持疑难案件裁判的法律属性，进而捍卫法律的自治性。教义学理论能为疑难案件的裁决提供理论上可行、规范上可欲、实证上充分的说明。教义学理论以法律论证场域为基础，而法律论证场域又有其特殊的教义学结构，这一结构能够确保疑难案件裁判的法律属性"。[2]

尽管法教义学在司法、执法及本科法学教育中发挥着基础性理解和形成共识性认识的特殊功能，但仍然与法学研究存在诸多的区别。如研究的视角，法学研究的视角更多立足于立法；再如，研究对象上，法教义学的研究依赖于法律文本，这比法学研究的选题范围要窄。所以，法教义学服务于法学教育，也服务于法律实践。但法学研究视野更宽，站位可以更高，方法更多元，通过论证制度中的问题或制度运行的理论服务于法治建设。

---

[1] 彭中礼：《法律修辞论证研究——以司法为视野》，厦门大学出版社2017年版，第169页。

[2] Ralf Poscher、隋愿："裁判理论的普遍谬误：为法教义学辩护"，载《清华法学》2012年第4期。

2. 法学研究进层

这里的进层，就是层层递进的论证。其基本的含义是围绕着中心论点，形成多层次的"理由——结论"的论证结构，且相互关联、相互支持，共同构筑起金字塔形的认识体系。这里的层层，意味着不止一个层次，这有别于法教义学。从不同的层次来论理，层次越多，研究越深入，需要各层次的论理存在逻辑上的递进关系。

例如，在论证"我国拟制自认制度的弊端"分论点时，作者从以下三个方面展开：

> "第一，我国拟制自认规定的类型过于单一，无法满足司法实践的需求；第二，法官释明规范的不健全导致当事人欠缺程序保障；第三，从诉讼模式的角度出发，自认存在的前提是法院对案件事实进行非职权探知，即当事人负责提出案件的主要事实，法院裁判也必须以当事人主张的事实为依据，对于当事人未主张的事实法院不得依职权进行收集和调查。其中，第一点弊端，即无法满足司法实践的需求，又体现为两个方面：一是……，二是……"

如果说法教义学是对法律用语连接起来形成的命题的横向认识，则进层是对法律的纵向认识。即使是目的解释，由于横向认识受制于一部法律的原则、宗旨等，并以法律条文为中心，其思想的自由度也是有限的。在打开一部法律的原则、宗旨、条文等限定的情况下，纵向认识具有更大的跨度，进而形成思想的沟壑。纵深感是学术的生命。

总之，论文的论证需要避免如下经常出现的问题：讲故事、说知识、摆事实。归纳而言，论文中的"讲故事"，包括事实故事（事实状况），也包括法律故事（当事人如何，一审如何、二审如何等）。"说知识"，是把公共性的认识放到论文中，这会产生教材化的倾向。"摆事实"，包括立法历史或现实状况，法律条文的变化状况等。故事、知识和事实只是论证的前提，不是论证的本身。这些内容占用论文正文的空间越大，越偏离论证，也就越不像学术论文了。

二、论文正文的形式要求

《红楼梦》之所以能成为经典，有一个表达结构和方法上的原因，就是它不落小说窠臼。章回结构使得每一个故事和下一个故事独立存在，又藕断丝连。同时，同一章中故事的展开为下一步留有余地。例如，黛玉进贾府，并没有让贾府的所有重要人物都出场，否则，写得太满，没留任何空白，就显得过于死板和平淡，没了小说的美感。相反，恰因一个非常重要的人物——贾政没有出场，为后文留有余地。

学术论文的结构也是如此。各部分都有自己的内容和要领。学术论文是一棵"多枝树"：主干—枝干—细干—叶片。详见下文。

（一）正文中一级标题关系

按照上文的进层关系，论文的正文需要展现不同的层级结构。这里的结构，既有各同级标题之间的纵向结构，也有同一级标题下的纵深结构。

1. 一级标题间的关联结构

各同级标题之间的关系也大致是起承转合。如果说包含着的起承转合的"引言"是绝句，那么正文中的起承转合就是律诗结构。相比绝句，律诗的起承转合都是复句——首联、颔联、颈联、尾联——更有厚重感。换言之，如果说引言是骨架，这里则需要骨架和血肉。

学术论文的正文如果按照起承转合模式展开，也会展现清晰的结构和思路。即提出问题、分析问题的不利影响、解决问题的必要性、问题产生的原因、解决问题的思路、解决问题的方案。有时候，可能中间部分结构会结合到一起，即习惯所言的提出问题、分析问题和解决问题。当然，也不能不承认，起承转合不会也不可能给学术论文的结构定格。

2. 学术论文的"开门"

论文中的"起"，或者体现为一个大引言（带标题符号的），或者是没有引言的情况下的第一个大标题。

诗词中，近体诗有平起式和仄起式两种。仄起式比较高亢，气势雄浑。如李白的《关山月》，"明月出天山，苍茫云海间。长风几万里，吹度玉门关……"；李白的《将进酒》，"黄河之水天上来，奔流到海不复回……"；苏轼的《八声甘州·寄参寥子》，"有情风万里卷潮来，无情送潮归……"。如果没有较大的气魄、较高的技巧和文字功夫往往难以驾驭。

论文的开篇要求有起势，而不是有气势，即平缓进入后文，而不是直入山顶，或一步跨到山腰。论文结构中，个别论文第一部分便写问题解决的必要性，这相当于一步直达山腰。即使论文后文的结论有真知灼见，这也不是一个规范的开头，因为没有明确的针对性。

古语有"仁者乐山，智者乐水"，以静动之分明仁智。山可以突兀眼前，水则是灵动的力量。之于论文而言，如果以山水的静动之形态为相，论文的开头，既可以"开门见山"，也可以"开门见水"。前者因为可突兀于眼前，更似制度性选题，后者深邃，可为理论性选题参考。

（1）开门见山

这里的"开门见山"，是指直接提出问题，立起靶子，为后文展开分析确定目标，乃至于到结论都要以这个问题贯穿。

论文点出主题非常重要，需要以一个大标题形式来展现。一个大标题也意味着应该有较大的文字容量。为什么需要这么大的容量？因为这里需要分解出：问题为何；何以是一个问题；以何为表现形式；有何种影响等。"问题为何"是确定研究的对象。后面围绕问题的基本展开是说明问题属性，包括重要性、急迫性、复杂性等。有的从案例中归纳出的问题，作者只提出一个命题，不展开论述这个命题属于需要研究的问题的理由，还没有完成立"靶子"的任务。在这里，不是简单归纳一个问题，而是需要展开说明这何以是一个值得研究的问题。所以，开门见山这种开题，树立起的"靶子"是问题结构。大部分制度性选题都以此种方式开头。

（2）开门见路

非制度性选题，第一个部分往往见不到山，常常是就一个事物给予基本定性，然后深化其背后的原理或理论。因此，理论性选题的开头可以是"开门见路"。"开门见路"的目标是引路上山。如：

　　"论反垄断中的消费者标准"

　　一、作为标准的前提条件

　　二、反垄断法分析中的消费者利益标准体现

　　三、消费者标准的内容

　　　　（一）消费者福利

　　　　（二）消费者选择权

　　四、消费者利益标准所建立的基本分析框架

（3）使得商榷的几种开篇形式

常见非"开门见山"或"开门见路"的状况有如下几种：

第一，开门见"假山"，即命题的真实性、典型性值得商榷的问题。如一篇探讨有期徒刑数罪并罚的司法适用问题的论文，第一部分提出问题，但问题是由一则公务员考试真题引出的。这值得商榷。问题的引出，一般是由实践出发，或者由理论出发，但少有从考试题目出发引出的思考，毕竟考试题不同于真实的案例。由此出发会减弱问题的实践价值。另外，论文开篇的问题反映的是一类现象，而不是一个偶然现象。

第二，开门见"洼地"，即用大段文字或一个标题进行历史回顾或提出历史问题。如一篇写司法规律的内涵与改革面向的论文，第一个标题写"司法规律的语义学解释"，之后在"（一）"中写"司法规律的含义"。内容展开时，首先写"司法"的含义，之后回溯古代司法的含义。从《汉书》到《史记》再到《明史》，一直写到民国，这一段写了一千多字。然而，现代意义上的"司法"概念源于苏联传统和民国双重传统。早在 1931 年，共产党的文件中就使用过"司法机关"一词。从 1954 年宪法开始，1975 宪法和1978 宪法均无"司法"一词，1982 年宪法中"司法"一词再次出现，但是都是指称行政职权之一的"司法行政"。除非是从历史嬗变中发现问题，否则，没有必要回溯历史，毕竟司法改革或法制完善建立在现在与未来这两个时间框架内。

第三，开门见"平地"。有的论文开篇对基本知识展开介绍，其必要性也值得商榷。如一篇关于中小企业卡特尔豁免制度的论文，第一部分的标题是"问题的提出"：

> "何谓中小企业？为何要给予中小企业以豁免？如何在实践中给中小企业予以豁免？如何在程序上具体规定？本文的写作目的便是回答这些问题。"

何为中小企业是一个基本概念，虽然不同国家对中小企业规定的标准不完全相同，但都存在中小企业这一特殊主体。反垄断法中的中小企业豁免不需要解释什么是中小企业，划定中小企业的标准差异等问题。

第四，开门见"雾"。在论文尤其是学位论文的写作中，常见第一章不是"问题"，而是基本认识或作为展开探讨很多基本知识。

因为知识的类别多无法纳入一个相对独立的范畴，常常出现在标题上使用"××概述"。也有两种概述的变异形式：一种是"基本理论"，另一种是"基本问题"。

不论是学术论文还是学位论文（硕士、博士）都不宜用"概述"，理由之一是"概述"没有明确探讨的主要方向，毋宁说是一个认识的"大筐"，概念、特征、性质、作用等都可以装入，且多一个少一个都没有影响。这样的"雾化"处理是不严谨的表现。用"基本理论"会带来很大的来自于内容上的压力。"理论"二字在论文的语境下有特定的含义，常常出现的问题是内容围绕制度的基本内容、历史、功能等，这些并不是"理论"，由此导致文题不符。同样，使用"基本问题"也会存在文题不符的矛盾。因为展开的是基本知识或事实，"问题"两个字的含义被扩大了。这种困境的解决，宜以展开的核心内容为基础，尤其是深入分析的内容为中心设定标题。例如"搭售行为的目的与机理"，这里，可以包括概念、特征、目的、机理。

（二）论证的层级及其标题符号的使用

论证层级是论证深入与否的表现形式。层次的形式表达方式常见的是专门标题符号，此外，更需要用文字标题符号、格式符号，甚至标点符号来多元表达论证层次。这里的专门标题符号指"一、""（一）""1."等。

论证的层级是论证中应当展现出来的。学位论文中以专门标题符号标注的层次一般至少有三级，学术论文中使用专门的标题符号可以只有一级，后面的层次都用文字标题符号标注。层次展现的不仅仅是形式，也是思想的递进或同一问题不同学科观察视角的拓宽。

"山有木兮木有枝"。学术是一座山，学术论文是山上的一棵多枝树。论证环节和细节（枝）以及论证需要的资料（叶）的有机组合能使论文看起来"枝繁叶茂"。换言之，从论证角度看论文是否壮美，主要观察"枝干""细干"的结构形态和"叶片"的丰茂程度。

1. "枝干"

这里的"枝干"即学术论文的二级标题："一"之下的"（一）"或"1."，或学位论文的三级标题："（一）"（如果是"章、一、（一）"结构）。严格来说，法学的学术论文和学位论文的论证及结构要求应该是一样的。但是，限于学位论文的培养目的性和阶段性，两者还是存在一定的内容要求上差异。由此，学术论文的标题符号和学位论文的标题符号也不一样。

（1）标注形式

法学学术论文一、二级标题符号的标注形式如下：

一、×××

（一）×××

（二）×××

或者

一、×××

1.×××

2.×××

或者

一、×××

首先，×××。

其次，×××。

（2）何时需要"枝干"？

学术论文一般只见一级标题，篇幅大的学术论文按照层级有二级标题，更常见的形式是跨标题符号的使用，即从"一"直接进入"1."。篇幅大的论文，二级标题符号用"（一）"，形成"一、（一）"层级结构，但前提是内容足以支撑起这么大的标题。例如，一篇关于政府信息公开申请权的论文，第一、二个标题符号展开如下：

　　一、前提：政府信息公开申请权滥用的内涵与缘由

　　（一）政府信息公开申请权滥用的内涵

　　权利滥用无疑是相对于权利的正常行使而言的，鉴于政府信息公开权利行使的正当目的在于实现知情权，那么政府信息公开申请权滥用则是指申请人为了实现知情权以外的其他特殊或者不正当的目标，向一个行政机关多次申请公开相同或不同的信息，或者反复向不同行政机关申请公开同一类信息的行为。

　　（二）政府信息公开申请权滥用的缘由

　　第一，……

　　第二，……

按照上述大纲，如果只是一个概念内涵的解析，且只有较少的文字量，则不需要用"（一）"这么大的标题符号。换言之，只有需要充分展开且可以展开的情况下，才需要标注二级标题符号。

　　（3）"枝干"的标注要求

一篇论文需要几级标题？论证层次是思路和思想深化的必然要求。至于一篇学术论文一个标题下需要几个二级标题，则无定数，由论证的需要和可能展开的视角来决定。

在标题的表述上，以下原则需要把握：

第一，围绕中心展开。通常表现为关键词需不断重复。特殊情况下，为了简洁起见，可以省略重复的关键词，但不能损害观念的统一性和层次性。

第二，二级标题同样需要抽象表达。一般以名词短语形式呈

现。意味着，不能以两个短语或动宾结构且中间用逗号链接。例如，一篇关于第三人侵犯商业秘密行为的论文中有一个二级标题表述如下："新用人单位作为善意第三人，在竞业限制关系下，不应承担商业秘密侵权责任"。这是正文论述中的一个判断，而不是标题。

第三，目录标题一般不"露底牌"。二级标题通常是"目录标题"，从论证的诱读性出发，一般不用主谓宾表达，由此不"露底牌"。与之相反，学术论文中二级标题以下或学位论文中三级标题以下，内容标题需要"露底牌"。有论文使用这样一个二级标题："新用人单位可以原用人单位所持有的信息不构成商业秘密为由进行抗辩"，对此，可以修改为："权利基础抗辩"。

2. "细干"

这里的"细干"，即"一、（一）"形式的学术论文的下一级（三级）标题符号，或者学位论文的四级标题符号。由于这个层级的标题符号，不是以数字符号标注的，在此称为内容标题。

内容标题的形式有很多，如"首先……，其次……，最后……"；"第一，……第二，……"；两种形式也可以融合，如《邓小平文选》《董必武选集》《朱德选集》《陈云文选》等著作中都有这种用法，形式如下："首先……，其次……，第三……，第四……"。一般而言，作为细干的上述标题，是在分段的前提下使用的。个别情况下不分段使用，不属于"细干"内容的标注形式，属于下文"叶脉"中的形式。

在上述前提下，还需要进一步注意的使用要求如下：

第一，如果只有两个层级，一般不用"首先……；其次……"。此种情况下，可以用分段表达，也可以用一方面，另一方面表达，或者在后一段用"另外，……"。

第二，若中间有两个以上段落时，或者说中间有夹段时，不用"首先"和"其次"，而是用"第一，……第二，……"。换言之，"首先"和"其次"应该各领一段。

第三，不同内容符号的文字承载量不同。相比较，"第一"的文字承载量较大，可以隔段使用。即使是翻页后才能见到另一个序号亦可。在思想上可以有"我住长江头，君住长江尾"式的遥望与共饮（长江水）。

3. "叶片中的叶脉"

形式上，正文被标题符号和内容符号"切开"一个一个段落。分段本身就是层次性的表达，不分段会影响表达效果。另外，如果论述层次改变，该分段时不分，也会影响读者思想的集中度。一篇学术论文中一页都不分段会形成整体上黑乎乎的一大片，原本"杨柳青青著地垂"，这种局部的任性却让人感到"杨花漫漫搅天飞"。按照论述分层的技术要求，通常情况下，一段中的文字不宜超过600 字。

每一个段落如同一片叶子，可能需要展现如叶脉一样的观念层次（四级或五级）符号。此时，一般不用"第一、第二"，可以用"一是、二是""其一、其二"或"一方面、另一方面"。

此外，如果分层很多且项目之间的表述不需要充分展开，也可以使用①②……。另外，如果只有两个方面，也可以不用符号，而用分号"；"标示。

在一片叶子上展开分层论述，如同在桃核上雕刻，也是写作中一个较大的挑战。写不出东西来，不是没有东西，而是没有想好路径是什么。这样说来，是不是有点反逻辑——形式决定内容？其实不然。任何时候都不可能彻底了解一个问题的全部，写东西是在形成主题时编织结构的过程，亦是按照结构拓展研究空间的过程。因此，首先是内容决定结构；其次是结构决定内容。不能拓展研究内容，即所谓思路不开阔，其实是结构闭塞了。

如何在一个大标题下的小段落中挖掘内在的空间，最基本的方法是分析和综合。例如，研究针对的是最高院关于知名商品的相关司法解释："人民法院认定知名商品，应当考虑该商品的销售时间、销售区域、销售额和销售对象，进行任何宣传的持续时间、程度和地域范围，作为知名商品受保护的情况等因素，进行综合判断。"这实际上已经对"知名"的展开提供了思路，也是铺展开"叶面"，勾勒出叶脉，可以时间、区域、销售额为基础分别进行分析，也可以对上述诸多要素进行综合——内里反应的是经营者的时间、物力、技术等凝聚成的商业信誉和商品信誉。

面对研究资料，如果没有勾勒出"叶脉"——展开自己的分析思路，满篇都是资料，看起来就是一片枯叶。

（三）各级标题间的结构性关联

各级标题之间的结构性关联，意味着一个标题和另一个标题之间需要给予技术上的关注，而不是随性或随意展开。现将其基本要求概括如下：

1. 任何两个标题之间均须有概括语

每两个标题之间都需要有文字，这部分文字可以叫概括语，即对以下各部分进行的总括。概括语不需要论证，就像一个华盖，以能够遮住展开的下文为基本目标。严格来说，在一个数字符号标题和文字标题之间也应有"概括语"。如一个大标题——"外国制度的借鉴"之下，没有任何说明，直接开始"首先""其次"……，便不符合论证要求。

概括语的内容可以是承上文，也可以是表达本部分的目的而直接引出下文，也可以只概括并引出下文。在后两种情况中，概括语发挥导入的功能，让读者一看便知作者下文欲如何展开论证。

2. 概括语的概括性

概括语需运用资料展开论述。从技术角度来看，若在这里进行论述，会产生和标题下的文字资料及其观念的重复，既浪费了资料，也摊平了和下文的层次关系，结构上也不协调。

概括语不需要表达后面将怎么说，否则显得啰嗦。例如一篇论文中的过渡段：

> "为论证从商标法的角度以外探索保护涉外定牌加工中商标权人权利之路径的必要性，笔者将于下文依据法院的判决介绍司法机关对于涉外定牌加工是否构成商标侵权态度的变化和多样，同时通过分析学者的著作总结学者对于涉外定牌加工行为是否构成商标侵权已形成的几种主要学说。"

这里，带有明显的通告写作思路的味道。不需要作者把将要如何展开的写作计划或思路交代给读者，所以，凡此种种，把主体隐去，直接阐述内容就好。上文大致可以修改为："涉外定牌加工是否构成侵犯商标权的问题，不论是司法机关，还是学术界在认识上均存在很大的分歧。"下文即可通过法院的相关案例证明认识不一致，再援引学术观点说明存在分歧。

3. 作者不出场

在写法上，概括语不同于"摘要"，但也需要满足自洽性。作者的角色始终在场，"不出场"（不要走出来），也无需"旁白"。例如，下面的概括语：

> "如前所述，产品价格的变动的影响是传统反垄断法理论关注的核心。下文将基于个人信息与产品价格之间的关系，从个人信息数据替代货币作为对价以及基于个人信息数据进行的定价两方面出发，对经济影响展开分析。"

这是违反了客观性。

再试看下文：

> "上一章充分论述了为侵害商业秘密设定反向工程抗辩的必要性，以及我国法律在这方面的缺失。那么接下来是要讨论反向工程获取商业秘密可以从哪些方面进行合法性抗辩。借鉴各国已有的一些经验，存在对反向工程的目的、手段条件等方面进行反向工程豁免的法律规定和司法实践，笔者拟对这些零散的规定进行归纳总结，并对不够完善、不够系统的部分如客体条件、难易程度、创新条件、保密条件等方面提出加强。本章从六个方面确立反向工程抗辩条件，以对我国的反向工程法律的系统化研究作出有益探索。"

这里，作者也"出场了"。即使有时需要对一个基础问题展开，直接展开即可，没有必要以旁白的形式告诉读者。

4. 忌口语化表达

口语化表达可能类似于"上课口语"，可能来自于日常语言，如"我们说""那么我们说"。例如，在一篇学术论文中，作者为了引出问题，作了如下表述：

> "任何一个刑法学理论，如果大家久议不决，恐怕就要去发掘它根基根源的问题，不然很难谈清楚。开始论述前，我们先来看这样一段话：主人在庆典上提供了一道菜，其中一位客人因为吞食不当造成窒息而死亡，那么在一个认可结果责任的社会中，主人毫无疑问地必须对这个严重的结果负责。通过结果的出现，主人的行为对客人的死亡就具有了意义，不需要具有今天所理解的个人失败意义上的责任。"

这里"开始论述前，我们先来看"有明显的口语化表达的痕迹。

5. 不"亮底牌"

"亮底牌"形同博物馆展品的"指示牌"（展牌）。为传播知识，以展牌形式清晰标注内容有利于准确理解并记忆，但对于论证的思路，作者只需要告诉读者大致思维过程即可。例如，一篇关于互联网必需设施的论文，在第一章的开头部分的概括语表达如下：

> "首章将通过论证必需数据原则的存在合理性引入，围绕《平台反垄断指南（征求意见稿）》第14条，阐述本文设定认定标准的逻辑与后文的铺陈方式。探讨数据满足何种条件才能构成必需设施无法回避一众前置性问题，即使这些问题并非本文论述重点，其背后牵涉到的数字经济原理以及必需设施原则定位等问题，都是考量必需数据的重要基础。"

这里的"数字经济原理以及必需设施原则定位等问题，都是考量必需数据的重要基础"就漏了底牌。上文可以修订为以"必需数据"的存在与合理性引入涉及我国《平台反垄断指南（征求意见稿）》第14条，"需要探讨认定标准的逻辑，即数据满足何种条件才能构成必需设施，包括其背后牵涉到的数字经济原理以及必需设施原则定位等问题，制度的创建无法回避这一前置性问题"。

6. 不"分岔"

有的概括语按照如下方式表达："以下将从三个方面展开探讨：第一，第二……"并将下文的标题粘到这里。严格意义上，这背离了"概括语"的要求。另外，直白表达第几章（节）写什么、怎么写就偏离了论证性，也与后文标题重复。

三、论文正文的实质要求

正文的形式要求服务于实质效果。论文的实质要求包括四项：资料充分及运用得当、观点创新、论证的充分性及论证方法的恰当性、准确表达。

资料服务于论证及引出结论，具有生发性。资料的使用在于超脱于资料，并以"我言"的方式展开。资料运用的高级技能是看不到资料的痕迹。同时，比资料更为重要的是得出自己的观点和理由。由于"我言"的要求在第三章中已说明，故下文只对后三项内容展开。

（一）观点创新

这里所谓的观点，即论点，是作者在论文中对所论述的问题作出的判断、得出的见解和提出的主张。论点是论文的灵魂，是论证的目标，也是文章价值的载体。古人讲"文以载道"，"道"直译为"道理"，实质上就是观点。古人不论作文还是诗词，皆要求"以意为主"，即所谓"千古雄文自有铁"中的"铁"。

1. 观点创新的体现

论文观点创新的主要体现在如下方面：

（1）论文的"正确性"——不能违背国家的核心价值

论文的"正确性"，指不能有违国家主权和国家的核心价值观。主权是一个国家对其管辖区域所拥有的至高无上的、排他性的政治权力，毋庸置疑。例如台湾自古以来就是我国的神圣领土。每个国家都有自己的核心价值观，它是本民族为全体社会成员所共同认同的价值观。

（2）论点的明确性

论点是论文的最终研究成果。论文的写作目的在于充分表达论点。论文写作的效果如何，主要在于论点是否得以充分的表达。法学论文中，尤其是制度性选题的论文，基本目标是制度的"改进"或"完善"，仅仅从论文的写作目的上而言，这个目标只是大目标，还不能称之为论点，也未能体现论点的明确性。需要明确改什么或完善哪些方面。明确性的理想状态是最终的观点与"问题"之间是充分必要条件关系。即基于"问题"的特殊性，得出解决特殊问题的特殊方法和对策，形成"问题—对策"的一一对应关系。例如，问题指向为：垄断协议定义中"排除、限制竞争"的含义模糊，并明确模糊的具体表现，最终给出的结论是针对具体模糊性内容——给出澄清的具体建议。次之的明确性是问题与结论之间的部分充分必要条件关系。例如，直播带货主播虚假宣传的法律责任，给出的建议包括公益诉讼、行业自律、信用评价体系建立，也包括惩罚性赔偿责任。这里，公益诉讼和行业自律就不是仅仅针对直播带货中虚假宣传行为所特有的。这样，论点不明确的表现有两点，一是只是充分非必要关系，二是非充分非必要关系。

(3) 观点的新颖性

基本观点应当鲜明、独到，和已有的结论不相同、不一致，或和已有的结论有不同的论证路径。刘禹锡《秋词》诗云"自古逢秋悲寂寥，我言秋日胜春朝。晴空一鹤排云上，便引诗情到碧霄"。作者的观点是"秋日胜春朝"。这是对自古以来诸多文人悲秋的一种挑战，之所以"秋日胜春朝"，是因为"晴空一鹤排云上，便引诗情到碧霄"。有的论文在法律问题的提出和解决上以现有立法位阶较低为基础，提出建议：提高立法的位阶——制定统一的立法。或者相反。严格说来，单纯的立法位阶较低不是一个法律问题，它可能是另一个问题产生的前问题，但是否存在另一个问题需要证明。位阶低影响了什么那才是问题。如此，位阶低是某个问题的原因，其本身不是一个有创新的观点。观点创新以概念、观念、思想等创新为核心。新概念是对新事物的基本认识，新观念是在新命题中形成新范畴，新思想是在命题体系中的系统性的新认识。

(4) 论证的体系性

古语言："立意要纯，一而贯摄。"作为论文的主要观点，在论文中具有归结性。得出该观点的过程，可以从不同角度、不同层次分析。经过不同角度和过程的分析而得出的结论称为分论点。体系性指由经过论证的分论点合力得出中心论点，只要各分论点强而有力，得出的中心论点也应当是扎实的。

结论的得出需要有根据。在论证中，常出现的一个问题是根据与根据之间没有逻辑的关联。常出现的另一个问题是由一个小小的根据推出了一个很大的结论，论证依据和结论两者之间不相称。即上文所谓"杠杆结论"的问题。

（5）论证的充分性

论证应有充分的论据支持。论文是思想的载体，学术思想的呈现是否得到承认是论证的充分性问题，一般不存在对错。例如，有人考据《红楼梦》中的元春之死，其论证的依据是"〔恨无常〕喜荣华正好，恨无常又到。眼睁睁，把万事全抛。荡悠悠，把芳魂消耗。望家乡，路远山高。故向爹娘梦里相寻告：儿命已入黄泉，天伦呵，须要退步抽身早！"考据者根据这里的"荡悠悠"三个字得出：元春是上吊而死。另有学者认为，基于"榴花开处照宫闱。三春争及初春景？虎兔相逢大梦归"，指明元春是难产而死（榴花古语意谓生子）。这种没有进一步材料佐证的结论都是值得怀疑的，即结论的说理性和可信性不够。

所谓充分，即符合前文章节中讲到的资料运用和价值的挖掘。此外，资料的范围不限于法学范畴。例如，反垄断法中的市场支配地位，在经济学上，使用的是市场力量这个概念。分析市场支配地位的性质可以查阅产业经济学中关于市场力量的分析。论文写作鼓励跨学科资料的运用。

2. 论证中观点的呈现

全文的总观点在"结论"中。如果没有形式上的"结论"，论证的观点在各章节中。形式上，论证观点的生成是总分关系。分论点来自于论证的原子结构——段落。一般，一个段落的开始需要抽象概括整段的内容，后面的文字证明此段的结论。写作中，可能出现论证形式和实质的背离。表现为，在段落表达上使用了"首先、其次、最后"，但没有对该段进行抽象概括。

试体会如下表达的效果：

"对于软件捆绑现象的分析，从中发现如下问题：

首先，绝大部分软件存在捆绑，且捆绑数量巨大，这种现象的严重程度超过我们的想象。例如，某款软件居然达到七个捆绑软件之多。

其次，软件捆绑手段分为无任何提示直接安装，默认勾选安装，和手动勾选安装三种形式。其中无任何提示安装和默认勾选安装的捆绑手段比较隐秘且对用户权益伤害最大，只要用户稍不留神就会不知不觉地安装在用户的网络终端。

最后，在捆绑软件的卸载方法上，绝大部分所捆绑的软件有独立的卸载方式，可以顺利卸载，然而也存在一些捆绑软件无法卸载，成为用户电脑里的讨厌的'蛀虫'，有时被称为流氓软件，此类软件同时具备正常的软件功能（例如，弹出新闻，下载或者媒体播放等）和恶意行为（如广告弹出，自动下载，链接不良网站等），其造成对用户的电脑 CPU 和内存的占用，进而影响用户计算机的运行速度。"

这里，在形式上，论证分为三个部分"首先、其次、最后"，但实质上，由于没有相应的概括，总体上是在叙述。尤其是"最后"部分，直接描述具体问题，这使得这一段文字没有了层次，也没有作者的观点。

3. 论文创新的几个争议问题

关于论文创新，第二章已经展开。这里再就有争议的创新补充表达一下。

第一，是否第一个提出的说法即说法创新？论文创新的体现是观点，或思想，或方法。这里最主要认识在于"什么是观点"。观点不是说法，两者最大的区别是前者有充分的论证，后者只是在论文中提出，可能在正文中，也可能在结论的扩展部分。提出了一个说法的贡献在于对一个问题有敏感性。假设 1999 年有人提出建立互联网法院，但没有就建立的条件，和传统法院的关系、解决争议的特殊性、解决方法的特殊性等展开论述，不能认为其是第一个提出建立互联网法院观点的人。所以，凡是提出了一种说法，但没有充分论证的，就不属于观点，也不属于学术创新。

第二，对法律文本进行解释是否构成创新？这关键看如何解释。一种基础性解释是说明法律的基本含义，例如，对一个规范性法律条文进行主体、客体、主观、结果、因果关系等方面的展开，力图还原立法者的原意，以帮助正确适用法律。另一种解释则是诠释，即将有关的原理、观点等纳入进来展开说明，这种解释具有自我认识的特性，而不是公共性表述。后者通常涉及的是法律用语或标准或指向模糊的部分。如果立法者有明确的"元叙述"，进一步的解释不增加新内容，则没有什么创新性。如果相反，由于解释者的立场、方法等不同，也会产生不同于立法者原理解上的差异，则结论具有创新性。西晋的玄学大家郭象是有名的注释家，得名于注《庄子》。后人有谓："曾见郭象注庄子，识者云：却是庄子注郭象。"再如上文中王阳明对"格物致知"中"物"的解释由"客观之物"转为"事"（关系），此类观念的提出即使是基础性的解释说明，解释的结论也具有创新性。

第三，质疑性的结论是否构成创新？有的研究可能没有结论，或者说还存在重大疑问。研究者提出了这些疑问并着重分析了解决疑问的重要性、必要性、紧迫性等。这项研究同样具有原创性，因为将某个问题确立为"问题"本身就具有学术价值，尽管仍然没有给出一个确定的结论。学术论文研究的价值，不在于其内容是否包罗万象，而在于它是否有一个值得探讨或论证的基本命题。

第四，朴素观念的专业分析是否构成创新？如有人提出构建

"专业化的审判队伍"这类建议。在属性上，它是司法系统内的管理措施之一，不是一般法学研究者的专项。在很大程度上，它可能是一时的现实问题，也可能是个别部门的问题，更重要的是它不是立法技术性建议。再如，对刚刚通过的法律，如果指出了某方面的模糊性后，写者表达说法律还需要进一步细化，或者就什么方面需要制定实施细则等，或者对分散的立法、层级较低的立法建议统一立法等，这类建议的创新性不够。

第五，就过程性问题提出观点是否构成创新？如对一个法律关系的特征分析、类型分析等。这类过程中的结论，即使有新观念呈现，其创新性也没有那么大。因为这类结论是服务于另一个更重要的结论得出而存在的。有时候，也会见到一些否定性的结论，如果没有同时进行肯定，则此类结论不具有创新性。

第六，在本专业之外提出的其他学科的观念是否属于创新？这涉及专业评价，提出其他学科上的观念，应当由其他学科的专业人士进行评价。

4. 缺乏学术创新的形式

学术创新是学术的生命线。对于法律学人而言，广义上，缺乏学术创新包括两种形式：无学术创新和学术不端。

（1）学术无创新和学术不端的关系

无学术创新，通常表现为共识性认识的展开或公共信息的简单解释。前者体现为将一个学科群体性认识当作个人的认识。学科发展中，成熟的学科是积累了这个学科群体性认识，形成了学科的基础知识，体现为教材的内容。就法学学科而言，后者体现为案件事实、法律条文、政府文件等。论文中大量适用公共性信息，虽然可能不涉及知识产权，会无法体现论文的质量。

学术不端反映的是重复性引用。学术不端是行为性质问题，学

术无创新是学术质量问题。哪些属于合理的引用，哪些属于不当的
重复，这是一个技术问题。

（2）学术无创新的表现

在很大程度上，法学论文写作中，由于制度性选题不可能离开
对法律条文的分析，因此一个法律条文被多次引用、被多人描述的
现象不可避免。

公共材料的大段使用是学术无创新的表现。具体而言，表现为
如下方面：

第一，正文中大段引用法律条文的问题。正文中引用法律条
文，不存在知识产权的问题，但会存在材料运用不当的问题。尤其
是直接引用文字数量庞大的一个法律条文，例如，《德国民法典》
第 312g 条第 2 款，共 13 项，共 600 多字。这些文字可以作为作者
论证的资料，但论证是有特定的目标的。一个法律条文包括论者特
定论证目标的指向对象，但不限于唯一的对象意义的工具价值，如
此，将某个法律条文全部放置于正文会产生一个矛盾：列入正文的
内容是有论证价值的资料，整个法律条文包含多个意义和指向（价
值），若论者只截取其中一个意义指向进行阐述，那么，无指向意
义的法律条文不应当列入正文；若将法律条文的所有指向意义面面
俱到，则论述主题可能过大。只有教材才需要对条文面面俱到。在
效果上，将一整条法律文本放置于正文会产生论证的节奏中断、
"气势"下沉的问题。这一问题源于将无指向性意义的法律条文的
内容放入正文会冲淡论者的思想，延缓表达过程的紧凑性。所以，
在正文中大量引用法条，不是著作权法上的不允许，而是不符合论
文写作的技能——逻辑严密、论理紧凑等要求，如流动的思想之河
流因堆积一些无用的法律条文而产生了堰塞湖，它影响论证通透
性，进而涉及论证效果，乃至论文的质量。

第二，事实性材料的使用。一般，事实性材料是基础性的信息，不包含观念或思想。如正文引用判决书中的事实部分，一般，正文中引用判决书中的原内容不宜超过 200 字。还有些历史事件的资料，也是公共资料。例如，在表达消费者冷静期制度的渐进性观点中，有论者将德国法律制度情况归纳为如下事实："1974 年的《分期付款买卖法》、1976 年的《远程课程保护法》、1990 年的《保险法》、1991 年的《消费信贷法》、1996 年的《部分时间居住权法》和 2000 年的《远程交易法》等。"这一表述中，时间和法律规范的名称都是客观事实，属于公共资料的范畴。

第三，基础知识的运用。法学本科教材展开基本知识。例如，法人、姓名权、有限责任公司等。论文建立在基本知识的基础上，而不是基本知识本身。论证建立在已知知识的运用上，而不是对本学科已知知识的展开。对已知知识的不当展开会延缓论证的节奏。例如，一篇关于纵向垄断价格协议认定的论文，作者在构建纵向垄断价格协议的判定标准时，认为主观上应当存在故意，即行为的主观方面是故意。之后展开了关于"故意"的概念，"故意"的类型等。

（3）学术不端的表现

按照学位论文的管理流程，提交答辩前，论文需要机器查重。按照相关规定，如果达到一定的重复比例，将取消相关资格。于是，落笔从容，但落笔后难从容。进入答辩之前，需要进行一次"人机大战"。

不同的学科，有关重复的问题有不同的认定标准。例如，在文学上，更改一个字，便产生意境上的截然不同的效果。这种现象常被称为"化用"。如李白在《渡荆门送别》（725 年创作）中有"渡远荆门外，来从楚国游。山随平野尽，江入大荒流……"。40

年后（765 年）杜甫作《旅夜书怀》："细草微风岸，危樯独夜舟。星垂平野阔，月涌大江流……"。两首诗的后两句很相似，但放置于各自的语境中，两者有本质的差别。前者是怀念故乡，在外游子感受到孤寂，将外景放到天地间；后者是在其辞去节度参谋职务后，返居成都草堂的旅途中所作。杜甫用"星垂"表达低沉的情绪，"月涌大江流"反映世事无常、命运多舛的无奈，由此，心随波涌，情随浪走，进而对自己的存在发出了疑问，也给出了自己都怀疑的答案："飘飘何所似？天地一沙鸥！"诗词创作中，天地、江河、花鸟鱼虫是公共性要素。只要借用准确，恰当表达自己的情感，便是最好的创作。初学画油画，如果照着实景画，摸不出重点，如果按照照片画，同样不能突出层次，而以油画为底板来画，重点突出，更容易被关注和把握。因已经被画家视觉过滤了一遍了。同样，学书法，首先也需要临摹。临摹，作为学习过程，无可厚非，但不可以作为职业行为。

法学论文写作中也存在对象材料和观念创生之间的转化问题。对已经发表的他人观点，如何认定学术不端呢？一个公共标准是不规范使用"私人资料"。具体可以表现为如下方面：

第一，引用他人观点但未加注释。不论是直接引用还是间接引用，也不论是引用观点还是引用论证过程，均需要加注释，以尊重原作者的著作权，并为读者或研究者提供资料来源。

第二，将他人论文观点拆解而不加注释。拆解表现为把他人的一个观点拆成几个方面，以显示和他人的不同。拆解他人的观点，仍然是他人的观点，知识属性不变。将土豆块切成土豆片，或将土豆片切成土豆丝，只是形态的改变，本质上仍然是土豆。为了细化某一问题，可以部分援引他人的认识，但需要注释。同样，借鉴他人的论证过程，得出的结论只作意思相近的改动，如权利改为权力、职权，义务改为责任，利益改为法益等仍属于重复。

第三，标注了观点的来源是否就不算重复？引用他人的观点是学术创新的常规过程，即所谓站在他人的肩膀上才能看得更远。那么，是否只要加上了引注即进入了安全港？不然。有时候在论文中可以看到这样的状况：论文中某一页有三大段（或四段等），每一段后都加个注。这似乎标明了材料的出处。还有一种特殊形式：在二级或三级标题上加注。如此加注，意味着注释的内容均来自或主要来自他人。这不符合论文的写作要求，因为没有论者的思想。

第四，"域"注释是否算重复的问题。这里所谓的"域"，指在一段中有三个以上（包括本数）的注，这些注所形成的"域"和另一篇文章的注的结构（域）完全一样，这是否构成重复？应当说，在先作者花费了一定的功夫就某主题查找三个以上的材料，且这三个以上的材料形成了一种论述的语境，如果论者引用了与他人相同的"域"注，也应当视为对他人劳动的不尊重，即视为重复。

第五，他人翻译但未出版的外国法律条文的引用。应当说，翻译者对外国法律条文的中文翻译存在著作权，这种材料首先是私人性的，其次才是法律条文的公共性。通常，写者应当回溯外国法原文，运用自己的外语能力理解和把握法律文本的含义。但限于外语能力或资料检索的困境，有时只能引用他人翻译的外国法的材料，这种资料表面上具有公共性，实质上仍是私人性质，仍然需要加注释。

第六，引用他人归纳的事实资料未加注。如上述德国冷静期制度嬗变的资料。这些事实材料是他人对此进行归纳总结得出的，尽管内容是事实性的，但包含着他人查找资料的劳动，后者亦不可直接复制。如同一张照片，为什么将那片云和这棵树放到一起拍摄，包含着创作者的劳动。这里的劳动包括：以一定的视角展开的资料归纳；确认一个视角下的资料内包含相关内容；因时间不同内容的改变。这种资料形式上属于公共事实材料，但内里包含着他人的劳动，劳动的技术性越强，权利的属性越强。

总之，在论文写作中，应当区分著作权法上的不允许和论文写作要求上的不应当。之于前者，后果严重；之于后者，涉及论文质量。

（二）论证的充分性及论证方法的恰当性

马克思认为，研究方法和叙事方法有明显的不同，"研究必须充分地占有材料，分析它的各种发展形式，探寻这些形式的内在联系"。[1] 论证就是建立在资料的基础上表达自己的观念。

1. 论证的充分性

论证的充分性应当包括如下方面：

（1）论证的贯通性

论证的过程是和资料打交道的过程，也是过滤资料的过程。这里需要特别强调的是论证的贯通性。贯通性意味着时时刻刻都需要表达自己的认识，如果每个部分都坚持贯通性论证，论文整体就可以充分体现论证性。

干扰论证贯通性的因素主要是资料的运用。基于上文中资料的分类，凡出现"它说"或"他说"便阻断了论证的贯通性。前者体现为大面积的叙事（事实资料或法律资料）；后者体现为"甲乙丙丁说+我说"式的表述。不论如何，"它说"或"他说"都脱离了论证，既没有对他人的观念的评析，也没有经过论证得出自己的观念。

---

[1] 中共中央马克思、恩格斯、列宁、斯大林著作编译局编：《马克思恩格斯选集》（第二卷），人民出版社1972年版，第217页。

（2）分析视角多元

多元视角的分析，即多维论证方式。围绕一个中心论点从不同角度、不同层次来论证，每一个角度或层面分别包括一个分论点，通过不同分论点来支持中心论点。

从不同角度看一个事物，能够形成对事物的全面性认识，避免单一认识可能存在的偏见。如同一个杯子，如果垂直于上面往下看是一个圆，如果平视则是一个长方形。多元的分析视角需要不同的立足点、材料和分析推理，并得出相应的结论。

（3）说理的充分性

论证中，每一句话都是一个命题。每个命题具有相对独立性。说理的充分性首先表明形式逻辑推理的真值性。逻辑推理的对象是命题序列，每个原子命题是真值，意味着命题与命题关系的真值性。其次命题的内容不仅仅是逻辑上的真命题，还要符合法律与现实的关系。例如，一篇论文中论证企业信用约束与保障制度，作者论证了"公民信用责任制度的建立"。作者认为，在实践中，如果企业承担"信用责任"的话，非法人单位最终也需要自然人来承担这种信用责任；如果是法人单位的话，为防止自然人利用法人制度为自己的行为开脱"罚责"，也应该建立相应的自然人"信用责任"制度，基于这样的逻辑思考，建立"公民信用责任"制度而不是"企业信用责任制度"是最根本的信用约束。这种论证建立在企业虚拟说前提之下。企业（法人型）独立承担法律责任。如果信用责任实行穿透性配置，至少需要分析连带信用责任的法理基础和社会影响。否则，在责任制度上"两步并作一步走"，这样的思路跨度太大，难以以理服人。

（4）理论和原理的运用

论证活动是一种高级的理性化认识活动，在论证过程中，需要运用理论和原理。理论和原理是深入解释事物内在规律的认识。恰当运用理论和原理，才能保证论证结论的正确、科学与可靠。例如，一篇论文在分析社会治安问题严重时，揭示其背后的原因是"贫富分化"，而贫富分化之所以会生乱，背后的原因是富者会"温饱思淫欲"，贫者则"饥寒起盗心"。这显然只是经验基础，还需要进一步探讨其背后的理据。

理论和原理不限于法学理论和原理，只要运用恰当，可以也应当鼓励跨学科知识的运用。例如，对于虚假广告问题的认识，如果从信息传递的角度来看，涉及信息传播学，如果从文字（包括口头）的角度来看，涉及语言学，从传播学和语言哲学的角度运用相关理论和原理解释虚假广告产生的机理，并在此基础上确立相关主体的法律责任应当比"从法到法"更有说服力。

(5) 范畴和视角的"忠诚"

这里所谓的"忠诚"，是视角始终如一。视角有显性的视角和隐性的视角。显性的视角是论文标题（包括副标题）所确立的视角。论文的标题包含着论文的范畴，论文的范畴也可能包含视角。针对性明确的法律视角是立法视角。论文中常常出现的问题是视角的扩大，具体包括前提的所有方面，比较常见的不"忠诚"，有两个方面：

第一，概念使用的前后不统一或存在内在的矛盾。法律上的概念作为定性的标准发挥其功能，诸多含义类似的概念在法律上是有严格区别的。运用法律概念需要前后一致。例如，有的论文在表述商业标识混淆时，开始使用的是保护商品名称等权利，后面论证时又不自觉地将商品名称下落到权益上。不论在制度上还是在法学研究中，权利和权益是有明显差异的。再如，在一篇关于民族地区精准扶贫治理体系的法治保障的论文中，作者表达了这个领域法治保障的意义和存在的问题。在"意义"部分，作者提出"学会运用法治思维和法治手段处理问题，充分发挥法治的引领和保障作用，消除制约精准扶贫的体制机制障碍，确保政府各项扶贫工作和各项权力在法治的轨道上运行"，最终制定精准扶贫促进法。表述上显然存在法治和法制之间关系上的混用。

第二，立法视角忠诚。学术论文对法律问题的探讨，基本视角是立足于立法，即法律制度完善。但实践中，经常出现的"不忠诚"是将立法视角扩大为执法、司法、自治、宣传等。上文所述的结论上的"扇形铺展"便是视角不忠诚的结果。

此外，论文写作中，经常发生的范畴或视角不忠诚的情形还包括功能与作用混同使用、逻辑与思路混同，完善与完善的思路混同等。

（6）不存在基本法律关系上的认识错误

诸多基本制度内容具有决定性，不能出现认识上的错误。例如，宪法是国家根本法，其地位不能被随意表述。再如，将《个人信息法》视为《民法典》的下位法。此外，还包括主要观点的得出所依据的法律条文已经失效等。

总之，论证建立在命题的基础上，也需要符合系统性观念。符号学研究者巴尔特在《符号学原理》一书中声称："艺术无噪音"。作品的每个部分都发挥其应有的功能，由各部分的分项功能充分地饱和了整体的艺术效果。这是一种系统性理论，承认作品中任何文字都是构成系统的单元，每个判断、命题、段落、章节都具有系统性的生成性功能，如此，整篇文章就成为一个有机整体，不存在所谓的"噪音"。

2. 论证方法的恰当性

做任何事情都需要有方法，方法恰当则事半功倍。《庖丁解牛》

中，庖丁解牛的方法是"依乎天理，批大郤，导大窾，因其固然"。这种方法之所以能够成行、有效，其理论基础是方法论。庖丁解牛的方法论是"彼节者有间，而刀刃者无厚；以无厚入有间，恢恢乎其于游刃必有余地矣，是以十九年而刀刃若新发于硎。虽然，每至于族，吾见其难为，怵然为戒，视为止，行为迟。动刀甚微，謋然已解，如土委地"。

每一种学术研究都需要恰当的方法。历史上，王安石写了一本《三经新义》。林语堂认为："他的《三经新义》糟不可言，他死之后就完全为人所遗忘，而且也一本无存了。"很大程度上，"王安石的字源学之荒唐可笑，简直跟外行人一样"[1] 的主要原因是方法运用得不当。他的字源学研究，只是对字的结构与来源进行研究，不是用应当适用的比较方法、历史方法等，而是凭个人的幻想，即用纯文学的方法进行解释，由此这一成果的影响力很小，几近于无。

每一种文体形式都有自己的独特方法，同时辅助于其他方法。在诗词学上，常用比兴的形式。现代语言文学中，明喻、暗喻、借喻，是常用的表达方法。

学术上，一般最常用的论证方法是分析和综合。这是人的思维中一对相互关联的基本方法。分析与综合是比归纳与演绎更深刻地揭示事物内在本质的方法。分析是在思维中把整体分解为各个部分、方面、要素，以便逐个加以研究的方法。综合是在思维中把整体分解为各个因素、属性、方面，再组合成一个整体的方法。早期的知性综合或抽象综合主要表现为机械的综合、线性的综合，其总体特点是信守"部分相加等于整体"的公式，把综合看作思维组合加减的过程。现代系统论看到了知性综合的局限性，提出了"整体

---

〔1〕 林语堂：《苏东坡传》，张振玉译，湖南文艺出版社 2016 年版，第 86 页。

大于部分之和"的系统综合方法。[1]

分析和综合方法中都包含着辩证方法，即辩证分析和辩证综合，也就是矛盾分析和矛盾综合的方法。马克思在《1844 年经济学哲学手稿》中运用了黑格尔的辩证法对资本家雇佣劳动过程中劳动的异化进行了分析。马克思认为，资本主义社会劳动所发生的异化现象主要表现为四个方面：劳动者同劳动产品的异化、劳动者同劳动本身的异化、人同自己的类本质的异化以及人同人的异化。辩证法为马克思揭示资本主义的社会矛盾提供了基础性论据。

不同法学学科的主导性研究方法可能不同，对一个特定法律问题的研究也需要恰当的方法。

经济法的调整对象是国民经济关系。国民经济关系不是一般经济关系，其产生于生产社会化背景下，形成于国民经济体系化过程中。这种关系之所以能够成为经济法的调整对象，是因为其具有社会连带性。社会连带主要体现在地区与地区之间、产业与产业之间、企业与企业之间、产品的上下游之间以及行为的复合连带等方面。随着生产社会化程度的加深，社会占有了大量生产资料和劳动产品，这些需要国家进行社会资源配置，国家和企业均呈现出"组织计划性"。此时社会生产便进入了下一个社会管理阶段，即国民经济体系化阶段。国民经济体系化的调控方式需要掌舵者尊重客观经济规律，因此相较于生产社会化后出现的"应急性""过渡性"经济法律，在国民经济体系化时期，建立在客观经济规律基础上的经济法律呈现出稳定性和常态性的特点。随着国民经济的体系化，原先较为零散的经济法制度按照一定规律组成有机的法律系统，形成体系化的法律集群——宏观调控制度和市场规制制度。[2]

---

〔1〕　徐光春主编：《马克思主义大辞典》，崇文书局 2018 年版，第 47 页。
〔2〕　刘继峰、李世佳："论经济法调整对象中的社会连带关系"，载《南开学报（哲学社会科学版）》2021 年第 1 期。

从理论上讲，任何部门法都应当是一个整体系统，这是其独立性的前提。这个整体系统至少包含如下方面：独特的调整对象，独特的概念和概念体系，独特的方法和方法论，独特的理论和理论体系。所以，对经济法理论研究在宏观上需要系统性方法。

论证方法的恰当性包括论证方法的可适用性，还包括方法适用对象、适用的范围和适用的效果。例如，一篇博弈论视角下的公平竞争审查制度优化的论文，只在产生原因的问题上适用了博弈论方法，而在最后结论的得出时没有呈现出来。意味着，博弈论只是服务于说理，如果是这样，则标题中的博弈论视角应当从正标题上下落为副标题。关于具体学术研究的方法，将在下一章详述，此不赘述。

（三）准确表达

"书从疑处翻成悟，文到穷时自有神"（郑板桥），这联诗后半句的意思是，写文章写到词穷的时候，一旦来了灵感，那才是神来之笔。学术论文的表达不求神来之笔，只求准确表达想要表达的观念。

1. 准确表达的基本要求：表达的依据和理据

在表达上，学术不同于文学，后者可以凭借想象、夸张，甚至魔幻方法，表达作者思想的文字有非常开阔的空间。法学论文中，不论是作为论证过程的表达，还是作为结论的归纳、总结，都应当有资料的依据和分析的理据。

（1）准确理解资料的内容和挖掘资料的价值

探寻命题或语词的理据就是追寻词义的表征来源，可简单地称之为语义溯源。词的理据研究，是一个世界性的长期课题，已延续两千多年。在古希腊就存在自然论与规约论之间的论争。苏格拉底等自然论者认为，名称与事物之间具有内在的或自然的联系。语言中的词语蕴含了一定的历时性的理据信息。何谓理据？简言之，理据即词义之所由。可以理解为，为什么某个词汇单位"自然地"具有它现在的意义，或者"表明"为什么某个特定意义对于我们的感官来说用某个音或词来表达。词义的理据说明词的形式和它所代表的意义之间有一定的关联。反之，如果某个词义或词的构成没有理据或我们找不到理据，那么在我们看来它的形式和意义之间的关系就是任意的。所以，在此意义上所谓理据和任意都是相对于我们的感觉而言的。[1]

分析对象是资料。资料是写作者由以产生新的认识的基础。例如，有人指出"竞争往往会埋下毁灭自身的种子"，如果将这句话作为依据，必须要正确地判断这句话的背景，什么条件下是成立的，什么条件下可能是不准确的。因为这里包含着"竞争毁灭自身""往往""埋下""种子"多个关键词，每一个部分都需要进行细致的分析，"竞争会毁灭自身吗"，毁灭自身的条件是现实的还是理论上的，条件（种子）是什么，"种子"什么条件下会破土而出？等等。从信息的角度，一个资料输入人脑并经过人脑的加工输出新的信息，这个过程不同于一个指令输入计算机，前者输出的信息更加丰富和多元。但不论如何，输出的内容都应当具有理据性。否则，言之无据，则可能言之无理。

总之，论文表达上的要求是每一句话，每一个命题，每一段文字及该段文字与下一段文字之间，都具有依据和理据。由此建立起上一句的文字和下一句文字之间的逻辑关系，以至于整个文章观念的逻辑推理。

---

〔1〕　赵彦春：《认知语言学：批判与应用》，南开大学出版社 2014 年版，第 228 页。

（2）语境的准确把握

在语言学上，理解语言需要将语言或语词置于一定的语境下。所谓语境，即语言使用的环境。一般而言，语境由语言上下文（linguisti context）和非语言性环境（extra-linguistic context）两部分组成。"话语意义的恰当表达和准确理解均是在语境中进行的。离开语境，只通过言语形式本身，说话人往往不能恰当地表达自己的意图，听话人也往往不能准确地理解说话人的真正意图。"[1] 尤其对接受者而言，仅理解言语形式的"字面意义"是不够的，还必须依据当时的语境推导出言语形式的"言外之意"（超越字面的意义）。论文写作中的语境运用既包括作为思想基础的资料含义的解读，也包括表达思想过程中语境的创设。语境不同，语言或语词的内涵可能发生根本性变化。凡因语境约束而产生的概念意涵变动的，在语境学上，称之为语境干涉。[2] 很大程度上，一个判断只有在特定语境下其准确的意义才能呈现，同样，一个结论性的判断只有在特定的语境下才能成立。因此，表达中的每一个命题都应当包含着特定的语境，在特定语境限制下对象或关系属性的判断其表意才是充分的。

2. 准确表达的三个环节

论文表达的过程是分析判断。分析判断的效果取决于三个方面：形式逻辑、思想的承载、语言的效率。逻辑学并不研究具体命题事实上是真的还是假的，只研究各种不同类型命题的真假条件及其命题间的真假关系。[3] 当然，形式逻辑是形式的东西，不能仅

〔1〕 赵颖：《新编语用学概论》，中国商务出版社 2015 年版，第 54 页。
〔2〕 语境干涉是中国学者钱冠连最先提出的，参见钱冠连：《汉语文化语用学——人文网络言语学》，清华大学出版社 2002 年版，第 79~96 页。
〔3〕 张惠民主编：《语言逻辑辞典》，世界图书出版公司 1995 年版，第 313 页。

从形式的东西中得到思想。表达中思想的承载，是指通过作者在输出端以论文语言的意义和指称将所包含的思想传达到输入端，能够被读者准确地理解。当然，论文语言的传输并非计算机信号的传输，以无信息的遗失为目标，而是以追求语力为目标。语力就是"语言作为一种信号形式对脑—心理系统的刺激所产生的脑、心灵水平的体验及其相关反应"。[1] 能否准确的理解是初级反应，能否在理解的基础上产生新的认识是高级反应。包括观念的认同、质疑、升华等。

从发生学角度来看，表达发生在思想或观念形成以后。表达的前提是理解。一方面是使用一个学科中的概念和原理；另一方面是跨学科概念和原理等的理解。读者对文章能否理解，涉及作为理解基础的认识域是否相同或近似。认识域不同，读者的理解和作者的前理解就会产生偏差，即所谓主体间性。例如，狄尔泰称赞施莱尔马赫并将他称之为"释义学上的康德"。从非哲学的角度，这里都有诸多理解上的障碍。首先需要了解狄尔泰的释义学思想，其次还要了解施莱尔马赫的释义学贡献——将释义学引入了哲学，使它成为一种普遍的方法论。还要理解康德的思想——认识论上的哥白尼革命。没有这些基本知识，难以在文本阅读中获得准确的理解。

当然，从作者角度，不同形式的论文，表达方式也不同。从表达方式上划分，论文写作可以分为两种类别：一种是偏重通过严谨的学术语言来阐发某种理论观念的学术性论文；另一种是将高深的理论转化为日常的大众语言来表达的通俗化读物。从应用的功能和范围看，前一类论文主要在学术研究领域内交流，可以说是写给少数专业人士看的；后一类论文的传播范围则可以遍及理论与实践领

---

〔1〕　高长江：《萨满神歌：语言认知问题研究》，吉林大学出版社 2017 年版，第288 页。

域，读者对象可以是一般大众或跨学科研究者。

有相当数量的文章介于两者之间，不宜截然归类。但是，无论哪种文章，都需要作者具备一定的理论基础。以准确表达观念为基础，灵动的表达方式是其后的一个小目标。

3. 准确表达的过程——专业概念的使用

论文建立在专业基础上，专业性的表现是专业概念和专业思维。在表达上，法学论文首先需要大量使用本专业内的概念，这个专业概念是指法学而不是某个法律部门。更高的要求是，一定幅度的跨学科的概念使用，这是丰富表达、准确表达的充分条件。例如，一部著作中曾有这样一个判断——"我国现有自然资源产权制度属于一种建构式而非历时性自然演化出来的正式化外在性制度。"[1] 这里，"产权"不同于权利，它是经济学意义上的，是比权利更大的概念。"建构式"是建筑学上的概念，"历时性"在语言学上比较常用，"外在性"也是经济学上的概念，如此等等，以法律制度为中心，使用了多学科的概念。

由于语言的界域性，使用另一个界域的语言往往是很难的，它要求有另一个界域的基本知识。论文写作中鼓励概念的跨界域使用，包括自然科学中和其他社会科学相关学科中的概念。

言语的跨界使用，可以增加表达的灵动性，但就"阅历"不深的读者而言，也可能形成理解上的障碍。例如，"贸易战以来，负利率和量化宽松'印银纸'等非常规救亡工具，未来将常规化。这种长期服用类固醇催谷经济股市的做法，长远对美国以至全球有何祸害，暂难断言"。这里，负利率、量化宽松、类固醇、催谷，都是其他学科的专业词汇。但是，语言的跨界适用，也能扩张知识，

---

〔1〕 苏力：《制度是如何形成的》，北京大学出版社 2007 年版，第 48 页。

并有利于形成丰富的联想。

语言之所以可以跨界使用，是因为语词的引申、比喻、借喻和暗喻形成的。一个语词对应的意义恢复到原点时，它的辐射范围可以扩大，平移到另一个视域中。

可以跨界使用的概念包括专业语汇和生活语汇。一些概念经过长期跨界使用可能慢慢就成为界域内的概念了。例如，"机制"原本是物理学中的概念，但在法学领域大量使用。再如，"不可通约"是库恩在 1962 年出版的《科学革命的结构》中首次提出的。"通约"一词的原形，出自数学中分数加减运算时的"通分"与"约分"，即用求"最小公倍数"的方法先使分母不同的两个分数实现"通分"，然后加以计算；接着用求"最大公约数"的方法对繁分数进行"约分"，使其化简。库恩使用的"不可通约"概念，是借用这个概念来描述相继的科学理论之间的关系，表达科学革命的显著特征是新旧范式本质不同（不可通约）。近年来，学术界常引申其意，在表述属性或本质相同的两种事物关系时，便说"两者可以通约"。

4. 追求表达的效果

即使是三级标题或更低的标题，标题下往往都有多段文字，文字中内容以观点为中心展开，观点如何呈现是一种表达的技术。有时候文字中不是没有观点，而是观点呈现的不够清晰，包括隐藏在段落中，让读者去找；或只有一句话而没有充分展开，或展开的层次性不够等。这可能和表达习惯有关。但为了更符合读者的阅读习惯，和增强文字表达的效率，在一段中或一个标题符号（不限于数字标题符号，更主要是文字标题符号）下的第一句话非常重要。它是最好的揭示本段主题的场域。或者也可以在本段的最后以"因此"（包括出现或不出现此二字，或其他类似的语汇）加以总结，一言以蔽之。

之所以有此"范式"，是因为其在功能上可以强化自身地位和辅助其他部分的聚力功能。可以将上述两种不同方式分别名为"上梁结构"和"塔基结构"。

所谓"上梁结构"，是建筑中脊梁及与其他构筑材料的形态关系的借喻表达。于古人或今人，自建传统人字形屋顶房屋时，安装建筑物屋顶最高一根脊梁（大梁）前，要举行非常隆重的仪式，如诵唱"上梁文"、放鞭炮等，以祈求根基牢固，诵祝房舍平安长久。如此隆重的原因，除了上梁在建筑结构功能上的重要地位外，更有传统文化上用其连接建筑本身与天地神灵之间沟通的功能。论文中标题下的文字也需要"上梁结构"，即一个观念统领一段文字，这个观念之下还有支撑其成立的两个以上的分观念——"中梁"或"下梁"，从而形成一种拱卫结构。

所谓"塔基结构"是从一点出发，经过多个层级的分解，得出最终的结论。"塔基结构"是一种递进结构。

5. 论文表达中注意把握的问题

论文表达上存在两个主要矛盾：私人语言和公共语言的矛盾；口语与书面语的矛盾。私人语言是维特根斯坦在《哲学研究》中首次提出来的，基本含义是单个字或词所指称的对象或意义只有说话者才知道，别人不可能准确理解的一类语言，如高度抽象的诗的语言。口语虽然是公共语言，且简单明了，但属于日常语言，逻辑性不够。对口语只有在特定交流的语境下才能准确地理解。论文表达所使用的语言是公共语言，是书面语，需要剥离开易产生歧义的私人语言和日常语言。

总体上，学术论文应坚持以准确表达思想观念为中心，以朴素的书面语表达为基础，以灵活自然为目标。

"总有人（或组织）想要抄近路完成讯息的传递。"[1] 有的时候是不知不觉，并不是"想"，还有的时候是不得已。以此为基础，论文写作中经常会出现如下不足，现总结出来，与读者共勉：

（1）口语化表达

口语化表达比较容易出现在承上启下的"概括语"部分。可能是不知不觉中附带出来的，也可能是作者以为可以"娓娓道来"而有意为之。例如："在依据反不正当竞争行政司法制度的基本理念构造出其理想框架之后，运用逆向思维方式——即假定存在设计目标所要达到的制度稳定、有效地运行的状态——分析制度的成本与收益，看看能得到什么启发。"

（2）连词使用不当

"因为……，所以"是因果判断中常用的连词，有的时候，可能不是因果关系，此时使用会造成关系混乱。例如，"由于绝大多数网络平台所收集、分析的数据仅仅用于后台的算法运作，而不是实在的商品或者服务，因此没有供求关系。"另外，较为常见的是表述中较多使用"而"来起笔或"但"来收笔，以表明是论证。对此，只需直接表达即可，除非需要转折。通常，每一段的开始不能用"而""但"等连词，分段本身就表明视角转换，不必用"但"或"而"来转折，这种使用属于转折词的滥用，说理心平气和是最佳状态，一些地方没必要使用，尽量不用。此外，在"等""等等"的使用上也容易出现不规范。

（3）在表述上观点不当夸大

在观点呈现上，为了突出创新性或观念的价值，用语可能被不

---

〔1〕［澳］约翰·哈特利、贾森·波茨：《文化科学：故事、亚部落、知识与革新的自然历史》，何道宽译，商务印书馆 2017 年版，第 174 页。

当夸大。对此，学界一般也称之为"陡"。例如，一篇论文在分析案件处理中所援引的法律条文不一致时，使用了"诉讼案件的制度援引泛滥"。个别情况下，还有使用"绝对""极其"等极端性的表述。此外，在一些表达中为凸显表达的效果而辅助的修饰尽量避免情绪化，如"《反不正当竞争法》的新定位是竞争法，不是知识产权法，也不是侵权法。然而竟然在《反不正当竞争法》第 17 条中将商业标识混淆不正当竞争行为堂而皇之地表述为一种侵权行为——使用了'侵权''侵权行为'等表述"。其实，这里直接表述观念上存在冲突及其表现形式即可。即使被立法者通过的法律文本存在矛盾，也不宜以"堂而皇之"评析。

（4）在论证中灵动表述的准确性

笛卡尔将人类的知识体系比喻为一棵大树，形而上学是根，物理学是枝干，其他知识都是树叶和果实。这可以形象地说明他的认识论观念。不同学科的知识可以跨界，明喻、暗喻和借喻是知识跨界运用的主要方法。比喻等修辞方法的运用能够增加灵动性、意向性，甚至化繁为简。一篇论述关联性混淆的文章，为了突出此中案例的功能，作了如下表述：

> "关联关系混淆行为的规制像是走在夜晚的丛林中，背后走过的区域是清晰的，但往前走却往往是漆黑一片，需要我们一步步试探着走。一点点看清楚前方，而且有可能需要反复走好几遍，才能确定熟悉了某一片新的区域，这个探索过程中，我们探路的火把，其实就是一个个的案例。"

名言隽语是哲人的表达，往往会产生不同的理解，也需要深入理解。为了突破语言的俗套，表达新奇的思想，德国哲学家尼采大量使用各种极具冲击力和穿透力的隐喻，结果相反，隐喻造成了很大的误解，人们往往根据这些隐喻的字面意思来指责或诋毁他。有些政策性语言具有灵动性或宣示性，一定程度上可能会背离论文语言的阐述性和阐述的准确性要求。例如，"用户个人信息权益保护成为广大人民群众急难愁盼的问题"。从法学论文角度，"广大人民群众"在法律语言上是"社会公众"。另外，"急""难""愁""盼"是四种不同的情绪问题，并不是法律问题，还需要进一步细化如何将其转化为法律语言。

（5）翻译语言的转化

法学研究中，"规定"可以作名词使用，指规范性文件，也可以作动词使用。论文写作中经常在动词使用中负赘另一个动词"进行""给予"等。这或许是来源于西方语言的规则，由此形成了汉语表达上的"进行体"。原本表达的是法条规定了什么，但常常习惯性地以"对……进行了规制（或规定）"。例如："我国2008年《反垄断法》仅在第50条中对反垄断私人诉讼进行了规定，并且该条规定的主旨就是按照普通民事诉讼进行。"这里，可以很简洁地说明：我国2008年《反垄断法》仅在第50条中规定了反垄断私人诉讼，并且该条规定的渊源是普通民事诉讼制度。再如："市场力量的变化在对反竞争行为进行认定时是不可忽视的因素之一。"若改为：市场力量的变化是反竞争行为认定时不可忽视的因素之一，则简洁得多。

（6）忌用语重复

如果在正文中出现用语重复，一般是叙事性表达时产生的，换言之，是思维的跨度不大导致的。例如：

"医疗行业广泛的社会性。可以说医疗行业跟我们每一个人都息息相关。从出生，到生病，最后到死亡，几乎生命的每一道重要关卡都离不开医疗行业。我们可以回想一下，正常的情况下我们是在医院的产房中睁开眼睛，是从医生的手中交给父母，产科的医生是第一手接触我们并将我们带到这个世上的人；我们即使再健康，也难免会生病，生病的时候无论大还是小，都需要去医院做手术，或者输液，或者吃药，我们一生中多少都会跟医院打交道，即使不用去医院，也会跟健康行业打交道；最后，如果不出意外的话，也很有可能是在医院慢慢结束生命。"

医疗行业跟每一个人都有非常紧密的关系。医疗行业具有广泛的社会性，这也导致了这个行业发生的商业贿赂事件会引人注目，主题和说理的视角均好，只是有些繁复：

> 做手术，或者输液，或者吃药……

重复使用语词在散文或讲演中会起到很好的表达效果，若论文中大量使用则可能因过于细枝末节而干扰中心主题。

（7）忌臆造词

臆造词多将已有的词汇各截取一个部分再行重组，意图将多个词的意义融入一个语汇中。一种情形是，臆造词的意义和原有的词汇没有本质的区别；更重要的是，臆造的词不是一个新词汇，容易让人产生误解。例如，有标题"关于……的阐论"，这里的阐论，显然是阐述和论证的组合体，但用"论"完全可以说清楚，再如，有"法律规整"，这里的"规整"是一个独立的词汇，在法律用语中，没有"规整"一词，作者似乎是将规范和调整进行了重新组合。再如"质性源表""内质外形"，这些由已有的词汇缩减而造的新词，与原型词汇脱离得更远，让人难以理解。法学表达建立在群体公共语言基础上，这不同于可以使用半文半白的文学表述。

除了上述表达中需要关注的问题外，和表达紧密相关且常常直接影响表达效果的是标点符号。对此，有专门的国家标准：《标点符号用法》。对此不予赘述。

第八章 | 论证方法

科学方法论是关于科学研究一般方法的性质、特点、内在联系和变化发展的理论体系，是关于获取科学认识的一般程序的系统理论。科学研究的一般方法主要是指获得感性认识以及将感性认识上升到理性认识过程中所运用的各种思维的、操作的方法。[1]

每一个问题的解决都是具体事务的完成，包含着目标、过程、结果，同时，隐含着从开始到结束可选择的多种方法。在多种可完成目标的方法中，一定有最优的、次优的、辅助的等不同的方法。因此，好的方法是实现目标的捷径，也能提高顺利完成目标的效率。

一篇学术学位论文，在前言部分需要有写作运用方法的单独说明。相关课题报告的格式中也特别要求申明完成课题运用的方法是什么。论文的创新性也包括方法创新。因此，方法和方法论是学术研究中的重要组成部分。

限于篇幅，这里只展开论证方法，而有关学习方法，如文献阅读法等不在此列，另所展开的论证方法也只是作者认为的较为常用的方法，不是也不可能是全部。

---

[1] 参见金新政、李宗荣：《理论信息学》，华中科技大学出版社 2014 年版，第158 页。

一、一般科学方法——逻辑方法

广义上，一般科学指哲学。哲学上的解释学方法、结构主义方法等对论文的写作都具有重要的方法论意义。狭义上，一般科学指逻辑学。此处使用狭义的概念。逻辑方法涉及的主要内容包括定义方法、分析方法和综合方法。

（一）定义方法

定义方法也称为语义分析法。定义来自于对资料的分类。分类是对事物的共性进行归纳，高级的分类是在归纳的基础上对归纳的类别予以命名。在法学研究上，定义是一种常用的方法，包括作为法律文本一部分内容的有关定义。法学研究中定义方法运用的目的和语义学上定义的基本功能——保留知识、便于交流等——是一致的。认识达成一致，才有可能上升为法律概念。在这里，概念的定义的语意关系是：定义是一个过程，定义的结果是形成了概念。

1. 定义的基本方法

定义方法包括内涵的界定方法和外延的确定方法。

概念的逻辑通常被认为是形式科学，并被理解为研究判断、推理的前提。概念的构成在逻辑学中有特定的要求。一般认为，概念须反映事物的特有属性，要准确揭示事物间的种、属关系。黑格尔将概念划分为三个方面：特殊性、普遍性和个体性。[1] 应该说，这既是概念构成的要素，也是任何一个完整的概念都需遵循的规则。特殊性，亦即特有规定性，或事物的特有属性。概念的另一构成要素是普遍。黑格尔认为，普遍性是指在它的规定性里和它自

―――――――――――

[1] 这三个环节从另一个角度认识也就是：事物间关系的同、异和根据。参见 [德] 黑格尔：《小逻辑》，贺麟译，商务印书馆 1980 年版，第 331~334 页。

身有自由的等同性。个体性不是通常所说的个体事物，而是指否定普遍性和特殊性并实现自身的统一。黑格尔所言的"个体性，是指普遍与特殊两种规定性返回到自身内。"[1]个体性是概念的主体或基础，是概念的核心。概念的个体性建立在"普遍性"并对其否定的基础上，同时也是对"特殊性"的扬弃。

对于概念外延的揭示，主要的方法是划分。"划分是把一个概念的外延分为几个小类的逻辑方法"。[2]划分也是转换视角揭示概念意义的一种方法。划分的标准，可以是一个属性，也可以是几个属性。划分的标准究竟依据哪些属性，是根据实践的要求来决定的。[3]但是，划分时必须遵守一定的规则，如子项不相容、穷尽母项、按同一标准划分等。这是检验划分是否正确的准则。

划分包括母项、子项和根据三个要素。母项就是被划分的属概念；子项就是被划分出来的种概念；根据就是作为划分标准的属性。

概念划分最简洁的方法是二分法。二分法是将一个母项分为两个子项，一个子项具有某种鲜明的属性，另一个子项不具备这种属性，且具备的其他属性不显著而没有必要再分。这种划分的结果是A和非A两个类型。二分法能够遵循划分标准的统一性，划分的结果也符合子项不相容、穷尽母项等规则。但是，这种划分的缺陷是只确定一个子项（非A）缺乏某种属性，而不从正面描述这个属项具有什么属性。从认识角度来说，"非A"的部分是模糊的。例如，把交通工具划分为陆上交通工具和非陆上交通工具。随着社会的发展、技术的进步，要进一步深化对"非A"部分的认识以适应实践的需求。只有对非陆上交通工具作进一步分析，了解它们还有哪些

---

〔1〕　参见［德］黑格尔：《小逻辑》，贺麟译，商务印书馆1980年版，第331页。
〔2〕　金岳霖主编：《形式逻辑》，人民出版社1979年版，第59页。
〔3〕　参见金岳霖主编：《形式逻辑》，人民出版社1979年版，第60页。

各自的特点，才可能制定有针对性的交通规则。二分法不是一次性划分，需要随着认识的深入和实践的需要进一步划分。与之对应的划分方法是多分法。[1]

2. 我国立法上的定义问题

在我国立法文本表述上，不是特别重视定义的规范性，甚至有反形式逻辑的实用主义倾向。于是，出现了很多不规范的定义。归纳起来，有如下几类问题：

第一，概念的定义缺少"邻近的属概念"。"属加种差"方法是一种基本的定义方法，[2] 用这种方法给概念下定义时，首先要找出被定义项的"邻近的属概念"，然后找出被定义项与其他同级种概念之间的差别——"种差"，最后把"邻近的属概念"与"种差"加在一起，组成定义。《反垄断法》第16条关于垄断协议的定义是，"排除、限制竞争的协议、决定或者其他协同行为"。这里"邻近的属概念"付诸阙如。再如，《最高人民法院关于审理不正当竞争民事案件应用法律若干问题的解释》（2007年2月1日起施行）第12条中关于反向工程的定义："'反向工程'，是指通过技术手段对从公开渠道取得的产品进行拆卸、测绘、分析等而获得该产品的有关技术信息。"反向工程不是技术信息，而是获得技术信息的过程和方法。这里同样没有属概念。

第二，划分标准不统一。上述垄断协议概念似乎也遵守了种概念（子项）的列举必须穷尽属概念（母项）的规则——在"协议、决定"之外，补充概括了"其他协同行为"。但是，由于协同行为

---

[1] 一次性划分就是根据认识的需要和实践的需要对概念进行一次穷尽性划分。多分法是母项按照划分标准一次划分出三个以上子项的方法。具体可参见：田亮、石宝丽主编：《形式逻辑学》，陕西人民出版社2005年版，第21页。

[2] 此外还有发生定义方法、关系定义方法。参见中国人民大学哲学院逻辑学教研室编：《逻辑学》，中国人民大学出版社2008年版，第27~29页。

是平行于协议、决定的子项，"协同行为"附加了"其他"之后，便产生了划分标准不统一的问题。立法技术上，对于不能完全列举的项目或较为次要的项目，可以用"其他"一言以蔽之，只是要遵守的规则是，"其他"所附加的项目一定要回归到母概念才能使列举内容整体上周延。协同行为是垄断协议的一种，但在与协议、决定并列的"协同行为"之前加上"其他"后，"协同行为"则变成了属（母）概念。这便违反了概念划分应当遵循的"每次划分必须按同一标准进行"的规则。

第三，同语反复或循环定义。通常指定义项与被定义项使用了同一或同质的语词表达，结果不能揭示出被定义项的内涵的逻辑错误。如《产品质量法》第 2 条规定："本法所称产品是指经过加工、制作，用于销售的产品。"产品是被定义项，本身需要其他概念来说明，也需要属性来划定其范畴。再如《反不正当竞争法》第 7 条规定："经营者不得采用财物或者其他手段贿赂下列单位或者个人，以谋取交易机会或者竞争优势。"这里需要定义商业领域的贿赂，但又使用了贿赂来定义。

3. 法学研究中定义方法的运用

不仅仅是专门的概念需要运用定义方法，在法学研究中，定义同样重要，因为制度性选题的论文最终的目标是提出法律完善的建议，在建议中也包括作为条文表述中的定义和范畴问题。

法律研究中，确定的论题大都是概念加限制语的结构，如果概念是常规概念，似乎论题的新颖性不够。于是，出现了一种追求使用新概念的现象。这值得关注，也值得商榷。

法学研究中的定义方法需要注意如下方面：

首先，大凡在论文标题上出现模糊不清的概念，在正文中均需要对此定义。例如，"论网络直播带货者的法律责任"一题中，

"直播带货"是一种新现象，但什么是"直播带货"，需要解释；再如，"论消法中惩罚性赔偿责任认定中的欺诈"，如果这个论题是个真命题，则一定是欺诈的传统概念的内涵发生了部分改变。标题中用语的解释具有圈定探讨范围的功能，需要严守内涵与外延的一致性。否则，可能造成前后矛盾。如一篇文章探讨屏蔽行为的反垄断法认定，将屏蔽行为解释为"经营者与竞争者之间的拒绝交易"，但在展开行为的类型时，又将"二选一""自我优待"等行为列入其中。这超出了内涵的范围。

其次，学术研究中，可以被理解的概念不用专门定义。定义的目的是确定内涵和外延，进而确定探讨问题的范畴。一般用语不用定义。根据需要，可以使用更为灵活的定义性说明的方法。这既满足了定义的基本逻辑，也能对意义作出更灵活的表述。但是，定义性说明不应该使用"是指"这个连接项，只能使用"指"或"是"这类说明性的表示语。

最后，论文中的定义也可以用注释的方式完成。有些跨学科的概念的使用有必要进行说明，但如果在正文中说明，则可能会干扰论证的主题，如果不说明，可能被误读，如此，需要解释。这种解释可以"释"的方式进行。

(二) 分析法和综合法

针对"方法"，有法律方法和法学方法之分，它们之间存在方法指向、立足点、目标、效用、方法构成等方面的区别。在逻辑方法的范畴内，无外乎分析方法与综合方法。亚里士多德最先提出分析方法，在他的观念里，分析包括下定义、分类和逻辑推理。一般分析得出的结论包含在前提中，故分析不产生新知识。培根提出了综合的观念，并将其视为知识的来源——"知识就是力量"。

一般认为，分析与综合是演绎逻辑和归纳逻辑。归纳和演绎方法同综合和分析方法是同一思维过程的两个表现方面。[1] 这里，我们主要在认识论的层面来展开分析方法和综合方法。

广义上，分析方法是多种多样的，有定性分析、定量分析、因果分析、结构分析、功能分析、信息分析、模式分析、发生学分析等。[2] 分析方法和综合方法相互关联。"……思维不仅出于把相互联系的元素综合成为统一体，而且也以同样程度来把认识的对象分解为它们的要素。没有分析就没有综合。"[3]

1. 分析法

分析是把对象分解为各个部分或因素，分别加以考查的方法。如在观察一类植物时，把它分成根、干、枝、花、叶等部分。根据分析角度的不同，有历史分析、语言分析、价值分析、结构分析、定量分析、定性分析等。

（1）分析法的基本要求

按照《古汉语字典》，"分"，意为"剖开；分开"。"析"，意为"劈；劈木头"。当我们回到语言学或逻辑学的角度来看分析法的时候，就会发现它的基础性价值。分析方法的基本要求如下：

首先，分析是以事物整体为前提，没有事物整体便没有分析。整体是分析的对象，是具有结构性的客体。分析的对象可以是一个抽象的法律条文，也可能是一个概念。

其次，分析的目标是将事物的整体分解为不同的单元，并对各个单元部分进行解析。这个过程要求对象具有可解析性。不同的角度解析的意义是不同的，从语义学的角度而言，几乎每个语词都是

---

〔1〕 刘瑞复：《法学方法与法学方法论》，法律出版社 2013 年版，第 190 页。

〔2〕 徐光春主编：《马克思主义大辞典》，崇文书局 2018 年版，第 47 页。

〔3〕 ［德］恩格斯：《反杜林论》，中共中央马克思、恩格斯、列宁、斯大林著作编译局译，人民出版社 1970 年版，第 39 页。

一个可分割的独立单元。从法律角度而言，诸多连接词远不及其他名词或动词意义重大。

最后，分析的目的是解析各个单元部分在整体里所起的作用及其相互作用。在语义学上存在"释义学循环"，即整体意义来自于部分，部分的意义受制于整体。对整体进行解析的目的是找出核心部分，并对此进行重点解析。法律分析的难点在于既需要在共识性约束下得到语词的意义，也需要探究历时性的语词意义。

（2）法学研究中分析方法的功能与价值

法律概念具有一般概念所不具有的特殊功能——作为判定事物或行为是否合法的标准。法律标准如同一面镜子，如果不清晰，必然造成由其映射的事物或行为性质的认识被雾化。具体来说，分析方法在法学研究中的功能表现在如下几个方面：

首先，打开探讨的空间。如在论述消费者权益保护法的调整范围时，法条上的用语是"生活需要"。人的需求是由低级向高级不断发展的，人在每一个时期，都有一种需求占主导地位，而其他需求则退而次之。可以将马斯洛的需求层次理论作为分析工具援引过来。在经济发展前提下，以动态分析的方法平衡经营者利益和消费者利益的关系，这里我们可以运用马斯洛的需求层次论来一窥消费者动机的形成原因和过程，并在关系协调的基础上引导进入更高层次的法律关系和社会关系。

其次，提出细化制度的标准。认定违法行为的法律规范，作为判断标准的往往是一个语词。如《反不正当竞争法》中规定了"引人误认"。它是判定商业标识混淆的主要标准。这里的"人"是一个高度模糊的概念，如何理解？法律解释上细化为相关公众，也有的立法用一般消费者来解释。竞争法中的一般消费者是相对于特殊消费者而言的，即在通常状态下购买商品时施以其通常之注意程度的人。[1]"误认"来自于认识，而认识和人的注意力有紧密关系。心理学上认为，消费者的注意程度可以从消费动机、消费能力两个方面来综合考虑，消费者注意程度受到"动机"与"能力"等因素的综合影响。另外，在民法上有"重大误解"，这两个概念有什么关系？要不要考虑主观状态？因此，人——一般消费者—动机和能力—重大误解—主观状态。这些都可以作为某个分论题加以展开。

再次，为结构关系的展开提供认识基础。法学研究上，对抽象的概念或法律标准都可以进行解析，分析出关系要素，并可以在此基础上进行结构性重构。例如，我国《反不正当竞争法》第9条第4款规定："本法所称的商业秘密，是指不为公众所知悉、具有商业价值并经权利人采取相应保密措施的技术信息、经营信息等商业信息。"这里"不为公众所知悉""具有商业价值""采取相应保密措施"就是重点部分，如果进一步解析，什么是"相应"？什么是"公众"？当然，在分析方法适用中，分析对象和分析出来的结果之间是自涵的关系，具有必然性。换言之，分析方法不产生新的知识。由此，对基本知识的认识，应当以分析为主。

最后，分类研究的前提是分析。分析的过程和结果是分类，分类的价值是凸显类别属性。由此按照不同属性分别研究针对性更明确，结论更可靠。一篇题为"市场决定资源配置基础上公安机关监管职责改革研究"的学位论文，从论文标题上看，"市场决定资源配置"这是个大前提。论文探讨了在这一背景下公安机关监管职能的改革问题。因公安机关管辖的范围广泛，不同性质、类别的行业涉及的安全风险不同。论文提出问题应建立在对此进行分类研究的基础上。如首饰加工、置换业、汽车租赁和民用爆破器材等行业会

---

[1] 参见刘继峰："竞争法中的消费者标准"，载《政法论坛》2009年第5期。

存在明显的区别。如果不进行分类研究，而笼统地给出有关的改革必要性，其结论的针对性则有所不够。如何分类，这是一个更具技术性的问题，上述提到的文章中，作者使用了流程性监管、动态监管等标准来划分，这已经偏离了公安机关的基本职能——社会公共安全这一中心，这种分类从作者视角而言，不能为后文的结论的得出提供基础，如分为高度危险、中度危险、低度危险，低度危险可以从监管中剥离出来，这种思路的效果会更好些。

在传统教学中，为了把握知识点，教师会将"问题"大致分为三类：呈现型问题、发现型问题和创造型问题。[1] 研究中的分类，更多是发现问题和创造观念。

2. 综合法

综合是在思想上把对象的各个部分或因素结合成为一个统一体加以考察的逻辑方法。例如，把小说的各个情节连成故事。分析与综合是两个方向相反的思维过程。一般是先分析后综合，当我们对于对象的各个部分与各个因素分别考察以后，才能形成有关这一类对象的整体的认识。但这两种方法是紧密联系着的，没有分析就不会有综合，同时，没有综合的分析也只是片面的分析。

（1）综合法的意义

挪威雕塑家古斯塔夫·维格兰生前有五百多件雕塑作品，去世后全部捐献给国家。国家建成了维格兰雕塑公园，对于那么多作品，在确定内容时，归类成四个主题：生命之桥、生命之泉、生命之柱、生命之环。作品的数量从"五百"到"四"，是一个类别化属性的生成过程，最后，统一到"一"——"生命主题公园"。

归类可以按照统一的标准，也可以按照不同的标准分别归类，

---

[1] 孙春成：《语文课堂问题教学课型》，山西教育出版社 2018 年版，第 27 页。

后者相当于不同视角下形成的认识。中国先秦时期出现思想上的百家争鸣，其后的历史家曾对"百家"试行归类。第一个试行归类的人是司马谈，他是作《史记》的司马迁的父亲。《史记》最后一篇中引用了司马谈的一篇文章，题为《论六家之要指》。这篇文章把以前几个世纪的中国哲学家划分为六个主要的学派。对"百家"试行分类的第二个历史家是刘歆。刘歆以官职不同为标准进行归类，将"百家"分为十个主要的派别，即十家。其中有六家与司马谈列举的相同。其余四家是纵横家、杂家、农家、小说家。这个分类本身并没有比司马谈的分类前进多少。刘歆的新贡献在于他试图系统地追溯各家历史的起源，这在中国历史上还是第一次。与上述不同，冯友兰从私人在社会中的作用方面进行归类。[1]

综合是将个体统合为整体，以免人们"见树不见林"，淹没在浩瀚个案中迷失整体，是将各方不同的观念、事物组合在一起而形成新的观念和事物的方法。综合方法是在宏观基础上进行科学的认识过程，把对象的各个部分、各种要素的认识统一为对事物整体的认识，进而达到从总体上、"诸多关系的总和"上、"多样性的统一"上来把握事物的本质和规律。[2] 不同于分析方法，综合方法得出的结论具有或然性。

（2）综合法在法学研究中的运用

在法学上，可能存在一个命题下包含有诸多零散的信息的情形，此时往往需要进行综合。例如，滥用市场支配地位的行为在法条上列举了六种，对其进行整合，可以分为两类：剥削型和排他型。通常，在论文写作中需要广泛运用综合方法，将细碎的观念进

---

〔1〕 冯友兰：《三松堂全集》（第6卷），河南人民出版社2000年版，第30~34页。
〔2〕 刘胜骥：《科学方法论——方法之建立》，武汉大学出版社2014年版，第90页。

行统合，逐级抽象以更好把握本质性的认识。

分析和综合虽然是两种相对运行的思维方法，但二者又相互依赖、相互转化。一方面，综合离不开分析，分析是综合的基础。没有经过系统的、周密的分析，就不可能有正确的综合。另一方面，分析又离不开综合。综合是分析的完成。分析若没有综合的指导，就不可能对事物作出正确的分析；分析的目的就是综合，离开了综合，分析也就失去了意义。从这个意义上说，综合比分析更为深刻。综合与分析的运用过程也是从感性具体到思维抽象，又从思维抽象到思维具体的过程。

法学研究中的事实资料包含的内容相对具体，需要分析，也需要综合。在后者的基础上才能产生创新性观点。同样，内容丰富的法律资料，分类的工作相对容易，但综合的要求更高。

二、基本法学分析方法

基本法学分析方法是分析方法的细化，包括比较分析、案例分析、规范分析，应当不存在文献分析方法。因为所有的材料都是文献。文献分析法就是一般的分析法。

（一）解释方法

文本的历史性和现实性之间会产生表达上的隔阂。消除隔阂便需要回到文本，求得其本真。当人们接触到一个对象，不论是客观对象还是意向客体，要深入了解它的意义时，首先需要理解它。当人们把对对象的理解向别人作出说明，就产生了解释。法国哲学家保罗·利科认为："如果我们把'猜想'看作理解的同义语引申到行为是正确的，我们就可以把在其中看见的解释的同义语'证实'概念引入行为领域。"理解，就是"猜想"文本的意义；解释，就是"证实"文本的意义。

1. 解释的层次

(1) 理解、解释、评价

理解（领会）—解释（说明）—分析（评价），这是三个不同层级的认识活动。理解是在个人心理层次上进行的活动，是理解者的自我行动，是一种自在的活动；解释已从个人心理上升为行动层次，从"自在"转向"他在"——向别人进行说明；分析是预设的理解，带有明显的理解者的主观倾向性，所以，得出的结论也是非中性的。

按照利科的观念，从整体上把握对象的意义，是理解；逐步地展开对象的意义，则是解释。从哲学解释学的角度，理解和解释都是对对象的认识，但有本质的不同。

理解由对象触发开始，具有私人性，形成的自我认识的过程没有明确的方法论指导，其结果具有多样性和离散性；解释在理解的基础上，具有公共性，需要以公共的方法（论）把对象的意义传达给别人。理解有两种状态，可以是清晰的，也可以是朦胧的，但解释必须是明确的。理解是解释的前提，没有理解不可能作出解释。但理解不必然会达到解释的界面，可能存在能够理解但无法解释的情形。很多诗词只能理解，难以准确解释。

解释中，如果带有主观目的预设，即使进行规范性理解，也已经超出了解释的范畴，进入分析评价的界面。解释是对文本的原生义与衍生义的构筑，而评价则是对于这些意义所显示的价值进行判断；解释是对文本的意义的客观性进行揭示，而评价则要表明评价人对这种客观意义的主观态度；解释受到文本的局限性比较多，而评价是把文本置于广阔的社会文化历史背景之中进行的，自由度较大。[1]

（2）解释与注释、诠释

释义学是一门古老的学问，起源于古希腊，在中世纪《圣经》、各种法典和史籍的解释被广泛运用。解释的方法包括注释和诠释。注释即恢复语意，诠释即运用原理或理论进行解释。诠释可以被理解为对注释进行扩张解释。

朱熹提出的"格物""致知""诚意""正心""修身""齐家""治国""平天下"，在王阳明那里实现了两个关系的反转：一是"格物"被"正事"代替，而正事的前提是诚意、正心，故得出"心即理"的结论，这是对成圣过程的修正；二是"致良知"的方向的反转。在朱熹那里，道德活动的起点是格物，终点是致良知（止于至善）；在王阳明那里，良知（至善）原本就在这里，只是由于欲的原因，良知被遮蔽了，致良知的目标是全面彰显良知。故朱熹理学的核心是实现良知；王阳明心学的核心是显现良知。

部门法研究领域的传统方法是从内部出发进行教义学的规范分析。法律实证研究则从外部开始，反射到文本。法律实证主义者应将"身段放低"，融入部门法的本体研究中。法律实证研究的"优越性""说服力"建立在法制度的基本解析基础上。法律实证主义者需和"注释法学派"学者一样，掌握后者的方法（哪怕是研究者自己不屑的方法）、理解后者的观点（哪怕是研究者并不认同的"理论"）、熟悉后者讨论的话题（哪怕是研究者认为不是问题的话题）。同时，在经验研究中增加理论指导。反对片面强调理论，认为在进行经验研究之前要有理论，甚至只有先掌握理论，经验研究才会有收益；也反对只进行法教义学应用，使学术研究跟随着制

---

[1] 参见王长俊：《诗歌释义学》，上海人民出版社2015年版，第17页。

度的脚步，只做随从，而不超越。严格意义上，实证研究方法与法教义学方法一样，不是法学学术研究的主要方法，是学术研究的辅助方法。在一些特殊方面发挥特殊的研究功能。

（3）解释的个性与共性模式

解释是用概念进行的逻辑操作，它是前反思的精神活动。狄尔泰之前，施莱尔马赫等人就已经发现理解总有循环的性质，也就是：要理解部分，就要理解整体；要理解整体，就要理解部分，这就是所谓的"释义学循环"。解释是一个观念的生产性过程。解释总有些预设，但任何解释的预设都是临时的，必将在解释过程中改变；而与此同时，解释的结果成为新的预设。

社会科学运用两种模式来解释人类行为。多重原因决定某一特殊行为的模式称为解释的个性模式。这一模式的目的在于通过列举大量的独特原因去解释某一行动。另一种模式，称为解释的共性模式。这种模式不是去列举导致某一特殊行动或事件的全部原因，而是有意识地寻求可以解释行为或事件的那些最为重要的一般类型的因素。解释的共性模式旨在用最少的原因变量去最大限度地解释因果关系的一般模式。解释的共性模式不可避免地采用概率的方法来解释因果关系。[1]

2. 文义解释

文义解释是以语词的基本意思为基础进行的解释，相当于施莱尔马赫正式提出的释义学循环中的前一个过程。即整体意义是由部分意义组合而成，部分意义仅仅依据词义本身可能存在的"原型相似"来解释。

---

〔1〕 〔美〕艾尔·巴比：《社会研究方法》，李银河编译，四川人民出版社 1987 年版，第 48~49 页。

法律上的文义解释，是根据法律规范的词句，按照文字、文法的规则进行分析进而完成对法律规范内容的解释。文义解释是起始于并建立在部分解释基础上的解释。按照法律条文的词义或语法结构来说明其含义，文义解释不考虑外部因素，甚至本法中的体系性要素如立法目的等也被排除在外。它是深化解释或精细化解释的前提。尽管解释的结论不是完全可靠的，但可以保障对文本的基本认同。在实践中，对合同条款的解释，大都采取这种基本解释的方法。

但是，在法律上，很多法律条文或规范性文件的内容仅仅依靠文义解释无法达到充分理解的目的。例如，我国《广告法》第28条第1款规定："广告以虚假或者引人误解的内容欺骗、误导消费者的，构成虚假广告。"这里，"虚假""引人误解"是判断虚假广告的标准，其和"欺骗""误导"是什么关系？这些概念本身就存在相互解释的可能性，这里将其和盘托出，单独进行文义解释无法获得整体意义，需要进行体系性解释。

有时候，法律语境下的语词和日常用语也存在一定的差异，文义解释可能导向日常理解。在国家发展和改革委员会制定的《禁止价格欺诈行为的规定》第3条中，"……经营者利用虚假的或者使人误解的标价形式或者价格手段，欺骗、诱导消费者或者其他经营者与其进行交易的行为"，被解释为"经营者通过标价形式或者价格手段虚构事实、隐瞒真实情况，欺骗、诱导消费者或者其他经营者与其进行交易；无论是否形成交易结果，均构成价格欺诈行为"。在这一定义之下，要求"不得利用虚构原价或虚构折扣价进行交易。"这里，什么是"原价"呢？按照语意解释，就是原来的价格，但这样的解释似乎指向该经营者第一次上市交易的价格上，如此理解就太表面了。按照规范性文件的规定，"原价"是指"经营者在本次促销活动前7日内在本交易场所成交，有交易票据的最低交易价格；如果前 7 日内没有交易，以本次促销活动前最后一次交易价格作为原价。"所以，文义解释会存在解释上语词"不断后退"的问题。

3. 语境解释

英美语言哲学上，语言由命题构成，命题又由词汇构成，命题是语言的最小意义单位。词汇只有在命题中才会有意义，也就是说命题将意义传给词汇。单个的词汇只具有含义（sense），不具有意义（meaning）。[1]

（1）语境解释的来源

德国语言哲学家弗雷格一向不认同语词的含义只来自于语词的定义。在他看来，使语言有意义的最基本的单位是句子（主要指判断句），而不是语词。语词如果不被置于处在句子的关联中，就不可能把握它们的真正意义。由此，弗雷格提出一条著名的原则，即"必须在句子联系中研究语词的意谓，而不是个别地研究语词的意谓。"[2] 其含义是"单纯的词语并不完整地包含着思想，相反，一个完整的思想应从说出这个思想的语境得到补充。"[3] 换言之，在弗雷格看来，语词的解释需要在命题中完成，命题的解释需要在命题体系中完成。这是一种语用学的观念，在方法上形成了语境分析方法。

〔1〕 尚智丛、高海兰：《西方科学哲学简史》，山西教育出版社 2008 年版，第 68 页。

〔2〕 ［德］G. 弗雷格：《算术基础——对于数这个概念的一种逻辑数学的研究》，王路译，商务印书馆 2009 年版，第 9 页。

〔3〕 ［德］G. 弗雷格：《弗雷格哲学论著选辑》，王路译，商务印书馆 2006 年版，第 160 页。

（2）语境解释的一般运用

语境解释需要结合语言者本人的立场、说话时的情境进行解释。"采菊东篱下，悠然见南山"，这是千年以来脍炙人口的名句。到底是"见（jian）"还是"现（xian）"呢？从社会语境角度，那时是道家思想最活跃的时期，以竹林七贤为代表，交往重清谈，交流在意会。就言内语境而言，由于开篇展开了"心远地自偏"的精神境界，奠定了怡然自得、悠闲自在的情调。上述两句以客观景物的描写衬托出诗人的闲适心情，"见"字的更近的言内语境是"悠然"，说明诗人所见所感，非有意寻求，而是不期而遇。苏东坡对这两句颇为称道："采菊之次，偶然见山，初不用意，而境与意会，故可喜也。"由此，"见"是无意中的偶见，南山的美景正好与采菊时悠然自得的心境相映衬，合成物我两忘的"无我之境"。如果是"看见"，便是心中先有南山，有意去望，终于看见，成了"有我之境"，就失去了一种忘机的天真意趣。

每一个词都有自己的语境，有的词义甚至被语境固化，如黑板，通常被理解为学校教学中在其上写字用的一种工具。事实上，它可能不是黑色的，而是墨绿色的。"中国乒乓球谁也赢不了，中国足球谁也赢不了""中国足球谁也打不过、中国乒乓球谁也打不过"，不同的语境下，得出完全相反的结论。因为不同的语境会存在语境干涉，形成了"橘生淮南则为橘，生于淮北则为枳"的现象，由此语词需要语意澄清。

（3）语境解释在法律上的运用

语境解释会引出诸多法律问题，如反不正当竞争法中的"一定影响"是否等同于商标法上的"一定影响"；反不正当竞争法中的"混淆"和商标法中的"混淆"；竞争法中的"消费者"和消费者权益保护法中的"消费者"。

之所以需要在法律解释上运用语境方法，是因为现代法语词的跨部门法运用现象越来越普遍。现代法对社会关系的关注视角是多元的，这有别于传统法。由此形成的法律关系体系的立体结构也有别于传统法关系体系的板块结构。对交易的调整不仅是合同法的任务，也会涉及反不正当竞争法（如商业贿赂）、反垄断法（如滥用市场支配地位）等。社会关系的多元法律调整形成的法律关系的交叉和复合，使得法律概念、法律标准、法律责任等具有传统法所不具有的跨越能力。因语境不同，同一概念在不同的法律部门中的含义可能不一致。

同一法律概念在部门法之间穿越，正如其他非法学概念进入法学领域的现象一样，大量存在。一些法律概念在穿越过程中，因另一部法律在法律宗旨、价值、原则等多方面因素的特殊限制，可能在该法域内发生语意内涵部分脱落或部分增生，进而部分改变了其在初始法律语境中的元叙述。这种现象属于语境转移而形成的语境干涉。例如，法律上"经营者"的概念，1993 年《反不正当竞争法》第 2 条定义的"经营者"和《反垄断法》上的"经营者"的概念有差异。这种不一致，可以直接从法律文本上解读出来，这属于显性的不一致。《反不正当竞争法》修订后，两部法律中的经营者的概念得到了统一，但它和《消费者权益保护法》中的"经营者"仍有明显的差异，甚至与公司法、企业法意义上的"经营者"亦有龃龉。类似例子的还有很多。如"消费者"概念，在《消费者权益保护法》中（生活消费）和《反垄断法》中含义也不同。因垄断行为可能发生在上游生产环节，反垄断分析时所借用的"消费者（利益）"是经济学意义上的，即与生产者相对应的"消费者剩余"意义上的消费者。这是言语内静态语境分析产生的结果。

（4）法律上语境分析的两种方法

语境分析最常用的方法是言语内语境分析，即语言（或语词）

的上下文，或者说前言后语的关系。与其相对应的是非言语语境分析，即表达语言的社会环境、社会背景。每一部法律均可以视为一个特定的言语内语境。一个法律概念的内涵既受制于其所处的上下文的制约，也受法律宗旨、价值、原则等总目标的制约。由此，语境解释不同于文义解释。

很多情况下，法律语言的意义，也受动态社会语境的约束。例如，欺诈是民法中的基本概念，其内涵建立在背反人的理性和善意的基础上。判断要件上，它包含两个主观要素：实施者一方主观上存在故意；另一方由此陷入错误。《消费者权益保护法》中的惩罚性赔偿制度以（经营者）"欺诈"作为承担责任的前提条件。一直以来，这一概念的解释都因循民法中固有的意义，但由于消费者权益保护法建立在关系不平等的基础上——具有信息优势地位的经营者的行为可能使消费行为不理性或无法理性，进而，立法的目的确立为保护消费合同的一方当事人——消费者。因失去了"平等"这个制度基础，消费者权益保护法上的惩罚性赔偿制度便发生语意脱落现象。2014 年最高人民法院发布的指导案例 23 号（孙银山诉南京欧尚超市有限公司江宁店买卖合同纠纷案[1]）中，消费者"陷入错误"要素开始溢出固有的概念范畴，成为一个非必要条件。于是，在内涵上，消费者权益保护法中的欺诈概念就不完全是民法上的"欺诈"了。概念内涵的简约，会带来外延的扩大。这种变动的法律效果，进一步引发了更多的不真正诉讼（职业打假）。于是，司法在上述欺诈概念内涵的基础上再行适度回调，倾向于建立"一个半"的主观要素，即经营者主观上存在故意，消费者一方若"以

---

[1] 江苏省南京市江宁区（县）人民法院（2012）江宁开民初字第 646 号民事判决书。

营利为目的的知假买假不能取得三倍赔偿"[1]。这种变化的效果仍需要进一步观察。变化本身不是欺诈概念的静态语境的作用，而是法域环境变化及其实施中的社会影响等非言语语境、动态语境发挥指导作用的结果。

借助语境分析的方法来解释涉及语境干涉时概念内涵的变动，在此基础上才能准确理解、适用法律并有效实现立法的目标。

（二）案例分析法

案例分析法（Case Analysis Method），最初由哈佛大学于 1880 年适用于企业管理课程，是用于教育教学中的一种方法，被用于培养高级经理和管理精英的教育实践。"案例分析法"具有案例的真实性、情境性、典型性等，可以将理论与实践紧密结合起来，在法学教学中这种方法也被广泛运用。同样，法学论文写作中，案例分析法也被广泛使用。

哈佛大学的"案例分析法"，在开始时只是作为一种教育技法用于高级经理人及商业政策的相关教育实践中，后来被许多公司借鉴过来成为用于培养公司企业得力员工的一种重要方法。案例分析法又称个案研究法。案例分析的基础和对象一般是一个案例。如果是以一个为中心的多个案例，则在方法上属于归纳方法的运用。因此案例分析法，也无外乎是分析法和归纳方法在案件中的运用。因为法律案件的特殊性——需要由规范—事实间的多次反复呼应使其独立性凸显出来，以至于案例分析可以成为一种研究问题的方法。

马克斯·韦伯（Max Weber）所构建的"形式理性"法律理论基于演绎逻辑，"形式理性"理想类型具有两方面的特点，即通则化和体系化：从最初步的思维运作开始，把决定个案的各种典型理

---

[1]　参见："王建君诉徐州雅莲连锁超市有限公司凭样品买卖合同纠纷案"，徐州市中级人民法院（2018）苏 03 民终 659 号民事判决书。

由化约成一个或数个原则即"法命题"；其次"将所有通过分析而得的法命题整合，使之成为相互间逻辑清晰而非自相矛盾，尤其是原则上没有漏洞的规则体系，使所有可以预见的事实状况全都合乎逻辑地摄于体系的某一规范之下，以免事实的秩序缺乏法律保障。"[1]

在德国，通行于教学、司法考试、司法审判的一种方法叫作鉴定式案例分析方法，其核心是涵摄。

在《说文解字》中，"涵"有很多含义，其一指"水泽多也"；"摄"的含义"引持也"。如此选注，或许是索绪尔所言的"联想关系"中的最佳"句段"。

法律是以形而上的方式对社会关系的仿拟，其中包含着事实关系这个大前提，法律关系这个结论，但缺少的是小前提。

严格说，事实关系的法律判断有三个三段论，即事实关系的前提与结论、法律的前提与结论、事实关系转化为法律关系的前提与结论。一个是存在论，一个是认识论，一个是逻辑推论。

涵摄是逻辑推演，解决的是如何从"是"向"应当"的转化。赶个时髦的话，事实状态是登月舱，法律关系是轨道舱，涵摄的过程是登月舱与轨道舱同轨并对接的过程。

学习中或知识训练中的案例分析法作用明显，它可以将抽象的法律条文与具体的案件（案情）对接，或者相反。总体上，案例分析方法解决的是"是"的问题，包括是什么、为什么是，但不解决"应当"的问题。法律研究更着眼于"应当"。尽管如此，案例分析法在法学研究的部分过程中仍具有一定的不可替代的价值。涵摄就是函数关系，涵摄的过程是选取的过程，包括选取中剥离的过

〔1〕 ［德］马克斯·韦伯：《法律社会学：非正当性的支配》，康乐、简惠美译，上海三联书店 2021 年版，第 28~29 页。

程。简言之，法律上涵摄的意义是包含之并提取之。

首先，引出制度上的问题。法律研究的开始是有问题，其中包括实践中的问题。法律问题可以从法律实践中提出，如一个案件经过一审、二审、再审，通常案件判决中都包含着不同观念，梳理不同层级判决之间的差异，可能得到一个有价值的论题。

其次，指出制度的不足。一些新事物引发的矛盾形成的案件，无法形成事实与规范的映射关系。法律制度的完善来自于制度的挑战，包括适度的适应、制度的空白等，案例分析的结论指向了制度的不足。对制度上的不足细致分析后，可以为制度的进一步完善提供目标和方向。

最后，发现制度解释中的问题。案件的判决或处理包含着三个层面的内容：被认定的事实，事实和法律的映射关系，案件的结论。中间过程是推理的过程，包括从法律出发——对法律条文的理解和涵摄，也包括从事实出发——事实的性质和指向。这个对接过程需要准确理解法律，在事实既定的前提下，案件的结论公正建立在准确理解法律的基础上。针对案件中的推理过程，可以揭示法院的解析是否遵循了立法者的本意，是否偏离了法律文本基础。这可以帮助找到诠释类论文的选题。

18世纪英国经验主义哲学家休谟曾指出著名的"休谟问题"：在以往的伦理学探讨中，存在着一种思想的断裂，即从"是"（或"不是"）直接转向"应该"（或"不应该"），中间缺乏相应的说明，也缺乏逻辑上的根据和论证。

在休谟看来，"是"向"应该"的转换有两个过程：一是由事实关系的"是"推导出价值关系的"是"；二是由价值关系的"是"推导出价值关系的"应该"。被填补的思想跨越的平台——价值关系的"是"，反映的是"客观事物对于人的价值"的状态、特性及其规律性。这里的"规律性"很重要，因为客观事物的价值多种多样，之于不同的人也具有不同的价值。规律性是抽取不同个体认识的公共性的价值。案例分析的价值主要在于找到"是"——问题，并通过确定研究的问题引向"应该"。

按照休谟的理论，"是"与"应该"的关系是："应该"是"是"的函数并取最大值。换言之，"应该"就是在众多的"是"中取一个最大的"是"。因此，案例的研究要么在前端，以确立要研究的问题是什么；要么在中间，以确立问题的代表性和重要程度。

（三）比较方法

比较方法，准确地说是比较分析方法，是通过对比事物的相同点或相异点以揭示事物的特征、性质等。

比较分析法按照不同的标准，可以分为不同种类。常用的是按时空不同划分出的横向比较和纵向比较。不论横向比较还是纵向比较都得直接比较。

横向比较是以同一标准对不同对象的异同点进行的比较。纵向比较是对同一对象在不同历史时期、不同发展阶段的异同点的比较。不论横向比较还是纵向比较都可以在比较中获取共同点和差异点。获得共同点和差异点是进一步深入分析的基础。

一般而言，比较分析需满足具有可比性这一前提。广义上，任何两个事物都可以进行比较，在我们的科技知识和认识经验已经高度发达的基础上，很多比较已无意义。所以，可比性是建立在一定经验和知识条件的基础上的。可比性条件至少应当包括：

第一，事物之间存在较为紧密的联系和一定的差异。较为紧密的联系是在属性上的相同或近似性，一定的差异性是各自显现为不同的特点、内容、方法等。

第二，基于相同性，对比的事物可以从中选择可比较的标准。

建立在标准的统一性下比较得出的结果才具有分析、借鉴的价值。

第三，比较标准的选择应以能够得出进一步分析的空间为基础。从获取知识的层面，比较得出的结论更容易获取事物之间的关系，如社团法人和财团法人之间的比较。从学术研究的角度而言，比较是为了得出更深入的思想观念。

比较还可以从表层比较和深层比较进行分类。学术研究运用的表层比较分析，如特征分析，只是过渡，研究的目标是进行深层比较。深层比较方法针对的是事物背后的原理、规律、性质等，这些因素决定事物的共同属性和差异。

法学研究中比较分析方法的运用非常普遍。尤其是学术论文中，往往将"外国同类制度比较"单列为一章，在一些制度完善的建议提出之前，这种扩展性的研究可能很有必要，但如何展开？涉及比较分析技术。

法学研究中某一内容的横向比较常常变成了国家间的制度比较，如美国、德国、欧盟等与我国某种制度的比较。横向比较需要从一个具体的制度内容出发向外扩散，而不是泛泛地进行制度对比，否则就变成了资料综述。

法学研究中制度的纵向比较，需要从大量的过程性环节中凸显核心问题，否则也变成了简单的制度的历史沿革。韦伯在关于科层制的研究中不仅列举了科层制的共同特征，而且对维持科层制正常运转的各种基本因素作了充分的阐述，从而创造出科层制的理论模型。[1] 如我国关于国有企业改革经历了不同阶段的不同尝试，如果能梳理出一个模式，无疑是重要的。

此外，比较方法还可以从其他方面展开，如静态比较分析、动

---

[1] 参见［美］艾尔·巴比：《社会研究方法》（第10版），邱泽奇译，华夏出版社2005年版，第328～329页。

态比较分析；宏观比较分析、微观比较分析等。

三、可借用的其他学科的方法

可以为法学研究所用的其他学科的方法汗牛充栋，这源于法律是一种形式化的规范，需要遵循形式的规范性，也需要揭示社会关系内在的机理。相比较，如下方法更为常用或值得关注。

（一）实证方法

实证主义源自于自然科学的认识过程和思路。其基本观念是，事物内部和事物之间必然存在事实上的因果关系，对事物的研究就是要找到这些关系，并通过理性的分析对它们加以科学的论证。实证主义从自然科学转向社会科学并作为一种分析方法，源自于孔德。他认为社会科学的任务不是形而上学，而是对现象进行研究，通过对现象的归纳就可以得到社会发生和发展的规律。在对客体的认识上，实证主义认为，社会现象必须是可以被经验地感知，一切概念须还原为直接的经验内容，同时，理论的真理性必须由经验来验证。

发源于自然科学领域的具有科学主义性质的实证理论与方法曾一度主导了社会科学的研究，并形成了列宁所言的"从自然科学奔向社会科学的强大潮流"。[1] 包括心理学——被认为是介于自然科学和社会科学边缘的学科，甚至弗洛伊德的精神分析心理学也广泛运用实证方法。

在孔德看来，实证科学揭示真理是相对的："唯一的绝对就是一切都是相对的"。因为自然科学和社会科学中的结论都需要验证。尽管社会现象产生的因素有很多主观因素，但同样需要一种更加准

---

[1] 参见苏共中央马克思列宁主义研究院编：《列宁全集》（第20卷），中共中央马克思、恩格斯、列宁、斯大林著作编译局译，人民出版社1958年版，第189页。

确、更加客观的研究社会现象的方法。所以，科学理论应该基于感官体验的证据（那些可以被观察到的和被明确地证实的证据）之上。[1]

有学者认为，实证主义和解释主义在以下几个方面存在分歧：在知者（knower）和被知者（the known）的关系上，实证主义认为两者是截然分开的，后者被动地接受前者的认知；解释主义认为两者是一种互为主体的关系，后者在和前者的积极互动中被重新构建。在研究者的作用方面，实证主义将从事研究的人作为"研究者"，其作用就是对外在的社会现象进行研究和验证；解释主义认为研究者应该是一名"学习者"，其任务是向当事人学习他们的生活方式、风俗习惯和价值观念，了解他们的所思所想。从各自存在的弱点来看，实证主义将自然科学中对科学主义和工具理性的崇拜引入社会科学，将事物绝对客观化、经验化、逻辑化；解释主义假设人们的行为有其内在联系，对自己行为的动机和意义都十分清楚——而这种对当事人意义解释的过分尊重势必导致相对主义。[2]

苏轼在《石钟山记》中明确了一种观念：事不目见耳闻，不可臆断其有无。这是一种实证主义的观念。

法学领域的实证方法可以如下三种方式实施：访谈、样本研究和实物分析。

访谈即田野调查，通过走访一线，得到实务样本，对样本进行分析。此种情况需要对访谈的时间、对象选取的方法、获取样本的数量等进行说明，以表明样本的代表性、分析结论的可靠性。"调查研究是正确决策的基本功，也是参政议政的基本功。做决策本身

---

〔1〕 参见 [英] 加雷思·索斯维尔：《人是一棵思考的苇草》，许常红译，新华出版社 2017 年版，第 136 页。

〔2〕 参见孟宪范、冯小双执行主编：《中国社会科学文丛·综合卷》，中国政法大学出版社 2005 年版，第 166 页。

并不难，难的是对情况的准确把握。"[1]

对已有的样本进行统计分析也应归入实证方法之列，主要原因在于作者亲自完成了统计，即选取样本、设置标准、得出数据等。例如，一篇文章中，

> "本文所选案例样本共计151份，其中判决书95份、裁定书55份、驳回再审通知书1份。涵盖2002年、2008年、2009年、2011～2016年9个年份和北京、天津、重庆、上海、浙江、江苏、广东、广西、新疆、西藏等30个省（直辖市、自治区）。公益诉讼案件在经济发达的江苏、广东、北京、福建、湖北等地数量相对较多。总样本中，一审案件76件、二审案件68件、再审案件7件。151份裁判文书样本选取于中国裁判文书网与北大法宝网。本研究的前提性假设在于这些文书没有经过刻意筛选，以保障样本选择的随机性"。

由于以特定时期的裁判文书为研究对象，样本研究需要满足一定的条件：首先，统计样本的资料可得性、全面性。这对于由此得出的结论具有重要影响。其次是时间限制。一般公布的文献都有一定的时间限制，如果时间连贯且已有编辑文献的方式，则可以进行历史分析和未来的预测性分析，否则可能只能进行特定时间段的效果分析。最后，研究的目的和资料价值的关系。已有材料有自己的目的和视角，不一定和作者的视角一致，这也可能导致分析的价值打折扣。

实证研究中的观察一般分为参与型和非参与型两种。在参与型观察中，观察者直接得到相关经验。例如，法官在若干年内审理的离婚案件中，当涉及孩子抚养问题时夫妻双方的表现存在差异，在此差异的基础上可以进一步进行分析，得出相关结论。非参与型是

---

[1] 中共中央党史和文献研究院、中央学习贯彻习近平新时代中国特色社会主义思想主题教育领导小组办公室编：《习近平关于调查研究论述摘编》，党建读物出版社、中央文献出版社2023年版，第9页。

作者置身于被观察的事务之外，例如，记者看到的现象或得出的结论。如互联网平台进入几个社区后，社区团购的兴起很快导致一些地区的传统菜市场消失。尽管这只是记者的观察，这一现象背后的原因则需要进一步分析。

访谈、样本分析和观察可以从不同角度获取研究对象的信息。法学研究中不论是提出问题，还是分析过程，还是验证结论都鼓励实证方法的运用。

（二）定量分析和定性分析方法

定量分析和定性分析被认为是实证分析的分解，即将实地调查、开放型访谈、文献整理等方式获得的数据进行加工得出相关结论。事实上，定量分析和定性分析是两个相互关联，但一定条件下又可以相互分离的方法。

1. 定量分析和定性分析的关系

定量分析和定性分析，是人们认识客观世界的两种分析方式。在近代科学产生之前，人类认识事物和社会现象采用的是"理性"的方法，这种理性认识，实际上是定性分析。定性分析方法，是用文字语言对分析对象的性质及与其相关的定义、特征、类别、沿革演变和发展规律等进行论证的方法。在定性分析的基础上增添了定量的因素后，定量分析成为分析对象的一种基础思维方式。先前那些与定量无关的认识领域，如起源、本质、特征、性质等"纯粹"的定性分析领域，现在可以用定量分析来描述了。

定量分析方法的产生和应用，揭示了法学同自然科学的联系，并提供了这种联系的条件和可能性。由科学的迅速发展所造成的方法手段的重大变化，产生了新的方法论范畴和方法论原则。各个学科的普遍关联性，决定了定量方法向所有学科领域转移、渗透的内在必然性。

我国数量法学的开创者、法学家刘瑞复先生认为，定量分析方法，是用数学语言对分析对象所涉及的数量关系，通过数据、数学模型等进行分析的方法。定量分析能够反映出事物和社会现象的数量特征、数量关系和数量变化。采用定量分析方法，能够更准确、更科学地揭示和论证事物和社会现象的相互关系和社会发展趋势。

定性分析与定量分析的统一，是重要的方法论原则。在这一原则的指导下，两种方法的相互关系的特征是：定性分析是定量分析的基础和前提，如果没有定性分析，定量分析则是毫无意义的；而定量分析是定性分析的具体化，增强定性分析的可靠性，使结论更为合理和有说服力。[1]

2. 定量分析

定量分析有五种方法，即比率分析法、趋势分析法、结构分析法、对比分析法、数学模型分析法。比率分析法是利用两个或若干个数据之间的比例关系来显现、计量和评价有关状况。趋势分析法是一种动态分析，是根据不同期间（至少三个期间）的相关数据，运用指数或动态比率的计算结果，对比分析不同期间相关项目的数据变动情况和描述发展趋势的分析方法。结构分析法是以某一关键项目的数据为基础，以其他各组成部分占基础数据的比例（百分数）来反映部分和总体的关系，如就业率。对比分析法是运用指标比较分析的一种方法，对比分析法对比的数据比例目标主要定位在差异点上，可以多维度比较历史、水平、内外等。数学模型法就是运用数学理论和方法，以数学表达的形式和符号来描述研究对象中

---

〔1〕 参见刘继峰、万玲：“数量法学的创建和发展——刘瑞复数量法学理论论述”，载《商业法评论》2019 年第 1 期。

的各种因素之间的数量关系，从而揭示其规律的一种研究方法。[1]数学模型表达的是一种稳定的函数关系，数学模型不仅可以描述现在，也可以预测未来。相比较，前四种方法属于初等量化分析法，基本特点是以描述型统计为主，对研究对象进行范围、规模、水平等的直观描述。优点是能够准确呈现实际样态和直观规律，不足是不够全面、细致。数学模型法属于高等量化分析法，致力于呈现研究对象的不同要素之间的关系，以发生概率、相关性、离散程度等工具科学地呈现深层次的规律。

定量分析依据量的不同，可以分为单变量分析、双变量分析和多变量分析。单变量分析，即在一个时间节点上对某事项的数值进行分析。好处是数据可以对某种特性进行直观表达，不足是无法展开进一步的数据分析和处理。双变量分析，是以两个不同的数据对比分析，表达变量之间的关系，找到不同的特性，包括表面和实质。多变量分析，是以两个以上的数据对比分析，表达变量之间的关系特性。

以定量来定性的诸多方法可以广泛运用于法学研究中。如《电子商务法》共89条，但使用了81个"应当"，若去掉法律责任部分，总则加正文共74条，则平均每条都有一个以上的"应当"。根据这个基本数据信息可以提出很多内容，如是否可以认为《电子商务法》是对电子商务活动的管理法，是否表明电子商务法对经营者权利的规定不足，是否意味着互联网交易有区别于传统交易的新特点，等等。

定量分析常用模型表达。这又包括，①对被解释变量中某个或某几个环节要素的选取及其理由。一般选取就有总体控制性的要素

---

〔1〕 参见曹增节编著:《艺术传播学：文献计量学方向》，中国美术学院出版社2014年版，第171页。

指标作为反映政策目标的关键性指标，即模型的被解释变量。②数据的来源。包括数据的可获取性、连续性、客观性，数据选取范围等。③模型的构建与实证。即用数据模型勾勒出图形或图表，并说明相关要素的关系。④解释的结果。即用文字的形式得出相关结论。

在反垄断法上，"滥用市场支配地位"是一种违法行为，但其前提是具有市场支配地位。是否具有市场支配地位，需要定量。《反垄断法》第24条第1款规定："有下列情形之一的，可以推定经营者具有市场支配地位：（一）一个经营者在相关市场的市场份额达到二分之一的；（二）两个经营者在相关市场的市场份额合计达到三分之二的；（三）三个经营者在相关市场的市场份额合计达到四分之三的。"这是一种定量基础上的定性。

定量研究建立在假设并确定具有因果关系的各种变量之上，然后使用某些限定性的分析工具，对变量进行测量，得出数据关系可能存在的研究目标和结论。这种方法预设的前提是，事物本身具有内在稳定的、可以重复发生的规律，通过定量分析可以揭示这种规律。例如，上述"一个经营者在相关市场的市场份额达到二分之一的"就具有市场支配地位，这个结论本身包含着具有50%市场力量的主体可以决定市场交易的一般条件。

3. 定性分析

定性分析方法依赖于人的经验和推理得出结论。在实证主义的冲击下，定性分析方法曾一度被冷落。20世纪70年代以后，在有关社会问题的描述上基于定性方法的微观描述的不足，定量方法获得了新生。

数据本身包含着真理，同时也是显现真理的工具，包含什么真理还需要表达。

兴起的定性研究一般基于解释主义的理论，强调对事物进行深入细致的调查研究，再现当事人的视角以及其看待世界和描述世界的方式，找到具有意义的"本土概念"，然后在这一基础之上建立"扎根理论"，即从研究者自己收集的第一手资料中构建理论。定性研究以描述和解释为主，而不是将重点放在验证假设、提出政策性建议和预测上。这种倾向在很大程度上是对 20 世纪 60 年代末以前社会科学界占统治地位的实证主义方法论的一种反叛。[1]

定性研究的范围包括：确定研究对象、陈述研究目的、提出研究问题、指出研究的意义、构建研究的框架、确立研究的方法、运用材料进行分析、得出结论、成果的推广等。法学论文写作和法律适用主要是事实关系的定性的过程，定性方法是主要方法。

法律上一些需要定量分析的情形，有的要求必须运用，如"数额巨大"；有的则授权法官以直接定性分析得出，如"一定影响""严重损害""重大误解""足以混淆"。但授权法官并不意味着排除定量分析。在复杂案件中，定量分析仍应加入以简化矛盾，厘清是非。由此，法律上的定量包括两类：明确的定量、不明确的定量。不明确的定量，则只能由定性来完成。

《反不正当竞争法》中，通常将"擅自使用他人商业标识"称为仿冒行为。这种行为在不正当竞争领域内可谓占据"半壁江山"。认定构成此种行为的标准是"擅自使用他人标识"并"引人误认为"。"人"应当指的是和市场经济有关的消费者和经营者或其他与商品或服务在生产—消费过程中相关的人员。按照法律的规定，是否混淆应当由消费者认定，应当进行社会调查，并以定量的方法来定性。但事实上，仿冒案件的处理大都是法官进行直接定性。尽

---

〔1〕 参见孟宪范、冯小双执行主编：《中国社会科学文丛·综合卷》，中国政法大学出版社 2005 年版，第 166 页。

管可以假定所有的司法者都具有公平正义的理念，放到实际生活中法官也是一名消费者，甚至我们还可以假定其消费理念、消费思维、消费习惯与一般大众相符，但我们仍不能简单地将法官的个人结论与相关公众的结论相等同。另外，法官在审理案件的过程中主要是将商业标识的构成要素和结构等进行技术上的比较，然后再将这一脱离市场消费真实场景的结果认定为最终结果。这种沙盘推演的做法，与市场现实买卖中消费者的认识会存在一定的分歧。在诸多案件中，通过社会调查发现50%以上的人认为混淆这一数值成为案件定性的重要标准。

法学研究中同样需要细化定性方法。按照《反垄断法》第59条的规定："反垄断执法机构确定具体罚款数额时，应当考虑违法行为的性质、程度、持续时间和消除违法行为后果的情况等因素。"在案件中，罚款的比例都是整数的百分比。这意味着，最终确定的罚款比例只有1%一个级差。上述各要素发挥了什么功能体现不出来。

(三) 经济分析方法

学科的专门化和细化，逐渐使本学科同其他学科的联系中断。当代科学发展的显著特征，是自然科学转化为直接生产力，并日益深入到社会生活的各个领域。在"科学—生产—社会"的一体化过程中，自然界和人类社会不再是两个独立的领域，改造自然界和改造人类社会不再是两个平行发展的二元化过程，而是一个在物化劳动的基础上发展着的不可分割的过程。正是这一过程，使以研究自然界发展变化规律的自然科学和以研究人类社会发展变化规律的社会科学，出现了相互"融合"的趋势。"融合"是从结合点开始的，学科之间的结合点越来越多，学科界限变得模糊起来。在科学由分化走向综合的整体化趋势下，原有学科与邻接领域的接合部所产生的边缘学科，导致了研究方法的重大突破：一方面是平行学科间一门学科的具体方法向另一门学科转移，即引入一门学科的方法研究另一门学科的对象；另一方面是横断学科的方法向几乎所有的科学领域渗透，即用横断学科的方法研究所有科学对象特定的、共同的方面。[1]

法学经常借助经济学的概念、分析方法来解决"自己"的问题，进而使法学和经济学之间关系极其紧密，以至于经常见到以经济学分析为标题的法学论文。

不同的法学学科与经济学方法的关联紧密性也不同。

传统私法以权利为本位，在分析中，经济学中的产权分析方法常常贯穿于其中。产权分析对于确立权利的保障基础和维护权利的激励具有重要的方法论价值。在公司管理中，经常运用的委托—代理理论，源于信息经济学。基于信息的不对称，要保证委托—代理关系的成立，就要求委托人支付不小于代理人加入该契约的机会成本。这为企业内部管理的激励与约束问题的研究提供了一种理论基础。

经济学上的均衡理论随着内涵的不断扩展，其适用范围也越来越大。一般均衡理论建立在供给与需求的基础上。瓦尔拉斯均衡建立在信息充分的前提下，完全的信息各方才能得到满意的价格。这对于解释消费者问题具有重要启示。科尔奈的均衡理论将社会各主体利益作为矛盾的核心，制度稳定表现为利益均衡。

竞争法的保护以经营者的行为为中心，以消费者利益和竞争者（第三者）利益为平衡。竞争法中的专业术语通过以下语意解释实现法学和经济学之间的转化：公共利益—经营者利益、消费者利

---

〔1〕 参见刘继峰、万玲："数量法学的创建和发展——刘瑞复数量法学理论论述"，载《商业法评论》2019 年第 1 期。

益、竞争者利益相互关系的协调，协调中据以认定的公共利益通过以下方法得出：经营者利益—消费者利益的效用（福利）分析；经营者利益与竞争者利益中的价格、成本分析；经营者利益和竞争者利益的博弈分析。

例如，经营者利益—消费者利益的效用（福利）分析中，经济学上的价格歧视分为完全价格歧视和部分价格歧视。价格歧视有两个特征：价格歧视是以利润最大化为目标的企业的理性战略；价格歧视要求能够根据支付意愿划分顾客。实施价格歧视能够得到这样的结果：总体上增进福利，但价格歧视的福利增进表现为生产者剩余的提高而不是消费者剩余提高。由于歧视价格中高价部分是以消费者的接受意愿为基础定价的，这个价格往往高于边际成本，即企业由此获得垄断价格；而歧视价格的低价部分往往是企业的正常定价，即根据成本与市场平均收益率制定的价格，抛开消费者的意愿，消费者的该部分支出符合经济分配比率下的支出。消费需求可以部分地被认为是群体决策，这种决策反映了涉及家庭所有成员的某种社会福利函数。价格歧视增进生产者剩余是以剥夺消费者剩余，亦即消费单位的社会福利为代价的。这就是法律规制价格歧视的原因。

再如，关于企业共谋问题，可以从经营者利益和竞争者利益的博弈分析加以说明。

单期博弈的模型有三种：古诺竞争、斯塔克伯格竞争和伯特兰竞争。

古诺竞争指的是每一个厂商独立行动，并试图通过选择产量达到利润最大化。在古诺竞争中，厂商的生产信息是集中的、可共享的（另加上厂商是理性的、个人主义的），因而，厂商之间是相互依赖的。每一个厂商在预见另一家厂商做什么的情况下，选择自己的最佳市场策略。理论上，存在两家厂商均分市场的可能；但事实上，这种可能性很小，即便出现均分市场，竞争的动态性也会在短期内将这种均衡打破。每一个厂商的利润量都受其他厂商利润水平的影响，也影响其他厂商的利润。在市场总利润的分配上，各厂商都力图扩大自己的份额，而扩大份额的基本方法是降低价格、扩大产量，因此，古诺竞争中，每一个厂商都充满偏离合谋的渴望，这是卡特尔具有不稳定性的有利论证。斯塔克伯格竞争描述的模型如同克拉克的两阶段动态竞争一样，领导厂商选择其提供的产量水平，其他追随者根据领导者的产量水平作出他们的产量决策。通常，斯塔克伯格竞争中领导者可以得到更高的利润。因此，追随者的空间很小，甚至可能被排挤出市场。该种模型下价格要高于竞争价格，但通常低于古诺竞争价格。与古诺竞争和斯塔克伯格竞争不同的是，伯特兰竞争策略的变量不是寡头供给市场产品的数量，而是价格。

　　单期博弈的结果可能使某个参与者达到利润最大化，但下一轮单期博弈中实现利润最大化的往往是另外的参与者。单期博弈不能使参与者在均衡中达到集体利润最大化。且单期博弈中形成的背叛激励会在短期内使集体利润越来越少。所以，一般情况下，单期博弈不太可能形成一个价格卡特尔。单期博弈不断重复将改变背叛合作的倾向，当每次背叛发生后，参加人会发现，降价对寡头成员都没有好处。私下的背叛将为公开的联合所替代，甚至转而用惩罚威胁来影响竞争对手的行为。因此，长期博弈情况下，串谋的可能性将大大增强。

　　总之，经济学上的诸多方法也服务于法学研究，甚至在法学制度中将经济学的方法直接纳入作为制度规范或标准。如需求交叉弹性成为判断标准的 SSNIP（Small but Significant and Non‐transitory Increase in Price）界定法、赫芬达尔指数等。

四、现代科学方法

20 世纪中期开始，现代科学得到了快速的发展，促进了理论的发展，尤其是以一般系统为对象进行研究的系统论、以通信科学为研究对象的信息论以及以控制为研究对象的控制论。这些理论所内含的方法促发了新的学科和更细致的理论学科的发展，如协同学、超循环理论等。在我国，20 世纪初期刘瑞复教授就将这些方法运用于经济法的研究，并取得了他山之石可以攻玉的研究效果。

（一）系统论方法

系统论方法是社会科学研究的主要方法。从亚里士多德时代开始，对整体的认识的实质和方法就引起了哲学家和自然科学家的注意。

1. 系统论的一般思想及其在法学中的应用

系统论中的认识问题就是部分和整体的关系问题。要认识整体，必须掌握一定的关于整体诸要素及诸要素相互作用的知识。系统论的基本思想是把对象当作功能、结构和行为的集合体。系统论方法的基本特征，是在把握系统的概念、基本组成和性质的基础上，对对象从整体上进行分析。

法学研究本身就包含系统论观念，因为每一部法律都包含法律规范、非规范性法律条文，它们共同组成法律制度。学科的研究也是如此。可以把经济法规范、经济法制度以及经济法观念和经济法律关系作为集合体加以研究，因为国民经济本身就是一个完整的系统，由一系列要素构成，研究国民经济运行，就要首先研究构成要素的特征，进而归纳国民经济运行的整体特征。

该方法能够揭示整体的实质、质的特征和整体固有的特性；揭示整体的构成，诸部分、要素的量和质的特征，以及诸部分、要素的协调、隶属关系；揭示成为整体运动和发展的重要源泉的各个部分、要素的质的多样性和矛盾性；揭示整体的结构，即内部组织和要素的相互关系，同时判明这些要素之所以如此联系、如此相互作用的原因，以及他们在相互作用中恰好构成这一整体而不是那一整体的原因；揭示整体的功能，即整体的能动性、各个部分的功能，同时判明各部分的功能如何为整体的功能服务；揭示整体和外部环境的联系，其中包括同自身是其要素之一的更大整体的联系。

系统论把对象看作一个系统，系统由若干子系统构成，子系统结构分支多，结合复杂、相互联系、相互制约。对反竞争行为法律控制机制的研究可以建立在系统论基础上。其涉及立法的多变性，即体现系统的动态性、静态性、确定性和不确定性的协调；控制工具的多元性及其适用的相互协调，即每一种控制工具都不是孤立存在的，在系统中与他种工具相协调而存在和适用；还涉及程序的复杂性，包括程序主体多元、过程性质复杂、结果多变等。因此，运用系统论的方法，能得以从整体上认识竞争法律制度，构建理论，把握制度和理论的目的、发展方向和细节。

2. 结构主义和解构主义

系统是由结构构成的，但结构主义在语言学上的异军突起并快速得到广泛的运用，使其独立性大大增强。故在此将结构主义作为系统论下的一种方法。

结构主义和解构主义不仅仅是一种方法论，更是一个后现代主义者的激情燃烧的岁月和惊涛骇浪思想的源泉。正因为如此，结构方法和解构方法可以从分析方法和综合方法中独立或部分独立出来。法律人善于运用分析和综合，而甚少运用结构方法和解构方法，甚至有人把生成主义当成了结构主义。这种方法缺位制约了观念创新。

（1）结构分析方法

通俗地讲，结构就是"四梁八柱"。一个法律制度有自身的结构，如在经济法律制度中的法部门通常的结构是：总则、违法行为的列举、执法机构的监督检查、法律责任、附则。总则中又包括宗旨、原则、相关概念、执法机构等。

按照皮亚杰的发生学理论，一切都是"可以成为结构的"，只要存在那种"形式的形式"之间有某些服从于有限制的、需要特别理解的一些标准。[1] 作为结构分析的方法论要素包括：①存在各种不同的要素形式；②组成体系而具有自己规律的整体；③这些规律建立在可转换的基础之上，即要保证这个结构有自主性或自身调整性。

一个结构是由若干个成分所组成的；但是这些成分是服从于能说明体系之成为体系特点的一些规律的。[2] 结构主义的方法有两个基本特征：

首先是对整体性的强调。结构主义认为，整体对于部分来说具有逻辑上优先的重要性。因为任何事物都是一个复杂的统一整体，其中任何一个组成部分的性质都不可能孤立地被理解，而只能把它放在一个整体的关系网络中，即把它与其他部分联系起来才能被理解。正如霍克斯所说："在任何情境里，各种因素的本质就其本身而言是没有意义的，它的意义事实上由它和既定情境中的其他因素之间的关系所决定。"再如索绪尔认为，"语言既是一个系统，它的各项要素都有连带关系，而且其中每项要素的价值都只能是因为有

---

〔1〕 参见［瑞士］皮亚杰：《结构主义》，倪连生、王琳译，商务印书馆1984年版，第79页

〔2〕 参见［瑞士］皮亚杰：《结构主义》，倪连生、王琳译，商务印书馆1984年版，第12页。

其他各项要素同时存在的结果。"因此，对语言学的研究就应当从整体性、系统性的观点出发。

其次是组合要素的可变动性及其对整体的影响。在结构主义观念中，整体是由要素组成的，同时，要素之间是可替代的或可转换的。因要素功能不同，替代或转换会对整体产生不同的影响，甚至改变整体的性质。

列维-斯特劳斯是运用结构主义研究社会现象取得显著成功的代表。他认为，社会生活是由经济、技术、政治、法律、伦理、宗教等各方面因素构成的一个有意义的复杂整体，其中某一方面除非与其他方面联系起来考虑，否则便不能得到理解。所以，结构主义坚持只有通过存在于部分之间的关系才能适当地解释整体和部分。结构主义方法的本质和首要原则在于，它力图研究联结和结合诸要素的关系的复杂网络，而不是研究一个整体的诸要素。

在法学研究中，结构主义大有用武之处，毕竟每一个法条都包含着概括性描述、列举条款，有的还包括兜底条款。如就《反不正当竞争法》第6条而言，列举条款中的"等"所具有的兜底和第4项所具有的兜底及第2条发挥的补充调整功能是什么关系？很明显，中国反不正当竞争法中有高度复杂的结构，如何梳理好它们之间的关系值得研究。

笔者曾指出中国罚款制度的核心问题是结构问题。别于欧盟、美国等国家（地区）反垄断法上的财产罚，我国制度有鲜明的特点，包括没收违法所得和罚款两种，且两者可以选择，也可以并用。如果我们采取结构主义的方法，解析主要国家或地区的反垄断罚款制度，就会发现参与罚款计算的结构要素大致是相同的。当我们采取结构主义方法来寻找各主要国家的罚款制度中的共相时，又会发现存在一个基本范式，就是在罚款的计算上以基础罚款为中心并对其进行一定的平衡。[1]

(2) 解构方法

解构主义，也被称为后结构主义或反结构主义，是以剥离开整体的个体为主体认识事物的方式。也是一种否定本原、去中心的评判模式。法国社会学者德里达将其引入哲学领域。作为一种研究问题的方法，它广泛运用于美学、文学、语言学、建筑学等学科。去中心化便是去干扰，由此可能导致结果的支离破碎。

解构的方法和结构的方法是相互统一的。对于法律而言，理解一个制度最基本的工作是解析其制度结构，把握制度的系统要素，发现问题，并合理配置要素以进行制度重构。

如何形成解构呢？伊恩·帕克建议，采用三个步骤或阶段来进行解构主义的分析。"第一步是确定文本中的二元对立或两极，并对两极中的一个特定极处于优势地位的对立方式加以说明。第二步则把对立中处于从属位置的一极转变为支配位置。这样就能说明优势的一端依靠的是什么，以及为什么没有了对立的另一极它就无法存在，因而也就不能起作用。第三步则对对立予以重新考虑，进而发展出新的概念和实践。"[2]

在法学研究中，在寻找并提出问题的过程中解构主义是一种可供选择的方法，例如，《反不正当竞争法》（2019 年修正）第 6 条规定："经营者不得实施下列混淆行为，引人误认为是他人商品或者与他人存在特定联系：（一）擅自使用与他人有一定影响的商品名称、包装、装潢等相同或者近似的标识；（二）擅自使用他人有

---

〔1〕 参见刘继峰："结构主义视角下我国反垄断罚款制度研究"，载《社会科学辑刊》2021 年第 2 期。

〔2〕 ［美］米歇尔·刘易斯-伯克、艾伦·布里曼、廖福挺主编：《社会科学研究方法百科全书》（第一卷），沈崇麟、赵锋、高勇主译，重庆大学出版社 2017 年版，第 298 页。

一定影响的企业名称（包括简称、字号等）、社会组织名称（包括简称等）、姓名（包括笔名、艺名、译名等）；（三）擅自使用他人有一定影响的域名主体部分、网站名称、网页等；（四）其他足以引人误认为是他人商品或者与他人存在特定联系的混淆行为。"这里，混淆理论是所有行为共同适用的理论，如果仅仅看第 3 项中的网站名称，这种商业标识不可能相同，近似的可能性概率也较低，因此，是否存在有别于混淆理论的其他理论单独指导该行为？

解构方法与上述分析方法有所不同。分析方法只是将原有概念或命题涵摄的知识解析出来，解构方法的运用可以产生新知识。例如，数据法学上，个人数据只是个人利益或权益的体现，通常情况下，个人数据利益不涉及国家利益，但大数据情况下即使是由个人组成的大数据可能衍生社会公共利益，甚至国家安全利益。同样，敏感企业的数据是企业的商业秘密，但也是国家秘密。在利益平衡中，国家利益优于个人利益。

总之，解构方法在法学研究中有特殊的功能和使用条件，其适用受到一定的限制，相比之下，整体方法更能够准确、全面把握法律文本的基本含义。

（二）控制论方法

控制论研究复杂动态系统中的指挥、控制、协调和自调、反馈问题，它着眼于对象系统的综合性。控制论方法，是从控制的观点来研究系统的运动和演变的规律。

在法学界，罗斯科·庞德（Roscoe Pound，1870～1964）是美国社会学法学创始人。他受詹姆斯实用主义哲学影响颇深并由此提出了三大学说，即"社会利益说""社会控制说"和"社会工程说"。在其工程学说中，庞德把法学看作是一种工程学。

控制论方法包括功能模拟方法和反馈方法。

功能模拟方法，就是以功能和行为的相似性为基础，以模型来替代原型分析的一种方法。针对反垄断法中规定的垄断高价或垄断低价如何判定的问题，俄罗斯采取可比商品市场价格的方法：①经营者确定的价格超过市场竞争条件下的商品价格。竞争市场的依据是以在确定的时间内销售商品的数量、购买者或者销售者的构成（由购买或销售商品的目的确定）和进入条件（即可比商品市场）来对比分析。在可比商品市场上的经营者不包括在购买者或销售者之列，也无需占有支配地位。②价格超过为生产和销售该商品应支付的成本和应得利润数额。可比市场是一种经济分析方法，在反垄断法律适用中经济分析起着重要的作用。如果商品价格不超过在可比较商品市场竞争条件下形成的价格，则不被认定为商品垄断高价。法律专家确定的估价规则具有多样性，这要求反垄断机关和法院明确作出对判断起重要作用的因素。很长一段时间里，俄罗斯反垄断实践忽视经济理论的工具作用。近年来俄罗斯立法发生了适当的变化。分析竞争环境中的可比市场是一个防止广泛充斥于经济管理（自然垄断行业监管）中的不断提升价格行为的有效工具。

反馈方法，是指将控制系统输出的有关信息通过一定的通道传回输入端并对系统的再输入和再输出发生影响的控制方法。

在国民经济运行过程中，经济活动复杂多变，一个确定的宏观状态可以由许多不同的微观状态来体现，而且一个确定的宏观状态与一定的微观状态相对应，这些微观状态由于经济主体的活动而不断变换着。经济法理论领域采用控制论方法，是在把国民经济总体运行的法律调整当作一个系统的基础上，研究其组成系统与子系统之间的协调关系和反馈联系，研究对国民经济进行控制、指挥的规律。研究法律调整机制内部各个法规范、法制度的作用机器相互作用的原理，从而回答国民经济良性运行的最优法律调整问题。[1]

---

〔1〕 具体请参见刘瑞复：《经济法：国民经济运行法》，中国政法大学出版社1991年版。

在部门法的研究中，社会控制论有广泛的适用场合。控制就是权力，包括行政权力和经济力量。由此，权利—市场权力—行政权力之间的关系就复杂起来，如何配置权力、如何制约权力是一个随着不同市场关系不断反馈、调试的动态过程。

(三) 信息论方法

信息方法是借助于信息的获得、传递、加工、处理而实现其目的的一种研究方法。信息方法以信息流动为基础，把系统的运行过程看作是信息的流动过程，从信息的流动中找到问题，分析和处理问题。其原理是利用信息承载和信息反馈机制，即通过信息运动过程中信息的形态、特点、规律，形成正反馈和负反馈，为控制机制的启动和运行提供基础。

很多制度中的问题都可以从信息传播学的角度解读。如电子商务法，消费者权益保护法，反不正当竞争法等。例如，消法产生的前提是信息偏在导致消费者在交易中处于劣势地位。随着科学技术的迅猛发展及技术在商品中的广泛运用，商品中的技术含量越来越高，产品的结构和性能也日趋复杂，消费者依已有的知识、经验和能力通过观察和体察均难以对商品的内在品质及其风险作出准确和充分的判断。相比经营者，消费者对商品的信息知晓不足。获取信息是交易选择的前提，获取信息越充分，交易的风险越小。消费者无法知道经营者生产经营中的如原料、卫生等具体状况，由此增大了消费者的交易风险。

信息方法的特点可以概括为抽象性和系统性。之于抽象性而言，与传统的经验方法不同，信息方法剥离开对象的具体形态，把对象系统有目的的运动过程抽象成为一个信息的传输和变换过程，并仅从信息运动规律，研究对象系统的特性及其运动发展规律。[1]

---

〔1〕　参见李梁美编著：《走向系统综合的新学科》，上海社会科学院出版社 2012 年版，第 386 页。

之于系统性而言，信息方法不是反结构主义的，隔断各系统的内在联系，专注于一个对象以孤立、静止、局部的观点去研究事物，而是以整体的观念，用信息运动、联系、转化的观点，综合研究系统运行的过程。

作为一种研究方法，信息方法论包含如下主要方面：

第一，信息流量的价值。互联网时代，信息的价值得到凸显。平台的运营模式几乎是同质的：一方面免费为用户提供服务，另一方面平台主体通过积累和利用数据带来了增值服务或产品，并通过后续的服务积累和数量累计不断扩大数据来维持和提升竞争优势。由此，数据聚合成为所有互联网平台的共同目标，也是平台价值的体现。数据聚合有三个基本特征：聚合的资信直接服务于用户；服务用户的边际成本为零；有成本递减的获取信息的多边网络需求驱动。聚合的过程具有外部性，且通常以合同——一对一的形式为起点。数据的聚合并不是数据的简单相加，而是数据化合的过程，由此生成的数据价值具有多个层面。单纯从基础数据的量上看，数据量越大，数据的价值越大。从聚合后的大数据看，其具有再开发、创造的价值。由此，信息—数据—大数据的过程是价值链的形成过程，也是价值再造的过程。

第二，信息传输中的不对称性。获取信息是有目的行动的前提。很多经营信息是交易选择的基础。信息在传播中会因为介质的存在而失真，主体的有意识过滤也会使传输的信息失真。法学研究中，消费者权益保护法的创立前提是基于信息的不对称。信息传递方式变革加剧了交易关系中的信息不对称：一是广告方式的改变。信息性广告是直接传递产品的功用、款型、材质以及价格、销售地等具体信息的广告。劝诱性广告是并不介绍产品具体信息，旨在形成、影响或者改变消费者偏好的广告，比如品牌、企业形象、明星代言等。劝诱性广告会对消费者的心理产生强制，使其在缺乏充分判断的机会或丧失冷静分析的理智的情况下，将消费者本不需要的商品推销出去。二是配合劝诱性广告，营销方式的多元化变革。随着市场竞争的日益激烈和新技术的发展，新的营销方式不断出现，例如未经事先约定的上门销售、电话推销、邮售、电视销售、网络销售等，这些销售常以低价或赠品相诱惑，在手段中运用了社会学、心理学等学科的因素，刺激消费者的购物冲动，将消费者引入非理性消费的购物情境之中。平衡这种消费关系的方法，就是在立法上规定消费者在交易后享有一定的冷静期。此外，反不正当竞争法中的虚假宣传、商业标识混淆、商业诋毁等都属于信息传输汇总的问题。

第三，信息积累和运用的力量。互联网平台通过向第三方提供服务推广信息、通讯技术以及数据的交互发展，形成了创新性产业。随着互联网产业对国民经济发展的贡献越来越突出，以及5G带动的数字化转型、人工智能等助力，互联网产业升级预示着数字经济时代的到来。数字经济中，市场的竞争手段、程度、格局等都发生了重大的变化，包括数字聚合增强、平台扩展步伐加快、对下游的约束增强等。为此，主要经济体国家或地区在积极肯定互联网经济对国民经济发展的贡献的同时，也密切关注并着手回应互联网数字化转型中产生的负面影响。尽管各国立法形式、方法等不同，但立法时间的高度集中、规制互联网垄断行为态度的坚定、立法过程的严密科学、开放等诸方面均值得我们关注。

第四，信息的安全。信息本身具有价值，个人敏感信息属于隐私权范畴，企业信息是生产资料，也是生产力。信息系统的安全是整个社会安全的重要方面，在很大程度上也涉及国家安全。

后　记

完成书稿的第二次修改，进一步体会到写这本书的特殊心理感受。尽管刚刚修订完，但心里仍不踏实，一方面来自于修订中的删删减减，无法像专业论文那样有十足的把握，另一方面依旧是"文章千古事"，"得失寸心知"。

也许，更重要的是完成这样一本特殊性质的书还需要良好的心理素质。包括拥有源源不断的情绪能量持续安慰自己并不断地与自己和解。

不论是写作中还是修订中，一个基本前提是我始终坚持的：学术能力不仅仅是学术研究者的专有的工作技能，如果将学术研究能力分为资料能力、抽象能力、表达能力，则这三种能力几乎是所有的社会科学工作者的公共技能。同时，一个信念一直支撑着我泥步前行：在诸多繁杂的内容中，总会有一些方面是有启发的。

学术研究是一种能力，不是也不可能靠经验得来。学术研究能力的提升可以通过直接传授获得，也可以通过"偷艺"得来。尽管了解了不等于学会，但了解后便可以快速"偷艺"，这是学术能力增长的开始。

在上述前提下，阅读本书的时候，即使在某一点上不同意我的观念，至少也因我的文字唤醒了一个观念。

本书修订后，我的博士生缪慧、李勇、王迪、梁亚琼完成了全书的校对工作，也提出了一些建议。谢谢他们。

本书的修改得到了中国政法大学出版社的支持，感谢编辑李闯、艾文婷两位老师为此付出的辛劳。